中世仏教の展開とその基盤

今井雅晴 編

はじめに

本書『中世仏教の展開とその基盤』は、日本の中世社会に重要な役割を果たした仏教の展開のありさまと、その展開を成り立たせた中世の人びとの心のなかを探ることを目的に編まれたものである。本書は十四人の研究者の論文で構成されており、文化史的な関心や学際的な関心の強い研究論文が多いことが、大きな特色である。

日本の中世仏教については、過去、多くの研究がなされてきた。そのなかで本書が『中世仏教の展開とその基盤』と題してさまざま研究成果を世に問おうとしたのは、次の理由による。すなわち、やや固定化・惰性化しつつあるようにみえる学界の現状を、新しい観点の意欲的な研究によって打破し、明日の時代へ進みたいと考えたからである。

そのために、従来の研究方法にとらわれず、学際的視野を取り入れることに重点を置いた。また、外国人の日本仏教研究者や、外国で活躍する日本人の研究者にも積極的にこの論文集に参加していただいた。とかく視野の狭さがいわれる日本の学界に、世界的な規模での研究視野と問題意識を取り入れたかったからである。日本がこれだけ世界と関わっている現代において、中世仏教の研究が依然として日本国内の日本人研究者を主流として進められていてよいはずがあるまい。世界の研究者と協力しつつ研究を進めねばならない。むろん、これは一見派手な研究を意味するのではなく、地道な基礎的研究が必要であることはいうまでもない。

以上のような観点に立ち、本書は日本史・仏教・日本文学・芸能等に関心を持つ研究者が寄り集まって作り上げた。全体は大きく三つの分野で構成した。第一は「中世仏教の展開」と題し、親鸞・明恵・道元・一遍および地蔵信仰・舎利信仰をテーマに、新たな切り口や学際的視野をもって検討を加えた。第二は「武士社会と仏教」と題し、中世社会の一方の主役である武士と仏教の関係を新しい視点で考察しようとした。第三は「中世人の心の深奥」として、仏教の展開を支えている中世の人びとの心のなかに入り込んで、その特色をとらえようとした。

本書は私の勤務先である筑波大学に関わる方々が執筆メンバーとなっている。その関わり方はさまざまであるが、いずれも意欲的な取り組みを続けている研究者ばかりである。また本書を世に送り出すにあたっては、大蔵出版の編集長である桑室一之氏に大変お世話になったことを記しておきたい。桑室氏には、拙著『一遍と中世の時衆』のときもお世話いただいた。あわせてお礼を申し上げたい。

今井雅晴

二〇〇二年五月十五日

目次

I　中世仏教の展開

親鸞の六角堂の夢告について

今井雅晴

はじめに

本稿は、親鸞の伝記の重要なひとこまである京都六角堂で得た本尊救世観音の夢告について、その検討を試みるものである。

鎌倉時代に活躍した親鸞は、真宗（浄土真宗）の開祖である。そして親鸞の系譜をひく者たちは中世を通じてしだいに勢力を伸ばし、諸派あわせて大教団となって今日に至っている。そして当然、開祖である親鸞の伝記については多くの研究が積み重ねられている。したがっていまさら口を差しはさむ余地はないようであるが、実はそうではない。いまだ明確になっていないことは多いのである。それに研究というものは日進月歩である。新しい史料の発見がなくとも、時代が進むことによって新しい研究視点は次々に生まれてくる。新しい時代の社会がそれを要請するのである。

ということで、現在、親鸞の伝記についての問題がいくつもある。まず、親鸞の出自もそうである。そしてそれもさることながら、彼の出家の事情もはっきりしていない。また出家にあたって、『親鸞伝絵』ではその戒師を関白九条兼実の弟の慈円であるとしているが、それは納得がいかない。同じ藤原氏とはいえ、身分が違いすぎる。それに、その後慈円の保護を受けた気配がない。越後流罪にあたっても、救いの手を差し伸べてくれた様子はない。

また長い間、親鸞の妻の恵信尼は越後の豪族三善為則の娘で、その結婚は彼の地においてであったという説が有力であった。しかし恵信尼書状その他から、恵信尼は京都の貴族の娘で、結婚は京都においてであったと考えるべきことが明らかとなった。(1) 付随して、恵信尼は親鸞よりも先に法然から念仏の教えを受けていたことも明らかとなった。そして親鸞の流刑地である越後国府において、彼の保護者は三善為則ではなく越後権介日野宗業とすべきであるという見方も説得力を持ちつつある。(2) 宗業は親鸞が流される一ヵ月前に越後権介に任ぜられた人物である。

さらに、親鸞が四十二歳で越後から一家をあげて関東へ移住したとき関東へ入ったばかりの常陸国下妻において、恵信尼は夫親鸞が観音菩薩の生まれ代わりであるという夢を見た。この夢によって、恵信尼は親鸞を観音菩薩として終生尊敬していくことになった。従来の研究史ではそのようにいわれてきた。

しかし事柄はそう単純ではなく、この下妻での夢は恵信尼の親鸞との結婚生活に対する不安・不満と、それを乗り越えて共同生活を続けていくあらためての決意を示すものと捉えるべきであると筆者は考える。このことについては、すでに最近の別稿で述べた。(3)

親鸞の関東での活動についても究明すべきことは多い。しかし本稿では年代をもとに戻して、比叡山延暦寺での修行生活に悩んで極楽へ往けるかどうかの不安を抱いた親鸞が、建仁元年（一二〇一）、二十九歳のときに京都六角堂に参籠して本尊救世観音から夢告を得たことを検討の対象としたい。このときの夢告は漢文の四句の偈であり、「行者宿報の偈」と通称されてきた。この偈は、近年では「女犯偈」といわれることもある。親鸞はこの夢告によって結婚に踏み切ったのであるとか、未来の妻は観音菩薩の生まれ代わりであると思うようになったとかいわれてきた。そしてもう新たに検討すべき余地はないかにみえる。

しかし実はそうではなくて、従来の研究史には重要な観点が抜けている。親鸞が極楽往生で悩んだのなら、なぜそのことを直接阿弥陀仏に訴えなかったのか。訴えた先が、なぜ観音菩薩だったのか。また、仏教史の常識によれば、当時、女性は男性に比べて非常に救われがたい存在だったのではなかったか。それなのに、夢告では観音菩薩が親鸞の妻となって親鸞を救ってあげようということであった。経典（法華経）によれば、観音菩薩は三十数種類にも姿を変えて衆生を救うという。それなのに、なぜわざわざ女性の姿で親鸞の前に現われると告げたのか。そして、そのことについて親鸞が不満を抱かなかったのはなぜか。

本稿は、右のような問題も含み、六角堂の夢告を総合的に検討することを目的とするものである。

一　六角堂の夢告

夢告が下された状況

九歳の出家から引き続いて修行していた親鸞は、ちょうど二十年後の二十九歳のとき、比叡山を下って京都の六角堂で百日の参籠をすることになった。そして九十五日目の暁に救世観音の夢告を得た。その間の事情を恵信尼の書状は次のように語っている。現存の書状には年紀はないが、内容から考えて弘長三年（一二六三）春の発給である。

①こぞ（昨年）の十二月一日の御ふみ、同はつか（二十日）あまりに、たしかにみ候ぬ。なによりも②殿の御わうじやう（往生）、中々はじめて申におよばず候。

③やまをいでて、④六かくだう（角堂）に百日こもらせ給て、⑤ごせ（後世）をいのらせ給けるに、⑥九十五日のあか月、⑦しやうとくたいし（聖徳太子）のもん（文）をむす（結）びて、⑧じげん（示現）にあづか（預）らせ給て候ければ、やがてそのあか月いでさせ給て、ごせのたすからんずるえん（縁）にあいまいらせんと、たづねまいらせて、ほう

ねん（法然）上人にあいまいらせて、（下略）

（①から⑧までの数字と傍線は筆者がかりにつけた）

この書状は、越後に住む恵信尼が、京都にいる娘の覚信尼から親鸞逝去の知らせを受け、その返事として送ったものであることが最初の段落から分かる。傍線①の「こぞ」とは、親鸞が亡くなった弘長二年のことである。この年の十一月二十八日、親鸞は九十歳で亡くなった。翌二十九日、覚信尼が取り仕切って京都東山で葬送。三十日、拾骨。そして翌十二月一日、覚信尼は母恵信尼に親鸞が亡くなったことを知らせる手紙を送った。傍線②の「殿の御わうじやう」の「殿」とは親鸞のことである。「殿」とは妻の立場から夫をさすことばである。そして「こぞ」ということばがあるからには、この手紙は弘長三年に記されたことになる。このとき恵信尼は八十二歳である。

傍線③の「やま」とは比叡山（延暦寺）のことである。そして傍線④と⑤によって、親鸞は「ごせ」を祈るために六角堂での百日間の参籠を試みたことが分かる。

親鸞は出家してからさまざまの悩みがあったと考えられる。かつて笠原一男氏は、それを延暦寺のなかであとから入門してきた貴顕の子弟に地位を追い越されていく悩み（出世できない悩み）、男性としての性欲の悩み（結婚できない悩み）、極楽へ往生できないのではないかという不安（極楽往生への悩み）、という三点に整理された。それは幼いときから成人後まで、この順に現われた悩みであるという。そして出世も結婚もあきらめたのちに出家本来の目的である極楽往生に思い至ったこと、その極楽往生の確信が持てないことの苦しさから六角堂に参籠したのであろう、ということである。細部はともかく、親鸞が参籠して観音菩薩に望んだのは、後世にたいする不安を解消してもらうべく、その指針を与えてほしいということであったのは間違いあるまい。

六角堂は聖徳太子が創建したという寺伝を有している。また、聖徳太子は救世観音の化身であるという説も、早く平安時代には行なわれていた。親鸞も「皇太子聖徳奉讃」で、「救世観音大菩薩　聖徳皇と示現して」とうたっている。

そして六角堂は観音菩薩の霊験地として当時の社会に名を知られていた。親鸞誕生後六年目の治承三年（一一七九）に成立した『梁塵秘抄』に、観音菩薩の霊験地をうたった、

観音験を見する寺、清水石山、長谷のお山、粉河近江なる彦根山、ま近く見ゆるは六角堂、

という今様が収められている。また同書に、

験仏の尊ときは、東の立山美濃なる谷汲の彦根寺、志賀長谷石山清水、都に真近き六角堂、

という今様もある。さらに保元二年（一一五七）から翌年にかけてのころの成立とみられる『袋草紙』に、「六角堂観音の御歌」が記されている。それは白河上皇の屋敷である三条殿を焼いてしまおうという物騒な歌である。その注記に、

故白川院の三条殿に御して、六角堂の百度まゐり、人に往反の路なくて退転の時、人の夢に見えける歌なり。この後、三条殿焼亡すと云々。

とある。焼こうという理由は、交通上で三条殿が邪魔になり、人々が六角堂での百度参りができなくなったからというのである。この歌は観音菩薩が人々の夢のなかに出現して示したものである、ともいう。そして事実として、三条殿は火事にあって焼失してしまっている。

つまり六角堂の救世観音は、人々の夢のなかに出現して信仰に係わる将来のことについてのお告げを下さる存在として知られていたことが確認できる。親鸞もこの風潮によって六角堂に参籠し、観音菩薩の示現と夢告を期待したのである。

観音菩薩はなかなか出現しなかったが、前掲恵信尼書状の傍線⑥によれば、参籠九十五日の暁、とうとう出現した。今日風に数えれば九十六日目の朝二時、三時のころである。夜明け直前ではない。その前の、まだ真っ暗な時間帯である。この暁時は、神仏が出現して人間と交感してお告げを下し、また夢告を授ける神聖な時であった。『梁塵秘抄』

に記るされている、よく知られた次の今様はまさにこのことを示している。

　仏は常にいませども、現ならぬぞあはれなる、人の音せぬ暁に、ほのかに夢に見え給ふ、

また『今昔物語集』十六―三十二「隠形男依二六角堂観音助一顕レ身」に、「京ニ生侍ノ年若キ」が「常ニ六角堂ニ参テ懃ニ仕」えていたが、とても困ったことが生じた。

　然レバ男六角堂ニ参リ籠テ、観音我ヲ助ケ給へ（中略）ト祈念シテ、（中略）此テ二七日許ニモ成ヌルニ、夜ル寝タルニ暁方ノ夢ニ、御帳ノ辺ヨリ貴気ナル僧出テ、男ノ傍ニ立テ告ゲテ宣ハク、

とお告げをもらったところで夢がさめた。その若い男はお告げのとおりに行動し、希望がかなったという。この話においても、夢告をもらったのは暁であった。

　当然、神仏を交えた信仰の世界に入るなら、この時間帯がもっとも適当であった。親鸞の、息子善鸞に対する、いわゆる義絶状に、「又慈信房の法門のやう、名目をだにも聞かず知らぬ事を、慈信一人に夜親鸞が教えたるなりと、人に慈信房申されて候とて」とあるなかの、〈親鸞が夜中に善鸞だけに教えてくれた、と善鸞がいっている〉という部分は、善鸞異義事件において善鸞が非難される項目の一つになっている。しかし、当時の常識からいえば、信仰上重要な話を夜中にするのはむしろ当然のことであったから、〈夜中に教えてもらった〉といっているとして非難するにはあたらないのである。

示現したのは観音菩薩か聖徳太子か

　ところで、夢告に関する重要な問題は、前掲恵信尼書状の⑦・⑧の「しやうとくたいし（聖徳太子）のもん（文）をむす（結）びて、じげん（示現）にあづか（預）らせ給て候ければ」の部分の解釈である。特に、「しやうとくたいしのもんをむすびて」のうち、「の」の意味が明確でないことである。「むすびて」の意味も、この場合、もう一つ明確

でない。「称え終わって」か、それとも「結び文（書状の一形式）を与えようとして」か、決めにくい。

従来の研究史を整理すると、傍線⑦・⑧は、次のようないくつかの解釈がなされてきたことがわかる。

イ、観音菩薩が「聖徳太子が作った偈」を称え終わって、出現した。(4)

ロ、親鸞が「聖徳太子が作った偈」を称え終わってから、聖徳太子が出現し、親鸞に新たな偈を与えた。(5)

ハ、聖徳太子が親鸞に偈を与えようとしながら出現した。(6)（この場合、「むすびて」を「結び文（書状の一形式）を与えようとして」という意味にとる。）

その他の説もあるが、なかなかいずれとも決しがたい。参考までに、親鸞在世のころ、あるいは没後まもなくのころにはどのように考えられていたかについて見てみよう。親鸞の門弟高田の真仏が書写した『経釈文聞書』に引用する「親鸞夢記」には、

六角堂救世大菩薩、示二現顔容端政之僧形一、令三服二著白納御袈裟一端二座広大白蓮一告二命善信一曰、

と、示現したのは観音菩薩であったとあり、覚如の『親鸞伝絵』にもこの「親鸞夢記」を引用して次のように記している。

建仁三年辛酉四月五日夜寅時、聖人夢想の告ましく〳〵き。彼記にいはく、六角堂の救世菩薩、顔容端厳の聖僧の形を示現して、白衲の袈裟を着服せしめ、広大の白蓮華に端座して、善信に告命してのたまはく、

ところが覚如の門弟乗専の『最須敬重絵詞』には、

日本伝燈上宮王の済度を仰て、山上より西坂本にかゝり、六角堂へ百日の参詣をいたしたまひて（中略）祈給に（中略）、憒に示現あり、

と、示現したのは上宮王（聖徳太子のこと）であったと記している。

こうして、親鸞の目の前に示現したのが観音菩薩であったのか聖徳太子であったのか、いずれか迷うところである。

しかし真仏は親鸞に先立って亡くなっているから、彼はより正確に情報を得られる時代に生きていたと判断したい。それに、六角堂の本尊のもとで参籠するなら、観音菩薩が示現しなくては話になるまいから、前掲ハには同意できない。また観音菩薩が「聖徳太子が作った偈」を称えて出現してくる（前掲イ）のも納得がいかない。聖徳太子が観音の偈を称えながら出現するのなら理解できるが。さらに、偈を与えようとしながら（前掲ハ）というのも、示現の話としてはくどい。また封をした手紙の形（結び文）でお告げをくれるというのも、何かもったいぶりすぎて不自然である。

以上のように考えると、「しゃうとくたいしのもんをむすびてじげんにあづからせ給て候ければ」という文中の「の」は、主語を表わす格助詞ではなく、体言について連帯修飾語をつくる格助詞と判断し、文全体は「親鸞は聖徳太子が作った偈文を称え終わったところで観音菩薩が示現されたので」と解釈するのが妥当なのではなかろうか（前掲ロ）。

それでは、なぜ観音菩薩の前で聖徳太子が作った偈文を称えたか。ここで考えなければならないことは、親鸞が参籠して九十五日経っていることである。この偈文だけを称えていたのではなかろう。いろいろ称え、祈禱を凝らしていたはずである。いってみれば、たまたま聖徳太子に関する偈文を称え終わったときに観音菩薩が示現したのである。

また前掲の恵信尼書状の末尾に、

このもんぞ、殿のひへのやまにだうそうつとめておはしましけるが、やまをいでゝ六かくだうに百日こもらせ給て、ごせの事いのり申させ給ける、九十五日のあかつきの御じげんのもんなり、ごらん候へとて、かきしるしてまいらせ候、

とあるから、観音菩薩から与えられた文（偈）があったのは確かである。本尊が観音菩薩の六角堂に参籠し、観音菩薩から与えられたからこそ、与えた主体の「観音菩薩」が文中で省略されているのである。主体が聖徳太子であったら、「聖徳太子」の語がなければなるまい。

ここで次の問題は、では親鸞が称えた聖徳太子の偈とは何かということである。さらに親鸞が観音菩薩から与えら

れた偈とはどのような内容だったのであろうか。恵信尼は書状の送り先である覚信尼に、その偈を「ごらん候へとて、かきしるしてまいらせ候」と告げているからには、恵信尼も覚信尼も、そして門弟の真仏たちもその内容を知っていたのである。

六角堂の夢告と称えごとについて、三つの偈が問題になってきた。その第一は「聖徳太子廟窟の偈（三骨一廟文）」であり、第二は「行者宿報の偈」である。第三は『覚禅抄』第四十九「如意輪」下に示される文である。以下、これらについて検討したい。ただし、誰が示現したのかという問題と、「むすびて」（称えごと）の解釈の問題とで、話は錯綜する。筆者の考えに基づきながら、夢告とその直前の親鸞の称えごとについて、あらためて整理していきたい。

まず夢告は、以上述べ来たった筋道からいえば、「行者宿報の偈」ということになる。そのことを前提とすれば、「聖徳太子が作った偈」というのは、通称「聖徳太子廟窟の偈」であるとするのが有力な説である。また『覚禅抄』に見える一文ではないか、という説もある。では、称えごと、それからそれに応じた夢告、という順として、まず「聖徳太子廟窟の偈」、次に「行者宿報の偈」、付随して『覚禅抄』を検討したい。

二　親鸞の称えごとと夢告

「廟窟偈（三骨一廟文）」

大正十年（一九二一）に西本願寺の宝庫で恵信尼文書を発見した鷲尾教導氏は、親鸞は六角堂の参籠において聖徳太子から偈を与えられたとし、その偈は聖徳太子の「廟窟の偈」であったろうと推測した。(7) 以来この説は多くの学者に指示され、細川行信氏等、今日でもその立場を守る学者がいる。(8)

「廟窟偈」は『聖徳太子伝私記』に、「太子御一期本地垂迹之利生、聊二廿句ノ文一、自朱沙染レ筆書註岩屋ノ内西ノ立石ノ壁二」とあって、聖徳太子が河内国の磯長陵のなかに石を立てて書きつけておいたと伝える二十句の偈文である。磯長陵は聖徳太子の墓で、母の穴穂部間人皇后と妃の膳大郎女も祀られている。「廟窟偈」は、いまは散逸してしまった聖徳太子伝のひとつである「大鳥郡文松子伝」に載せられていたといい、平安時代中期から広く流布した。親鸞もこの偈や、晩年八十五歳のときとはいえ、この偈を伝えている『上宮太子御記』を書写しているから、「廟窟偈」をよく知っていたことは事実である。同書には十行二十句からなる偈としてあがっている。その文章は次のとおりである。

大慈大悲本誓願　愍念衆生如一子
是故方便従西方　誕生片州興正法
「我身救世観世音　定慧契女大勢至
生育我身大悲母　西方教主弥陀尊」
真如真実本一体　一体現三同一身
片域化縁亦已尽　還帰西方我浄土
「為度末世諸衆生　父母所生血肉身
遺留勝地此廟崛　三骨一廟三尊位」
過去七仏法輪所　大乗相応功徳地
一度参詣離悪趣　決定往生極楽界

金沢専光寺蔵の親鸞自筆本によれば、右の偈の第五・六・七・八句、第十三、十四、十五句（右の偈のカギカッコ内）、計十六句には訓み方や左訓が施してある。これは親鸞が特に八句に注目したことを表わしている。偈全体の内容は、「私（聖徳太子）は人々を救いたいと大慈悲の誓願をおこし、西方浄土から日本に来て仏法を広めている。私は実は救世観音で、妻は勢至、母は阿弥陀である。真如と真実はもと一体であるように、弥陀・観音・勢至と三つに別れてこの世に現われていてももともと同一の身である。日本での縁が尽きたので西方浄土に帰ることになった。しかし末世の人々を救うため、父母から受けた肉身を、勝地であるこの廟窟に遺しておく。三人の遺骨を一つの廟に祀るのは阿弥陀三尊であることを表わしている。ここは阿弥陀仏以前の過去七仏が説法された、大乗仏教にふさわしい功徳のある所であるから、ここに一度でも参詣する者は地獄などの悪道に堕ちることなく、必ず極楽に往生できるあろう。」

いうまでもなく、この偈は太子の自作に擬せられた偽作であるが、親鸞の時代には流布し、親鸞がこの偈に感動していたことも事実である。そして前掲恵信尼の書状によれば、六角堂参籠九十五日の暁に夢告として偈を与えられた親鸞は、すぐ六角堂を出て「ごせのたすからんずるえんにあいまいらせんと」尋ねまわって、「法然上人にあいまらせ」た、という。

しかしこの偈は一般的な内容でしかない。必死の思いで「ごせ」を祈った結果の夢告とするには、親鸞にとっての救済の確証が示されていない。まして、この偈を得たことによって法然に会うことになった、という必然性も感じ取れない。したがって、これは観音菩薩の夢告ではなく、可能性としては、親鸞が九十五日の暁に称えた偈であろう。むろん、それとて推測にとどまるが。

「行者宿報の偈」と『覚禅抄』の一文

「行者宿報の偈」とは、伝親鸞筆の「三夢記」や真仏の「親鸞夢記」、また『親鸞伝絵』が記す次の偈である。

行者宿報設女犯　我成二玉女身一被レ犯
一生之間能荘厳　臨終引導生二極楽一

意味するところは、「仏道修行者であるそなた（親鸞）が、前世からの因縁によって女性と性交渉を持つことになるのであるのなら」「私がすばらしい女性となってそなたの相手となろう」「そして一生の間よい生活をさせてあげよう」

「臨終にあたっては手を取って極楽浄土に導いてあげよう」という内容である。

こうして、後世への不安から六角堂に籠もった親鸞に対し、救世観音は極楽往生を保証したのである。ただし条件が付いていた。親鸞が女性と交わるはめになったなら、仏道修行者として守るべき不婬戒にこだわる必要はなく、交わってもよいこと、である。現世のことは親鸞自身が決め得ることではない。むしろ、交わりを拒否する努力をすることこそ、仏教の根本原理の一つである因縁―因果の論理を否定することになってしまうのである。したがって、異性との交わりも親鸞自身の責任になることではない。前世からの因縁によっている。しかも女性との交わりにあたっては、観音菩薩たる自分がその女性になろうという。しかも「玉女」となって、親鸞を楽しく暮らさせようというのである。

親鸞は六角堂で異性との交わりについてたずねたのではない。しかしその許可、しかも積極的な許可のお告げが出ているのは、押さえようとしても押さえきれなかった親鸞の異性への願望がいかに強かったかを物語っている。

ところで、真言密教の僧である金胎房覚禅が撰した『覚禅抄』第四十九「如意輪」下に、次の一文がある。名畑崇氏が学界に紹介したものである(9)。

∴本尊変二王玉女一事

又云（若）発二邪見心一、淫欲熾盛可二堕落於世一、如意輪我成王玉女、為二其人親妻妾一共生レ愛、一期生間荘厳以二富貴一、令レ造二無辺善事一、西方極楽浄土令レ成二仏道一、莫レ生レ疑云々、

とある文である。意味するところは、「もし女性と関係したいという邪な気持がおこり、それが強くて悩んでいる修行者がいれば、如意輪観音が〈私が王玉女となってその修行者と仲のよい妻となろう。そして一生の間豊かで幸せな生活をさせてあげようし、次の世では西方極楽浄土に導いて悟りを得させてあげよう。疑うなかれ〉といってくれる」という内容である。

「王玉女」の「王」の意味が不明であるが、「生」の誤写かもしれないと名畑氏はいう。(10) しかし、それにしてもこの文は親鸞がもらったお告げにそっくりである。用語も「玉女（または王玉女）」「一期生（一生）」「荘厳」「極楽」など、同一または類似の語がある。

『覚禅抄』は寿永元年（一一八二）に著わされている。それは親鸞の六角堂参籠より十九年前のことである。親鸞がこの『覚禅抄』の文章を知らなかったはずはない。少なくともその思想は聞いたことがあったはずである。そうでなければ六角堂での夢告と酷似していることの説明がつかない。

また貞応元年（一二二二）成立の『閑居友』巻下に、観音菩薩が修行者の妻となってくれるという話もある。

もろこしに侍りし時、きゝ侍りしは、おろかなるおとこの一人侍りけるが、法花経をよまむとするに、ゐかなわず侍ければ、いみじくかたちよき女の、いづくよりともなくきたりて、めとなりて、そひゐて、ねんごろにおしへて、一部おはりて後、観音のかたちにあらはれてうせたまゐる事ありけり。かやうにありがたき御あはれみを思ふに、そゞろにたのもしく侍る、

観音菩薩が女性に姿を変えて修行者を救うという話は、当時かなり広まっていたと考えねばなるまい。ただしその意味することについては項を改めて検討したい。

名畑氏は、親鸞の六角堂参籠において、この『覚禅抄』の文を恵信尼書状にいうところの「聖徳太子の文」であるとし、この文をむすんで如意輪観音に祈願し、その結果夢想に如意輪（救世観音—聖徳太子）が現われて「行者宿報の偈」を授けたと推測する説を出されている。(11) しかし、願いの称えごとと、その結果のお告げがほぼ同文ではあまりに芸がないといわねばなるまい。それでは親鸞が自分の欲望を観音菩薩の口を借りていわせただけになろう。

また従来、六角堂の夢告に係わる親鸞伝研究を困難にさせているのは、『教行信証』後序によって親鸞が六角堂に参籠して夢告を受けたのは建仁元年（一二〇一）と判明するのに対し、覚如の『親鸞伝絵』にはそれは記されてはおらず、

建仁三年四月五日に六角堂の救世観音が夢告を下さったとしていること（前掲）である。つまり、親鸞は二度にわたって六角堂の本尊から夢告をもらっているのか、あるいはそのどちらかに関する記録が誤りか、いずれかである。

二度にわたって夢告をもらっているとすると、ではその内容はそれぞれどうなのか、なぜ二度もらったのか、という質問が生じる。それについて『親鸞伝絵』を無視できない立場の研究者からは、苦心の結果の成果が公表されてきた。

しかし、親鸞自身と曾孫覚如の比較では、やはり親鸞自身の方を正しいとすべきであろう。そして恵信尼の書状により、建仁三年には親鸞は法然のもとで修行に励んでいる。この間に夢告が下される必然性も疑問である。結論として、夢告は一回、建仁元年のことであり、『親鸞伝絵』の年紀は覚如の誤り、あるいは意図的な変更と考えるべきであると判断する。ただし、意図的な変更とするなら、なぜそのように変更したのか、その問題はまだ解決していない。

ところで、「行者宿報の偈」について、近年、平雅行氏と田中貴子氏が興味深い説を提唱された。平氏はこの夢告から親鸞の女性観を読み取る試みは誤読であるとし、この夢告は親鸞の意志を越えた普遍的人間における罪と救済のドラマへが示されているのである、とされる。(12) しかし、もっとも信用すべき史料である恵信尼書状によれば、親鸞が六角堂に参籠したのは「ごせをいのらせ給ける」・「ごせの事、いのり申させ給ける」ということであり、九十五日の暁に六角堂を出ていったのも、「ごせのたすからんずるえんにあいまいらせん」という理由からであった。つまり、親鸞のこのときの関心事は、自分自身の極楽往生にすぎなかったのである。親鸞は比叡山のなかでのみ生きてきた、いまだ世間知らずの若者でしかない。九十歳という途方もなく長い人生を終えて膨大な成果を残した親鸞を二十九歳の若者にオーバーラップさせ、過大な期待をかける、ということはすべきではない。

田中氏は、女性史の立場からの玉女についての詳細な研究である。(13) 非常に興味深い研究であり、玉女は親鸞にとって母親と異性を兼ね備えた救済者であること、比叡山では同性愛の対象である稚児と聖徳太子信仰が結びついており、それも六角堂の夢告の背景にあることなどを述べている。田中氏の論点は多岐にわたり、それはそれで非常に興味深く重要であるが、女性の性の力の普遍性は作られた神話でしかないとの立場で、六角堂の夢告は「観音の垂迹身である太子が仮に玉女身を現して行者を慰める」と読み替えることができる、とされる。つまり観音（田中氏の観点からは聖徳太子）が女性に姿を変えて救おうとしたことに、特別の意味を見いだそうとはされていないのである。むしろそれを否定している。

繰り返せば、筆者は六角堂の夢告を検討する場合、親鸞が参籠したのが観音菩薩を本尊とする寺院であったことがもっとも重要な判断材料であったと考えている。示現するのは、当然、観音菩薩であるはずである。そうでなければ意味がない。また、親鸞は「しゃうとくたいしのもん」を九十五日間称え続けていたはずもない。ことさら聖徳太子を強調しすぎるのは問題である。

二十九歳の若者親鸞は性に悩み、また自身の極楽往生の可能性に悩んでいたのであって、それにつき一挙に解決の方向を示してくれたのが「行者宿報の偈」であった。結論的にいえば、六角堂の夢告は、

（イ）親鸞の性欲の強さを告白し、
（ロ）結婚を正当化し、
（ハ）妻は観音菩薩であり、
（ニ）結婚による宗教的救い、を主張することになった。

「親鸞夢記」によれば、これが救世観音の誓願であって、親鸞はその命令のとおりに数千万の人々にこの主旨を説いた、ということになる。結婚による宗教的救いである。

仏教では、悟りをめざす者は出家して修行すべきであった。その結果得られた悟りの内容をもって人々を導くのである。出家しての修行は厳しいから、出家には多くの戒が課せられて身を慎み、修行生活に堪えられるべき心と体を

維持するのである。出家と在家とを区別する根本の戒は不婬戒であろう。結婚できる・できないは、人間の存立にかかわるもっとも重要な問題である。存立にかかわることをみずから断ち切って修行しなければ人々を導く能力が得られないという認識である。このため釈迦も妻子を捨てて家を出たのである。

しかしやがて在家の立場を尊重する『法華経』などが生まれると、出家・在家の区別はあいまいになっていかざるを得なかった。さらには悟りを得るための現世での修行の困難の自覚が進み、来世で極楽に往生して修行しようという浄土教が広まると、この傾向はいっそう進んだ。極楽に往生するために阿弥陀仏に頼むだけだったら、現世での成仏より容易なのは明らかである。平安時代後期に末法思想が広まり、衆生の無能力性が強調されるとなおさらである。妻子を捨てて出家したところでなにほどのことがあろうか。かくて異性との交わりは問題ではないし、結婚して在家生活を送っていても阿弥陀仏は救ってくれるという考えに到達する。『法然上人行状画図』巻四十五に、法然が、

現世をすぐべきやうは、念仏の申されんかたによりてすぐべし、念仏のさはりになりぬべからん事をば、いとひすつべし、一所にて申されずば、修行して申べし。修行して申されずば、一所にして申べし。ひじりにて申されずば、在家になりて申べし。在家にて申されずば、遁世して申べし。

と述べたとある。

そしてさらに考え方は進んで、いやむしろ在家生活を送って信仰を保つことこそ、阿弥陀仏の本来の希望なのだ、という思想に展開していったのである。『親鸞夢記』に「救世菩薩誦二此文言一、此文吾誓願ナリ、一切群生可レ説二聞告命一、因二斯告命一、数千万有情令三聞二之一覚夢悟了」とあるのは、まさにこの最後の状況を表わしている。いってみれば、救世観音が「此の文言」すなわち「行者宿報の偈」は私の誓願だから一切の衆生に説き聞かせなさい、と親鸞に命じ、親鸞がそのとおりにしたというのは、この最後の段階を表わしている。観音菩薩は在家仏教による救いを説いたのである。そして「行者宿報の偈」に示す生々しさは、親鸞の女性に対する強い執着を表わしている。多感な青年男子の

一つの典型である。

さて親鸞は六角堂の観音菩薩に「妻になってあげよう」というお告げはもらったけれど、誰か信頼でき、自分の悩みをほんとうに理解してくれる人に「それでよいのだ」といってほしかったと思われる。そのため、六角堂を出るや、いろいろと考えて、そのころ専修念仏で名の高かった東山の法然を訪ねることにした。親鸞が法然と専修念仏についてまったく知らなかったことは、これまたあり得まい。前述したように、法然は念仏の絶対的な重要性を説くことに目的があるのであって、結婚の可否を最重要問題にしたのではない。しかし、法然は不婬戒を盾にして女性との交わりを否定するのではなかった。親鸞が法然に惹かれた理由のひとつは、六角堂の夢告との関係からいえば、このあたりにあったと考えられる。

ここで本稿の次の課題に移ろう。それは第一に、親鸞が「ごせをいの」ったのはなぜ観音菩薩を本尊とする六角堂であったのか、という課題である。第二は、観音菩薩が女性となって親鸞を救うと宣言したのはなぜか、という課題である。以下、これらの課題について検討したい。

三　時代背景から見た夢告

親鸞はなぜ観音菩薩に祈願したのか?

親鸞はなぜ観音菩薩を本尊とする六角堂に参籠して「ごせをいの」ったのであろうか。「ごせをいの」る、つまり極楽浄土へ往生したいのだったら、なぜ直接阿弥陀仏にお願いしなかったのか。なぜ阿弥陀仏を本尊とする寺に参籠しなかったのか。なぜ阿弥陀仏の脇侍である観音菩薩に頼んだのであろうか。六角堂での参籠中、聖徳太子の意味が観音菩薩より大きくなったとしても同じことである。なぜ親鸞は阿弥陀仏を頼らず、聖徳太子を頼んだのか。

右のような疑問は従来の研究には欠如していた。しかし非常に重要な疑問ではなかろうか。もちろん、観音信仰は聖徳太子の古代から広まっているし、晩年になってからであるが親鸞自身も「浄土和讃」のなかで、

南無阿弥陀仏をとなふれば
観音・勢至はもろともに
恒沙塵数の菩薩と
かげのごとくに身にそへり

とうたったり、「正像末浄土和讃」のなかで、

弥陀・観音・大勢至
大願のふねに乗じてぞ
生死のうみにうかみつゝ
有情をよばふてのせたまふ

などとうたっている。

親鸞が観音菩薩を尊重していたことは明らかであるが、しかし観音菩薩の補陀落浄土への往生を願っていたのではない。ではなぜ、阿弥陀仏の極楽浄土へ往生したいのに観音菩薩の寺へ参籠したのか。それに親鸞は百日の参籠を志すなど、軽い気持で参籠したのでないことは明らかである。

さて、阿弥陀仏の極楽浄土に往生したいと願いつつも、しかも阿弥陀仏に直接お願いするのではなく、阿弥陀仏の下位の存在にお願いするというのは、平安時代末期から鎌倉時代にかけて末法思想が流行するなかで顕著になった傾向である。

阿弥陀仏は、すべての衆生を救うと経典に記してある。またそれを頼りに末法の世の人々は阿弥陀仏を信仰したは

ずである。しかし先入観を捨てて当時の状況を調べると、阿弥陀仏は衆生がどんな状態にあっても救うということではなかった、という奇妙な実態に気づく。例えば、衆生にけがれがあると分かった場合、救済に来た阿弥陀仏が浄土に帰ってしまった、という話がある。『今昔物語集』十五—三十七に、

尼亦僧都ヲ呼テ、告テ云ク、只今西方ヨリ微妙ノ宝ヲ以テ荘レル輿飛ビ来テ、我ガ眼前ニ有リ、但シ、此濁穢ナルニ依テ、仏菩薩ハ返リ居リ給ヒヌト、（中略）僧都泣々ク諷誦ヲ行フ事両度也、明ル日、亦尼僧都ヲ呼ビ寄セリ、告テ云ク、今ノ菩薩聖衆此ニ来リ給ヘル、我レ往生ノ時至レル也ト云テ、隠居テ念仏唱ヘテ失ニケリ、

とあるのがそれである。阿弥陀仏とお供の菩薩たちがせっかく尼を迎えにやってきたのに、尼に濁穢（女性の不浄のこと）があるとわかると、そのまま帰ってしまった。尼から頼まれていた僧都が祈禱をすると、こんどは菩薩と聖衆が来て迎えとってくれた。ただし、二回目のときには阿弥陀仏は来ていない。このような話は、『日本往生極楽記』三十一等、ほかにもある。

このことに気づいたのは小山聡子氏である。[14] 同氏によれば、当時、阿弥陀仏についての二つのイメージがあったという。一つは、不浄を忌み嫌い、不浄があると直接救済に訪れない、というイメージで、二つ目は末法の世に生きる念仏行者を一人残らず救いとる、というイメージ。この二つの観念は、微妙に交錯して捉えられ、往生を志す人々の不安をますます高めたし、お供の菩薩等や、さらにはその菩薩等にゆかりの存在（毘沙門天等の天や護法童子等の童子）に頼る気持を強めたという。

こうして阿弥陀仏の極楽浄土に往生したいと願う者が、阿弥陀仏に直接お願いするのではなく、阿弥陀仏に親しく、その下位にいる存在にお願いする傾向が平安時代末期から鎌倉時代にかけて強まった。その代表はいうまでもなく観音菩薩である。いいかえれば、後世を祈る親鸞がぶしつけに頼むべきは、阿弥陀仏ではなく観音菩薩であった。それが当時の流行であった。そしてその方が気持が楽であったのである。この親鸞の願いに応えた観音菩薩が、親鸞の極

楽往生を阿弥陀仏に承知させることを確約してくれたのである。これが、親鸞が阿弥陀仏ではなく観音菩薩に後世を祈ったことの意味するところである。

なぜ観音菩薩は女性となって親鸞を救おうとしたのか？

親鸞が参籠した六角堂の救世観音は、なぜ、女性となって親鸞と交わることにより親鸞を救おうとしたのであろうか。夢告の主体が仮に聖徳太子であっても同じことである。当時、女性は汚れた、救われない存在であったのではなかったか。仏教は男尊女卑であって、例えば極楽浄土にいるのは男性ばかりで女性はいない。女性が極楽浄土に往生するためには、この世で十分な修行をして来世で男性になり、そしてさらに修行をして、その次の世での極楽往生をめざすという筋道であった。いってみれば、容易に救われるのは男性であり、その男性が女性から救われようというのは話がさかさまではないか。仏教の論理だけで判断するかぎり、問題は解決しないといわねばならない。

ところが一方、日本の古代からの神祇信仰においては、女性が重要な役割を担ってきた。つまり、巫女のことである。従来の研究史上では、巫女は神官の単なる下働きといった印象は否めなかった。しかし近年、巫女は神祇信仰のなかで主体的な役割を果たしていたのではないかという観点からの研究が盛んになってきた。

巫女は神と人間との単なる仲介役として見られるのに留まっていたのではない。神のことばを人間に伝えることができるのであるから、そのように考えられるのが自然である。古代には男性のミコ（覡）もいた。これを覡という。しかし、覡の存在はしだいに影が薄くなり、やがて姿を消した。これは女性の方が神懸かりしやすかったからである、という考え方がある。従来の説では、それは女性にはヒステリー的性格の人が多いので、乗り移らせやすいというのである。しかしこれはいかにも女性差別的な見方であるとして、最近では別の説が有力になりつつある。それは古代

・中世人の二元的世界観にかかわる。

古代・中世の人々は死の世界と生の世界とを区別して把握していた。当然の世界観である。そして神の世界と人間の世界も区別していた。仏の世界と人間の世界も同じである。狂気の人たちについても、人間とは別の世界に住んでいると考えていたようである。そして興味深いことに、人間の世界以外の世界は、皆、共通した世界であると考えていたことである。つまり、神・仏・死・狂気の世界は合わせて一つで、人間の世界と対しているという二元的世界観である。

女性は男性と異なり、出産という生理的役割がある。現在でもそうであるが、昔は出産は女性の大事業で、難産も多く、多数の女性が亡くなっている。生死の境をさまようことも、現在よりずっと多かった。貴族の女性の平均寿命は三十代の半ばであったともいわれている。体が十分に生育する前に子どもを生むことになったからだという。出産のことにより、女性は死の世界と隣り合わせであった。死の世界は神の世界と共通しており、そこで女性の方が神に近い神聖な存在なのだ、というのが近年の説である。

また中世の遊女も、神に仕える女性としての側面をもっていたことが近年の研究によって明らかとなった。特にそれは佐伯順子氏の研究成果に示されている。(15) 遊女は、本来、「あそび・め」といった。「め」は女性のことで、「あそび」とは神に奉仕するという意味も持っていたのである。したがって「あそび・め」とは神に奉仕する女性という意味になる。

遊女が神に奉仕する女性ならば、遊女は神に近い神聖な存在だった。巫女も女性であった。つまり中世においては、男性より女性の方が神に近く、神聖な存在だったのである。それが伝統的な信仰である神祇信仰の考え方であった。

では女性は、神祇信仰においては救われて、仏教では救われていなかったということか。女性が神社へ参詣するときは救われた存在として堂々と、寺院へ参詣するときは救われない存在として遠慮がちに、などということが実際問題としてあり得たであろうか。この矛盾はどのように考えたらよいであろうか。それはいままでの日本宗教史の研究において、神祇信仰と仏教との関係を勘違いして把握してきたところに原因があるのではないだろうか。

それに、古代から中世にかけて、より厳密にいえば平安時代から鎌倉時代にかけて、女性の社会的・家庭的地位が高かったことは明らかである。ただ一つ、仏教の世界においては哀れな存在でしかなかったということこそ、不自然ではないか。

長い間、神祇信仰と仏教は疑うことなく別個の存在としてとらえられてきた。そして両者の併存の状態を、両者は融合してきたとし、神仏混淆・神仏習合・本地垂迹などという名称を与え、その状況を合理的に説明づけようとしてきた。(16)しかし千年以上も併存してきたかに見える仏教と神祇信仰とを、別個の存在として把握したままでよいのであろうか。

従来の研究は教理中心の考え方であった。そして特に僧侶が仏教の立場から事実としての共存の状態を論理づけていた。それを尊重して現代までの研究が形づくられてきた。しかし、そのような教理にはほとんど無縁の、もっと単純に信仰と救いを求める俗人の立場に立って考察し直すべきではないか。彼らは仏教と神祇信仰との関係をどのように見ていたのだろうか。実は仏教と神祇信仰とを区別していなかったのではないか。区別したうえで、それらが習合（融合）している、混淆している、と考えるのとはまったく異なる。

中世の宗教史研究では、仏教史と神祇信仰史の両方において詳しい研究がなされてきた。そしてこの両分野の交わりに関し、神仏混淆とか神仏習合とかいう形でのとらえかたの研究がなされてきた。しかし、仏教と神祇信仰とは分けて研究するのではなく、統一的に把握して研究すべきではなかろうか。そのことが中世の俗人の実際の進行を明らかにすることにつながるのではないか。

仏教と神祇信仰とを統一的に把握するということは、融合とか、混淆とかで研究する考え方とはまったく異なる。基本的な考え方として、この二つ別個の存在として分けて把握し、その上で合理的に解釈して一つのものとしようとするのでないのである。仏教と神祇信仰、つまりは神と仏とは別個の存在ではないと考えるのが基本である。

表面的には異なる二つの信仰があるように見えるが、中世人の実際の信仰の場面においては「異なる」という意識はなかったのではないか。「異なる」と考えてその両者の論理的な融合を現代の我々がはかるのではなく、両者は「同じ」と考えるところから研究を出発させるべきである。(17)

いわゆる鎌倉新仏教が女人往生・女人救済を説いたことについて、第二次大戦後の研究者は大いにこれを顕彰してきた。(18)この女人往生論は、念仏さえ称えれば女性も男性と同じように簡単に極楽往生できる、という教えである。あるいは、法華経の題目さえ唱えれば救われる、という教えである。女性にとってなんとありがたいことか。

しかしなんということはない、仏教は自分たちで勝手に女性を卑しめておいて、あなたたち女性を救ってあげられるこの仏教はなんとありがたいものか、と強調したのである。近年の研究によれば、仏教が女性を卑しめるようになったのは平安時代になってからであるという。そうであったとしても、平安時代後期から鎌倉時代すなわち中世前期には女性蔑視が仏教教学の常識となっていたのである。(19)

しかし実は仏教に救ってもらわなくとも、日本の女性は神祇信仰によってすでに救われていたのである。それどころか、むしろ救済者に近い存在でもあったのである。このように見てくると、六角堂の本尊救世観音が女性となって親鸞を救うと宣言したのは、当時の宗教的雰囲気から当然のあり方であったといえるのである。参籠という形式自体、日本の伝統的な神祇信仰の儀礼である。巫女的な存在としての女性を通じて阿弥陀仏の救済に与る、という筋道である。観音菩薩が女性となって救うとしたことに親鸞が疑問も持たず、不満も抱かなかったのは、このような社会の背景があったのである。

おわりに

本稿では、若いころの親鸞の修行に係わる重要なできごとである、京都六角堂において観音菩薩から夢告を得たということについて検討した。

親鸞は阿弥陀仏の極楽への往生を願いながら、なぜ直接それを阿弥陀仏にお願いするのだはなく、脇侍である観音菩薩にお願いしたのか。またなぜ、その観音菩薩は女性となって親鸞を救ってあげようと宣言したのか。仏教史の常識によれば、当時女性は救われがたい存在であったにもかかわらず、その女性に救われることを親鸞がなぜ喜んだのか。本稿は特にこの二点の問題について検討を加え、親鸞を取り巻く当時の社会的状況から解答を引き出そうとしたものである。

注

(1) 岡本嘉之「親鸞聖人と恵信尼公の出会いについて」(真宗教学学会東京大会『近代における信仰的自覚』一九九六年)、拙稿「善鸞と浄土真宗(中)——恵信尼の出自と信仰——」(筑波大学歴史・人類学系『年報日本史叢』一九九八、一九九八年)。
(2) 平松令三『親鸞』一五五頁(吉川弘文館、一九九八年)。
(3) 拙稿「恵信尼の下妻での夢に関する考察」(『日本の歴史と真宗　千葉乗隆先生傘寿記念論集』自照社出版、二〇〇一年)。
(4) 藤島達朗「聖徳太子と親鸞聖人」(『日本仏教学会年報』一九六四年)
(5) 石田瑞麿『苦悩の親鸞——その思想と信仰の軌跡——』二三・四三頁(有斐閣、一九八一年)。
(6) 宮崎円遵「吉水時代の親鸞」(『龍谷大学論集』一九五二年、のち『初期真宗の研究』永田文昌堂に所収、七頁)、赤松俊秀『親鸞』四二—四六頁(吉川弘文館、一九六一年)、平松令三、前掲書、六六—六七頁。梯實圓『親鸞』一〇—一二頁(大法輪閣、一九九九年)。

（7）鷲尾教導『恵信尼文書の研究』（中外出版社、一九二三年）。
（8）細川行信『「親鸞聖人伝絵」講話』四六頁（光華女子大学・短期大学真宗文化研究所、一九九六年）。
（9）名畑崇「親鸞の六角夢想の偈について」（『真宗研究』第八輯、一九六三年。のち日本名僧論集第七巻『親鸞』吉川弘文館、一九八三年に所収）。
（10）同前書、二九頁、注一五。
（11）同前書。
（12）平雅行「中世の光景」（『朝日新聞』一九九二年七月十八日付夕刊）
（13）田中貴子「〈玉女〉の成立と限界――『慈鎮和尚夢想記』から『親鸞夢記』まで――」（『シリーズ女性と仏教　第四巻・巫と女神』平凡社、一九八九年。のち『外法と愛法の中世』砂子屋書房、一九九三年に所収）、特にその一〇〇、一〇五頁。
（14）「中世前期における童子信仰の隆盛と末法思想」（『仏教史学研究』四三―一、二〇〇〇年）。
（15）佐伯順子『遊女の文化史』（中央公論社、一九八七年）。
（16）佐藤弘夫『アマテラスの変貌』（法蔵館、二〇〇〇年）。
（17）拙稿「仏教と神道の共存――中世の巫女・遊女・尼の役割から考える――」（筑波大学歴史・人類学系『年報日本史叢』二〇〇一年）。
（18）例えば笠原一男『女人往生思想の系譜』（吉川弘文館、一九七五年）。
（19）平雅行『親鸞とその時代』（法蔵館、二〇〇一年）。

〈キーワード〉親鸞　六角堂　夢告　観音　浄土真宗

密教儀礼と顕密仏教
――明恵房高弁の入滅儀礼をめぐって――

阿部龍一

一　概要

近年の仏教史学で顕密双修、顕密諸寺、顕密諸宗など、顕密仏教の諸概念が注目されてから既に久しいが、中世寺院の学問、寺制、仏事法会などの研究がすすむにつれて、いわゆる八宗の寺院、朝廷、公家の日常的宗教行事のなかに占める、密教儀礼の一般的重要性が明らかになりつつある。(1)また禅宗をはじめ新仏教の諸宗にも密教の様々な影響がみとめられ、民衆宗教のレベルでは、陰陽道の制度化、神祇信仰の体系化や他界領域の成立についても密教のはたした役割は大きい。(2)中世社会の信仰生活の様々な側面への密教の浸透という状況に照らして、顕教をはじめとして、種々の非密教的要素と密教がどのように融合し、関連しあい、あるいは対立したかを探ることは、密教研究のみでなく、仏教史一般にとっても有意義なのではなかろうか。そのような探求のひとつとして、ここでは密教と死、特に密教者の入滅に関する実践に焦点を絞って考察を試みたい。修道者が死を迎えそれを有意義なものにするために密教的な経軌や儀礼体系はどのように使われていたか。それらは顕教的な経典や民衆宗教の諸要素とどう結びついていたのか。以下ではまず、中世密教者の往生に関わる全般的問題点を指摘し、つづいて鎌倉初期の顕密僧明恵房高弁（一一七三―一二三二）の弥勒浄土信仰を考察する。明恵は華厳と密教を融合して新しい仏教の実践法を生み出したとされるが、晩年に病を得てから入滅に至るまでの数年間の宗教生活のかなり詳しい記録がその高弟達によって残されているので、明恵を例として考察を進める。

二　密教修行者と浄土教

密教と死というと、臨終の出息入息にア字とウン字を、あるいはア字のみを観じる密教独自の数息観や、五穀を断ってミイラとなる即身仏の方法などが思い浮かぶが、前者はいくつかの教理書に述べられているものの、どの程度入滅作法として実際に流布したかは不明であり、後者は大半の事例が近世の山岳宗教に限られる。(3)

近世以前の資料で実際に確認できる限り、密教者の臨終の形式で最も一般化し、また理想化させたのは浄土への往生と思われる。東寺長者の寛賢（八五三―九二五）と三十帖冊子の問題で対立した高野山座主無空（?―九一八）は『日本往生極楽記』（九八三―九八五頃成立）で「平生念仏を業となす」往生者として紹介され、(4)『今昔物語』（巻十四第一話）でも、僧綱の位に昇りながら、世俗の栄華を捨て果てて、念仏を唱えることを一生の間の勤めとした者として描かれている。東寺長者、興福寺別当、高野山座主を歴任した定照（九〇六―九八三）は『拾遺往生伝』（一一一一頃成立）によると阿弥陀仏の安養浄土への往生者であり、臨終に際しては、まず密印を結び、真言を唱え、「於此命終、即往安楽世界、阿弥陀仏、大菩薩衆、囲繞住処、生蓮華中、宝座之上」と法華経薬王品の一筋を繰り返したとされる。(5)東大寺別当深覚（九五五―一〇〇三）は東寺長者を勤めた後、高野に籠居して西方往生を祈念したとされる。(6)『後拾遺往生伝』や『三外往生記』にも興福寺僧経源のように多年真言と念仏を併修しものが多くあげられる。(7)また建久年間成立と思われる『高野山往生伝』は小田原聖教懐（一〇九三没）から大伝法院学頭証印（一一八七没）まで高野山上で浄土信仰に生きた三十八人の臨終の行状を年代順に載せている。

これら多くの密教と浄土教の兼修者に共通するのは臨終の行儀の多様性であろう。法華経や浄土三部経などの、顕教経典の読誦に加え、例えば念誦される真言も大日如来や阿弥陀如来の真言をはじめ一字頂輪王、仏頂陀羅尼、尊勝陀羅尼、ア字の種子真言など様々である。特に不動尊の慈救呪は、行者を過去の悪業や往生の妨げから守るものとして尊重されていた。『高野山往生伝』で教懐は不治の病を得てのち不動尊像数百体を自ら描き開眼供養したと伝えられる。(8)これらいわば雑多な儀礼的要素の一つとして、阿弥陀如来の名号を唱える行為が位置づけられていたと見るべきであろう。また往生をめざす浄土も弥陀の安養世界のみに限定されていなかった。空海の兜率天上生説話により、臨終に「南無弘法大師遍照金剛菩薩」と宝号を唱えて弥勒菩薩の浄土への往生をめざすものも少なくなかった。金剛峰寺検校琳賢（?—一一五〇）は最後に弥勒像の前で弥勒の印を結び、その名号を唱えた兜率天往生者として讃えられている。(9)園城寺で台密の学生として出発し、のちに仁和寺北院で伝法灌頂をうけ、覚鑁に請われて大伝法院学頭となった教尋（?—一一四一）はつねに文殊菩薩を熱心に信仰し、文殊真言を唱えつつ、文殊の来迎をうけて寂したと伝えられる。(10)これらの資料が明らかにするのは、真言密教の大寺院で別当職、座主職、検校職などの最高位を占めた僧たちも、密教と浄土教を同時に実践し、それが真言宗組織の中で容認されていたという事実である。

三　密教経軌と往生思想

平安中期から院政期さらに鎌倉前期を通して、このような夥しい数の密教と浄土教の併修者の存在をどのように理解すべきだろうか。近代的な仏教学の学問的枠組みの中に身を置く我々は、密教と往生の関係を安易に対立概念として理解しすぎていないだろうか。これは近世以降の真言宗学が、空海が即身成仏をその理論的根拠として、いわゆる「純密」の体系として真言宗を樹立したと説明することに多く起因するのであろう。[11] 宗派学的な歴史観に立つと、本来密教者は来世をたのまず、この世で本尊との一体化を密教儀礼の三密行によって果たすのであり、浄土教や往生法の必要は認められない。しかし、時代の要請で、浄土思想の隆盛が歴史的現実となり、東寺長者や高野山座主など真言宗の高僧の中からも、往生者が多く生まれる現実を前にして、院政期には真言学の立場から密教と浄土教を融合する試みが済暹（一〇二五―一一一五）、実範（?―一一四四）、覚鑁（一〇九五―一一四三）などによっておこなわれた。このような宗派史的視点からは、前節で述べた多くの真言寺院指導者を含む密教者たちが実践した臨終行儀の「往生」への強い志向にも、単に密教の流行と浄土教の隆盛が歴史的に重なったための、偶然の産物として以上の意味を与え得ない。[12]

しかし空海が導入した密教は、いわゆる「純密的」な即身成仏中心的なものよりも、『真言宗所学経律論目録』で空海自身が「雑部真言経」と分類した経軌が、巻数からみると、その大部分を占めていた。[13] これらの経軌は十一面観音、薬師如来、阿弥陀仏など、空海の入唐に先行して既に日本の仏教教団の信仰の中心をなしていた尊像に関わるものであり、後世「純密」、「雑密」と類型化された両方の要素を含むものであり、空海のそれらに対する注釈類が、南都の仏教教団が密教を受容する上で大きな役割を果したことを忘れるべきではないだろう。[14] 例えば三論教学と密教を架橋するために重要で、空海が般若心経の読解に駆使した『般若波羅蜜多理趣釈』では『理趣経』観自在菩薩理趣会品の得自性清浄法性如来を浄妙仏国土の無量寿仏と濁世の観自在尊の一体化した尊格であり、両尊の種子真言であるキリク字を誦持すれば、現世では観音が行者を一切の災いや病から守り、来世では弥陀の導きで上品上生の往生を遂げられるとする（大正新脩大蔵経〈以下、大正と略称〉一九巻、一〇〇三番、六一二頁中下）。また空海が十八道念誦法を整備する上で依拠したとされる不空訳『無量寿如来観行供養儀軌』は以下の引用箇所からも明らかなように、密教の三密行をする事で修行者に上品上生を約束する事を主題とする。

三密門を修し念仏三昧を証さば、浄土に生じ菩薩の正位に入るを得。〈中略〉是の故に此の教法によりて正念を修行せば、決定して極楽世界の上品上生に生じ、初地を獲得する。もし在家出家にして浄土に生ぜんと願うものあれば、まさに先ず曼荼羅に入りて灌頂を得おわりて、しかるに後に師に従いて念誦儀軌を受くべし。（大正一九巻、九三〇番、六九頁中）

つまりこれらの経軌では、現世の利益と来世の往生という、「純密」的立場からは即身成仏とは対局に位置づけられる概念も、真言行の目的として積極的にとりあげられている。

また中世に明恵や叡尊（一二〇一―一二九〇）が宣揚した光明真言念誦の基本儀軌である『不空羂索毘盧遮那仏大灌頂光真言』では、死者に真言により加持された土砂をまいて供養することで無量寿仏の浄土への往生が約束されている（大正一九巻、一〇〇二番、六〇六頁中）。つまり近世近代の密教教学が見落としがちな密教経軌の多くの箇所で、真言の誦持、種子や尊像の観想などの密教の修道法が往生のための手段として既に認められているのである。基本的な経典のレベルですでに密教と浄土往生が単に両立可能とされているのみでなく、密教儀礼を組み込んだ往生法が積極的に説かれている以上、数多くの密教者がその臨終に当たり、浄土往生を中心とした行儀を実践したことはむしろ当然なのではなかろうか。この視点からは実範の『病中修行記』は臨終の最後まで三密行による弥陀との一体化と、此土と浄土の不二を即身成仏により体験することに力点を置く、教学的に真言密教の正統の確立をめざす、むしろ保守的な書に思える。覚鑁の『五輪九字明秘密釈』についても同様のことが言えないだろうか。覚鑁は現身往生（即身成仏により臨終の最後を待たずに、大日如来の密厳浄土と一つの阿弥陀仏の浄土に生まれる）と順次往生（死後に極楽浄土に転生する）を区別するが、この書で実際に覚鑁がとりあげるのは現身往生の諸相のみである。また『一期大要秘密集』には順次往生に言及したと思われる箇所もあるが、この著作に関しては、向井隆健氏などから偽撰説が提示されている。(15)

覚鑁の目指したのは密教と浄土教の融合ではなく、密教者の浄土教的な臨終行儀の多様化という現実に即して、それらを現身往生=即身成仏の観点から包摂して、真言密教の統一を図ろうとした試みではなかろうか。この意味で、同じ密教実践者でも、いわゆる順次往生に焦点を置いた、禅林寺中興で東大寺別当の永観（一〇三三―一一一一）の『往生拾因』や、画僧としても名高く覚鑁とも交流のあった三論僧珍海（一〇九一―一一五二）の『決定往生集』などは密教史学の立場からも、もっと注目されてよい著作であると思える。

四　明恵の入滅と弥勒浄土往生

明恵房高弁（一一七三―一二三二）は鎌倉初期の華厳教学の復興に大きな役割を果したが、そのほかにも、自らの夢や禅定体験を綴った『夢の記』の著述、高山寺の創建、尼僧教団への支援、歌人としての活動、インド巡礼の企てや、春日住吉両明神への信仰など様々な事跡によって知られる。また真言密教と華厳宗の双修者としても名高く、弥勒菩薩の浄土信仰に導かれて没した。寛喜三年（一二三一）の十月に持病が悪化して臨終の備えを始めてから翌年の一月十九日に入滅するまでの経緯は高弟の喜海（一一七八―一二五一）の手になる『高山寺明恵上人行状（仮名行状）』に克明に記されている。また真言僧で方便智院を開基し高山寺経蔵の充実に貢献した定真も『最後臨終行儀事（定真備忘録）』を綴って師の最後を伝えている。これらの文献は密教者が浄土往生をめざして実際にどのように密教儀礼を実践し、それが顕教的儀礼とどう関連していたかを知る上で、非常に貴重な資料と思われる。以下この二つの資料によって明恵の臨終の行儀と入滅に至る過程を素描する。(16)

寛喜三年十月十日夜

不食の病が悪化。臨終の行儀を始めるに当たり、弥勒像を住房の北西の角におき、その前に端座し、弥勒の宝号を唱える。臨席する弟子達も弥勒の称号を唱え、そのあいだに、座禅して観法を行う。数刻の後、出観し五秘密法による理供養の行法を修する。

寛喜四年正月十日

病状がさらに悪化する。最後にそなえ厳重に行儀を勤める。手を浄め、清潔な衣に着替え、袈裟を懸け、弥勒像の前に結跏趺坐する。称名、布字観、観法、座禅を行う。弥勒像の前に置いた土砂から紺青色の光がでて室内を満たした。これ以後毎日三度怠りなく、臨終の行儀を勤める。

寛喜四年正月十一日

人法二空の真理について講義し、その教えを『大日経』転字輪曼荼羅行品の一切三世無碍力明妃の力を表す甘露生三昧（大正一八巻、八四八番、二二頁中）と名付ける。

寛喜四年正月十二日

この日から弟子達を集めて昼夜不断に文殊菩薩の五字真言を唱えさせる。一日三度か四度臨終行儀を勤めるかたわら、時刻を決めずに観想法を実践することを常とする。霊典は弥勒像の台座の如意宝珠から香煙がたなびいて、弥勒が空中に浮かび、明恵の口から白い光が出て、弥勒を照らし出す夢想を得た。

寛喜四年正月十六日

初夜の座禅の最中に目を開き、「いま私の左脇から不動尊が現れた。臨終に際し障難から私を守るために現れられた」と弟子達に告げる。これ以後、臨終の作法として霊典は不動慈救呪、定真、性実、慈弁は弥勒の宝号、喜海は文殊の五字陀羅尼を唱えることを席次まで決めて、約束させる。

その後、弟子達に遺誡を授ける。

また本来は西北の弥勒像に端座して、臨終を迎えるべきだが、いまは病弱にしてそれも難しいので、釈尊の例に倣い、右脇臥により臨終を迎えると告げる。弥勒像は隣の学問所に移し、東を向き、南に枕をとり、東に毘盧舎那、文殊、普賢、観音、弥勒の五聖の曼荼羅を懸けて本尊とする。

寛喜四年正月十九日辰の一点（午前七時頃）

手を洗い、口をすすぎ、袈裟をつけ、念珠をとる。従者に自分の最後の時が来たと告げ、各々に宝号と陀羅尼を唱えさせる。その間に五聖曼荼羅に向かって光明真言と文殊の五字陀羅尼の布字観を行う。しばらくして出観、指で頂上に布字を書こうと思ったが、煩をさけてただ観法を行うのみにすると告げる。次に『大乗本生心地観経』の弥勒菩薩の頌を声高く唱える。「処於第四兜率天、四十九重摩尼殿、昼夜恒説不退行、無数方便度人天」（大正三巻、一五九番、三〇六頁上）。

生涯の仏教の学習の徹底を述懐して、弥勒菩薩に自らをその浄土に迎えるように祈願する。「聖経をもて明燈として、一塵として汚れたる心なし、名聞を雑せす、利養をましへすして、世をてらし候しとこそ覚え候へ、此をもて心身を荘て、一切衆生を摂取して、四十九重摩尼殿の御前に参り候はむするなり。必す我を摂取せしめ給え。」（『仮名行状』明恵上人資料、第一巻、七九頁）

声を励まして『華厳経』入法界品の善財童子が弥勒菩薩を讃える頌をとなえる。「此是大悲清浄智、利益世間慈氏尊、灌頂地中仏長子、随順思惟入仏境」（大正一〇巻、二七九番、四二四頁上）

あらためて従者に慈救呪、五字真言、宝号を唱えさせる。五字真言は、文殊の四十二字陀羅尼と同じく、八万四千の修多羅蔵、顕密の諸教を全てその中に納めるものとして念誦をすすめる。

自ら「南無弥勒菩薩」ととなえて、弟子達にも念仏を勧める。

理供養の作法で五秘密法の行法を修して、定印により座禅する。

出観の後、右脇臥に横たわり、右手は念珠、左手は蓮華拳に印を結ぶ。また数遍「南無弥勒菩薩」ととなえ、眼を閉じる。

喜海が最後の言葉「我戒を護る中より来る」を聞く。『華厳経』入法界品の結びで弥勒が善財に菩薩行の本質を示した言葉、「善男子。菩薩。従大悲処来。為欲調伏衆生故。従大慈処来。為欲救護衆生故。従浄戒処来。随其所楽而受生故」（大正一〇巻、二七九番、四三八頁上）に由来する。巳の刻頃、微笑しつつ安らかに入滅する。

以上から明恵の入滅儀礼が弥勒の浄土への往生を目指して構成されていたことに疑いはないだろう。明恵はすでに建久九年（一一九八）、二十六歳の時、著した『随意別願文』で、兜率往生の願望を「願わくは〈中略〉決定して正しく金剛の種子となりて、順次生において速やかに兜率天上慈氏仏の前に往生することを得ん」と述べている。(17) 喜海の手になる『明恵上人神現伝記』によると、建仁三年（一二〇三）、春日明神の託宣でインド巡礼を断念した際、春日明神は自らの降臨が、明恵の仏果に至る時期が近づいた瑞相であり、また来世の兜率往生も疑いないものとして、「来世の兜率の往生は必定にして遂くへし、我かこの詞をもて定量としてこ不審あるへからす」と伝えた。また春日と住吉の両明神が明恵を守護することは、『華厳経』の五十五善知識が善財童子を導いたことと同じで、弥勒像を中央に、両明神の御形像をその左右にかかげて祭ることを明恵に勧めている。(18) 明恵が弟子のひとり隆弁に与えた『都率西方往生難易法談』（『真聞集』末巻）では、弥勒浄土と阿弥陀浄土の優劣を論じるべきではなく、自分の弟子の中に阿弥陀仏を信仰するものが多いことも一向構わないと述べている。また『夢の記』では弥勒や兜率天に関する夢想や観想が多く記録されている（例えば承久二年六月禅中好相、同年八月七日初夜など参照）。定真は『最後臨終行儀事』で春日明神の託宣を引き、師の臨終の穏やかな表情は、明恵の「順次に慈氏仏のみまえに往生せん」という願いが叶った疑いなきしるしであると述べている。このように明恵はその生涯の早い時期から弥勒菩薩の浄土に転生することを心がけて、入滅に当たり兜率往生者になることを実現しようとしていたことがわかる。[19]

表1　明恵の入滅儀礼一覧

［顕教儀礼］	［密教儀礼］	［従者の儀礼］
弥勒宝号念誦	布字観	弥勒宝号念誦
	光明真言	
	文殊五字真言	文殊五字真言
座禅入観（仏光三昧）	五秘密法（理供養）	不動慈救呪
入滅の威儀		
弥勒像前の結跏趺坐		
東向きの右脇臥		

では明恵が臨終の行儀の一環として実践した多くの儀礼はどのような相互関係をもって、明恵の兜率信仰を支えていたのだろうか。表1と表2をみてまず気づくのが、経典や儀軌のテクストのレベルで見る限り、これらの儀礼の間に直接的また内的な関連性を見いだすことはできない。言い換えれば明恵自身の独創的な仏教理解の中にのみその関連を解く鍵があると思われる。

まず弥勒の宝号を唱えることと結跏趺坐については明恵の著作の中に詳しい説明を見つけることはできないが、兜率往生の標準的経典である『弥勒菩薩上生経』の記述に基づいたものと思われる（大正一四巻、四五二番、四一九頁下、四二〇頁上）。右脇臥の入滅の威儀は、体力が衰えてから、便宜的に釈尊の入滅に習ったものである。また、不動慈救呪についても、種々の往生伝で一般化しているように往生者を悪業や魔縁から守護することを目的としたのであろう。

表2　入滅儀礼とその出典(20)

［儀礼］	［明恵の著作］	［経軌］
弥勒宝号念誦	(『都率西方往生難易法談』)	観弥勒菩薩上生兜率天経
弥勒宝前の結跏趺坐	(『弥勒』)	同経
仏光観	『華厳仏光観三昧秘宝蔵』 『華厳一乗十信位中開廓心境仏仏道同仏光観法門』 『華厳仏光三昧観冥感伝』	大方広仏華厳経　如来光明覚品
光明真言(自行として)	『光明真言句義釈』 『華厳仏光観三昧秘宝蔵』	不空羂索神変真言経 不空羂索毘盧遮那仏大灌頂光真言
文殊五字真言	『華厳入法界頓証毘盧遮那字輪瑜伽念誦次第』	曼殊室利童子菩薩五字瑜伽法 金剛頂経瑜伽文殊師利菩薩法 大方広仏華厳経入法界品頓証毘盧遮那法身字輪瑜伽儀軌
五秘密法	『五秘密』 『真聞集』	金剛頂瑜伽五秘密修行念誦儀軌

『光明真言句義釈』
『華厳仏光観三昧秘宝蔵』
『五秘密仏光合行念誦次第』
『五秘密与五聖同体事』

座禅入観には明恵の後半生の仏道修行の中心となった仏光三昧観が用いられたとしてまず間違いないだろう。これは『華厳経』如来光明覚品にもとづき、李通玄の著作などを参考にして華厳の事事無碍の世界を体得するために明恵が考案したものである。(21)『仏光観法門』によれば、まず毘盧遮那仏の宝蓮華座を観想し、その上に結跏趺坐する毘盧遮那仏の両足の千幅輪から百億の光明が生じ、その中に一切の世界が現れるのを見る。最後にこの光が法界の尽十方一切世界に遍満し、その光の中に色法と心法、自己と世界の不二を実感することを目的とする。(22)『冥感伝』などによると、明恵は光明真言の念誦と字輪観を、顕教的な仏光観に対応する密教儀礼と定めて実践していた。(23)『句義釈』は仏光と光明真言の関係を具体的に示すが、それにさらに五秘密法を加える事を勧める。(24)月輪中の金剛薩とそれを取り囲む金剛欲、金剛触、金剛愛、金剛慢の四菩薩を主尊とする五秘密法を、毘盧遮那仏の仏光が月輪の中から現れて、菩薩の大慈大悲として衆生に働きかける姿を示す儀礼として特に重視した。『夢の記』によると嘉禄二年（一二二六）から、一日三度、仏光観とともに、光明真言法と五秘密法を合わせて修していた。『真聞集』のはじめや『五秘密』、また『秘宝蔵』でも述べられているように、五秘密の四菩薩が、毘盧遮那如来をかこむ文殊、普賢、観音、弥勒と同体とされている。(25)これにより、明恵が、五聖の曼荼羅を本尊として五秘密法を修したことが理解できる。

五　真言、浄土、神祇――明恵の入滅と『華厳経』入法界品

では仏光観と、それと組み合わせられた密教儀礼である光明真言の布字観および念誦と五秘密法は、弥勒菩薩の兜率天往生という明恵入滅儀礼の最終目的にどうかかわるのだろうか。『冥感伝』では、そもそも「弥勒菩薩の威神によりて遂にこの禅法（仏光観）を感得す」と言明している。それによると承久三年（一二二一）の六月に座禅中に身体が軽くなって虚空を上昇して行き、忉利天、夜摩天を過ぎて兜率天上の弥勒菩薩の大楼閣につき、そこで普賢菩薩が黄金の桶から香水を身体のすみずみまでそそいでくれて、身心の清浄を得たとする瞑想を体験したが、この体験が仏光観を自ら修行の体系として組み立てる原点であったことを述べている。(26) 弥勒菩薩の楼閣について「弥勒所住の国土の事」と題する『真聞集』の一節で明恵は修行者が大楼閣に入る体験をするのは『大日経疏』で説かれる除蓋障三昧（大正三九巻、一七九六番、五九〇頁上）が完成された――つまり印契、真言、観想の三密行により五障（煩悩障、業障、生障、法障、所知障）が除かれて真言行の悟りの第一段階が達成される――ことを表すとする。(27) つまり弥勒の楼閣に至る観想を得ることは、そのまま仏光観に伴って修される光明真言や五秘密法の有効性の現れと理解されたのであろう。

また『句義釈』で明恵は仏光観と光明真言を修する行者を守護する十二白光神の働きを次のように述べる。

此の諸神、行者をして弥勒菩薩、及び弥勒菩薩の見る所の文殊菩薩等、一切諸菩薩及び十方仏を見るを得せしむ。今此の三昧法門は文殊普賢等の五聖、並びに五十五知識所成の三摩地門なるが故に。此の中の弥勒は徳を摂め、因を成ずる知識の故に、行者の為に当に果の成ずるを示す。(28)

この白光神は明恵の兜率天往生を確約した春日住吉の両明神と並んで高山寺の鎮守として勧請されたことで名高い。つまり両明神と並んで仏法を守護する神祇として明恵とその同法たちにより信仰されていた。

これらの資料に共通するのは、明恵が『華厳経』入法界品の善財童子のエピソードの中の弥勒菩薩の役割に注目していることである。善財は文殊菩薩のすすめで菩薩の智慧と慈悲を身につけるために巡礼の旅に出るが、最後に毘盧遮那荘厳蔵という大楼閣にすむ弥勒に会い、その楼閣の中に導かれて毘盧遮那仏の光明に満ちた悟りの世界を体験し、修得する。善財は弥勒の薦めで、もう一度文殊に会い、自分の修行の出発点としての空性の真理を確認した後、身につけた禅定力により、普賢菩薩を観想して一体となり大乗の菩薩の利他行の実践者としての新しい命を得る。つまり、入法界品で善財の修道が完成するのは明恵の言うように弥勒との出会いにおいてであり、それによって、善財は自ら文殊の智慧と普賢菩薩の慈悲を生み出す力を得たと言える。明恵は『華厳経』を学習する上で入法界品をとくに重視し五十五善知識の曼荼羅を製作させたり『善財善知識念誦次第』を著している。また臨終の間際にも入法界品の言葉を多く口ずさんでいるので、明恵が人生の最後の宗教実践の本尊として弥勒菩薩を選んだことも当然ではなかろうか。入法界品では善財に弥勒が、自分の本来の住所は毘盧遮那荘厳蔵大楼閣だが、衆生を導く方便行の実践として兜率天に化生するとも述べられている（大正一〇巻、二七九番、四三八頁下）。明恵の入滅儀礼は入法界品の物語をその底流として弥勒浄土往生と『華厳経』の仏光観の実践、さらに華厳教学的体系を総合したものと言えよう。入法界品の弥勒菩薩のエピソードは、その豊穣なインスピレーションで、若き日に紀州白上峰で文殊の顕現を見たこと、インド巡礼を断念して、春日明神の加護を得たこと、また光明真言土砂加持により病者や死者の救済に勤めたことなど、明恵の人生の様々な出来事が織りなす物語に実り多い結末を与えたと言えよう。

明恵の入滅儀礼で一つ問題として残るのは文殊五字真言の配置であろう。この真言は明恵が布字観を修したのみでなく、臨終と思われたときには従者達に昼夜不断で唱えさせたり、また高弟の喜海を選んで念誦に当たらせていることから、入滅の行儀の中で特に重視されていた筈である。明恵の日常の仏光観実践ではあたかも対をなすような光明真言と五秘密法の間に五字真言が割り込まされて、入滅儀礼の枠組みでは光明真言と五字真言が対として扱われているのはなぜだろうか。

喜海の『仮名行状』、霊典の『高山随聞秘密抄』によると、明恵は文殊の五字真言の功徳を説明して、この真言は八万四千の修多羅蔵をすべてその中に納めるもので、この真言を聞けば大小権実顕密の法門をすべて聴聞したに等しいとする。また文殊の四十二字陀羅尼を布字し念誦しようとしたが、自身の衰弱と従者の疲労を考えて、同じ効力のある五字真言を使うことにしたと述べている。(29) 文殊の真言や陀羅尼が仏教の全ての教えをその中に含むという思想は、不空訳の『曼殊室利童子菩薩五字瑜伽法』などいくつかの経軌に表明されている。四十二字陀羅尼はサンスクリット音韻表を兼ね、ア、ラ、パ、チャ、ナの五字は、その最初の五つの文字として、それぞれ母音、半母音、唇音、口蓋音、鼻音を代表する。つまり五字や四十二字は言語活動を発生させ、また可能にする原初的エネルギーとしての文殊の智慧の現れとして捉えられている。『華厳経』はそのテクストの全体にわたり釈迦仏が悟りの法悦にとどまり、口を開いて教えを説くことがない。仏光観の基礎となる如来光明覚品では、両足の千輻輪から出た光明を受けた文殊菩薩がその光の荘厳と意味を如来の十徳として賛嘆して読者に理解させる役割を負う。そして十徳を理解したものが五十二位の十信にすすむとされる。つまり文殊は言語を超えた如来の悟りの世界を「翻訳」して経典の言葉に変換して行く役割を担っている。この言語化により初めて、経典テクストの読者を含めた他者の救済が可能となる。つまり仏陀の超言語的禅定体験を言語化する試みとして、『華厳経』のテクストの言葉と、密教儀礼の中核をなす真言は並列的な関係にあると言えよう。この意味で、前述したように、明恵が入滅直前の寛喜四年（一二三二）正月十一日自らの講義を『大日経』転字輪曼荼羅行品にならい、真言の言語化作用を人格化した尊格である一切三世碍力明妃の力を表す「甘露生三昧」と名付けたことは示唆に富んでいる。

こうしてみると明恵の入滅儀礼は弥勒宝号の念仏に続く仏光観の観想が弥勒菩薩の毘盧遮那荘厳蔵大楼閣の内部の如来の悟りの光の世界を、光明真言がその光の言語化のプロセスを、五字真言が善財が弥勒の次に訪れる文殊の智慧の力を、そして五秘密法が入法界品の結末の普賢菩薩の行願の世界をそれぞれ体現していると言えよう。五秘密の主尊の金剛薩埵は一般に経軌で普賢菩薩の密教的現れとされている。明恵も『秘宝蔵』の随所で両尊の一致をとくが、同時にその結びの部分では金剛薩埵を文殊と普賢が一体となった尊像として、悟りの言語化の過程と普賢菩薩の利他の行願の表裏一体の関係を強調する。

明恵は喜海に「我死なんずる事は、今日に明日を継ぐに異ならず」として、自分にとって死とは丁度修行者が一日の勤めを終えて眠りに落ち翌日から修行を始めるようなものだと述べたことがあるが、(30)今日に明日を継ぐ修行の地として弥勒の兜率天が選ばれたと言えよう。それならばこの生で得た仏教の知識を来世に持ち越して行くこと、さらに言葉を超えた如来の悟りの光景を言語化する智恵を自ら存在の深層にとどめておく身体的儀礼的技術が必要であり、それが死の技法としての明恵独自の入滅儀礼を作り出したといえよう。

六　結　語

明恵の行儀で最も注目されるべきは、顕教儀礼と密教儀礼がいかに関連し合ったかという点ではなかろうか。一般に真言密教の教義的枠組みでは、密教の顕教に対する優位が確立されている。明恵が真摯に密教を学び実践したことに疑いはない。しかし、入滅儀礼を中心に見る限り、明恵が依拠したものはあくまでも、華厳的な世界像であった。密教の儀礼はそれを実現するための宗教的技術として最重要だったが、多くの場合、密教儀礼同士の内的関連や、基本密教経典との関係性を無視してまで、むしろ恣意的に顕教の経典読誦、宝号念誦、観想法等と組み合わされた印象を受ける。そのうえで密教と浄土教は入滅儀礼の一部として相互補完的役割を果たした。密教教学の立場からは、明恵の兜率往生は現身往生ではなく、順次往生と定義されるべきであろう。しかしだからといって、明恵が兜率往生により宗教的に救済されたとするのも正しくはないであろう。むしろ自らの仏果を得ることが近いことの確信が明恵が往生の準備をする精神的な土台となっていたと言えよう。明恵の入滅の行儀を見る限り、彼の宗教を単純に、かつて石井教道氏が「厳密」と形容したように——つまり密教と華厳の融合としてのみで——片づけてしまうのは的確ではないであろう。(31) むしろ華厳の教理的理想を密教と浄土教特有の儀礼、信仰、コスモロジーを応用することにより立体的な実践体系として構築し、それを神祇信仰の文脈の中で中世日本の文化的土壌に定着させたと見ることはできないだろうか。

明恵を中世の数多くの密教と浄土往生の双修者の好例として一般化できるかどうかは今後の研究の発展を待たねばならない。しかし明恵の場合、密教が必ずしもイデオロギー的な核としてその宗教実践を主導したわけではなく、むしろ顕教的要素と柔軟にかつ多様に結びついていたのではないだろうか。中世史の様々な局面で密教が覇権的な力として作用した場面も少なくないが、この様な柔軟性も密教が顕教諸宗や神祇信仰と結びついて中世社会で大きな影響力を発揮した原因と考えられるであろう。

注

（1）黒田俊雄の顕密仏教をめぐる一連の論考にくわえ、平雅行『日本中世の社会と仏教』（塙書房、一九九二年）、上島亨「真言密教の日本的変遷」（『洛北史学』創刊号、一九九九年六月）、上川通夫「中世寺院の構造と国家」（『日本史研究』三四四号、一九九一年）、海老名尚「宮中仏事に関する覚書」（『学習院大学文学部研究年報』四〇号、一九九四年）など参照。

（2）田中文英「中世顕密寺院における修法の一考察」（桜井好朗編『祭儀と註釈——中世における古代神話』所収、吉川弘文館、一九九三年）、伊藤聡「神仏習合」（『日本仏教の研究法——歴史と展望』所収、法蔵館、二〇〇〇年）、佐藤弘夫『神仏王権の中世』（法蔵館、一九九八年）第四部、第一章「中世神国思想の形成」三〇七—三四七頁など。またいわゆる「新仏教」と密教、神祇信仰の関係の再考を促すものとして、大石雅章『顕密体制内における禅律念仏の位置』（『中世寺院史の研究』上編所収、法蔵館、一九八八年）、原田正俊「中世後期の国家と仏教——禅宗の展開を通試て——」（『日本史研究』四一五号、一九九

六年)、今井雅晴『親鸞と東国門徒』(吉川弘文館、一九九九年) 第二章、第一節「親鸞と鹿島」三八—四八頁。
(3) 入滅儀礼としての出息入息観については、櫛田良洪『真言密教成立過程の研究』(山喜房仏書林、一九六四年) 一五三頁以下参照。即身仏のおそらく最も早い例は。金剛峰寺検校琳賢(?—一一五〇)ではなかろうか。『高野春秋編年輯録』による五穀を断つ臨終の準備の後琳賢の遺体は全身舎利に変成して金堂の後庇に安置され、後島羽院をはじめ参詣者の信仰を集めたとされる。日野西真定編『高野春秋編年輯録』(名著出版、一九八二年) 一〇三頁上、一三二頁上。
(4)『往生伝・法華験記』(日本思想大系7、岩波書店、一九七四年) 二二頁。
(5) 同前、二九四頁。
(6) 前掲『高野春秋編年輯録』六八頁、七〇頁上。
(7) 前掲『往生伝、法華験記』六五四—六五五頁。
(8) 同前、六九六頁。
(9) 同前、七〇〇頁。前掲『高野春秋編年輯録』一〇三頁。
(10) 同前、九八頁以下。
(11) 例えば三崎良周氏は対立概念としての「純密」と「雑密」が平安期以来中世を通じて全く存在せず、霊雲寺の慧光(一六六六—一七三四)など江戸中期の真言学僧の著作に初めて登場することを指摘している。三崎『台密の研究』(創文社、一九八八年) 一四六頁。
(12) 栂尾祥雲氏の『秘密仏教史』(高野山大学出版部、一九三三年) に代表されるように、近代の宗学者による密教史研究は一貫して中世の密教と浄土教の緊密な関係を極端に軽視あるいは無視しているように見うけられる。
(13) 長谷宝秀編『弘法大師全集』(吉川弘文館、一九〇九—一九一一年) 一巻、一一七頁。
(14) 拙著 "The Weaving of Mantra—Kukai and the Construction of Esoteric Buddhist Discourse" (Columbia University Press, 1999) の二四七頁以下で詳説した。
(15)「一期大要秘密集の撰者考」(『密教学研究』二三号、一七頁)。
(16)「高山寺明恵上人行状(仮名行状)」は、高山寺典籍文書総合調査団編『明恵上人資料』第一巻(東京大学出版会、一九七一年)所収、筑島裕、奥田勲翻字校合の施無畏寺蔵本に依拠した(一—八〇頁)。「最後臨終行儀事(定真備忘録)」は同資料、第一巻所収、峰岸明翻字の高山寺蔵本によった(五六三—五七六頁)。

(17) 高山寺蔵、一七〇函、二三号。田中久夫翻刻のテクストに依拠。田中『鎌倉仏教雑考』(思文閣出版、一九八二年)三一一頁。
(18) 前掲『明恵上人資料』第一巻、二三九―二四一頁。
(19) 「真聞集」高山寺典籍文書総合調査団編『明恵上人資料』第三巻(東京大学出版会、一九八七年)二〇二―二〇三頁。「最後臨終行儀事」同前第一巻、二三九頁以降参照。
(20) 明恵の著作(聞書類をふくむ)の題名等に関しては高山寺典籍文書総合調査団編『明恵上人資料』第五巻(東京大学出版会、二〇〇〇年)収録の「上人所作目録」、「栂尾上人御製作目録」を参照した。三八五―四一五頁。
(21) 明恵の仏光観の論考としては柴崎照和「明恵と仏光三昧観」(『南都仏教』六五号)、小泉春明、「明恵周辺　上――仏光観の実践を中心として」(『南都仏教』四二号)、船岡誠「明恵の禅定思想」(速水侑編『院政期の仏教』(吉川弘文館、一九九八年所収)、末木文美士『鎌倉仏教形成論』(法蔵館、一九九八年)第三部、第一章「明恵の思想展開」などがある。
(22) 「華厳一乗十信位中開廓心境仏仏道同仏光観法門」(『日本大蔵経』華厳宗章疏下、六九頁下―七一頁上)。
(23) 「華厳仏光三昧観冥観伝」(『日本大蔵経』華厳宗章疏下、一四一頁上)。
(24) 柳田征司翻字『明恵上人資料』第二巻(東京大学出版会、一九七八年)所収、大谷大学蔵本「不空羂索毘盧遮那仏大灌頂光明真言句義釈」八八七―八九一頁、また同氏翻字、高山寺典籍文書総合調査団編『高山寺典籍文書の研究』(東京大学出版会、一九八〇年)所収の高山寺本、七八五および七八九頁も参照されたい。明恵の仏光観と光明真言の関係については前掲『高山寺典籍文書の研究』所収の小泉春明「明恵上人の仏光三昧観における光明真言導入に関して」が詳しい。
(25) 「真聞集　本」(『明恵上人資料』第三巻、一八四―一八八頁)。「五秘密」は佐々木峻翻字による高山寺本が前掲『高山寺典籍文書の研究』八一七―八二四頁に掲載されている。「華厳仏光三昧秘蔵宝」下(『日本大蔵経』華厳宗章疏下、一三三頁上―一三六頁下)。
(26) 「冥感伝」(『日本大蔵経』華厳宗章疏下、一四一頁上―下)。
(27) 「真聞集　末」(『明恵上人資料』第三巻、二〇三―二〇四頁)。
(28) 前掲『高山寺典籍文書の研究』翻字編、七八五頁。
(29) 「仮名行状」(『明恵上人資料』第一巻、七三頁)。「高山随聞秘密抄」(『明恵上人資料』第三巻、四八一―四八二頁)。長円の「栂尾御物語」にも同旨の事が記されている。『大日本仏教全書』四十三巻　四三六頁下。

(30)「栂尾明恵上人伝記」巻下　残欠(『明恵上人資料』第一巻、四三九頁)。
(31)「厳密の祖師高弁」(『大正大学学報』3、一九二八年)。

〈キーワード〉顕密双修　密教と浄土教　神祇　臨終行儀　兜率住生　「華厳経」入法界品

道元の修証論

竹村牧男

一　只管打坐を根本とする

道元（一二〇〇―一二五三）はしばしば自らの仏道に関して、修行と証悟とを一つにした「修証」という言葉を用いている。(1) おそらくその先例は、南岳懐譲の「修証は無きにあらず、染汚することは得じ」(2) に求められるであろう。もっとも、南岳懐譲のその語では、修と証という二つのことがひとまず別のこととして意識されている。それに対して道元の修証は、分けられないものとして了解されている。いわゆる、修証一等の立場である。こうした道元の修証論は、全体としてどのような構造、展望を有しているのであろうか。以下、この問題についてしばらく検討してみたい。

まず初めには、道元の修証論がどのようなものであれ、その根本は只管打坐にあることを確認しておきたい。周知のように、道元は宋に渡り、坐禅修行によって大事を明らめ、帰国して日本に禅による新たな仏教を弘めようとしたのであった。宋の天童山景徳禅院における修証ののち、日本に帰って（一二二七）まず著わしたのは、『普勧坐禅儀』であったと伝えられる。(3) それは坐禅の意義と方法とを、道元自らの見識によって適切に解説し、誰にでもあまねく勧めようとするものであった。その頃また、立宗宣言にも他ならない『弁道話』を著わす（一二三一）。その核心は、次の一節にあると思う。

宋門の正伝にいはく、この単伝正直の仏法は、最上のなかに最上なり。参見知識のはじめより、さらに焼香・礼拝・念仏・修懺・看経をもちいず、ただし打坐して身心脱落することをえよ。(4)

最後の一文、「ただし」の「し」は強め、ただひとえに打坐することのみ、只管打坐こそが釈尊以来、正しく伝承された無上の仏法だというのである。やがて宇治深草に、日本最初の禅道修行専門の僧堂・興聖寺を開き（一二三六）、必要に応じ清規の類を種々説示して、仏道修行のための理想的な環境を鋭意、調えていくのであった。有名な『典座教訓』は、嘉禎三年（一二三七）の撰である。

その努力は、後年、永平寺に移ってからもなおつづいている。世に『永平清規』と呼ばれるものは、いくつもの清規類を合わせたものであるが、その中、『衆寮箴規』は、宝治三年（一二四九）の作である。いわば最晩年まで、僧堂の規矩の整備に心を砕いているが、それもひとえに学人がいかに坐禅に打ちこめるかを考えてのことであった。

この間、道元は雲水らに対して、実際にどのような指導をしていたのであろうか。このことについては、懐奘の『正法眼蔵随聞記』に詳しい。そこには、さまざまに心を衝《つ》かれる言葉があるが、もちろん坐禅を専らにすべきことも再三、説かれている。今、その一つを掲げてみよう。

示云《じにいわく》、学道の最要は、坐禅、是、第一也。大宋の人、多く得道する事、皆、坐禅の力也。一文不通にて、無才愚鈍の人も、坐禅を専らにすれば、多年の久学、聡明の人にも勝れて出来する。然《しかれ》ば、学人、祇管打坐して、他を管ずる事なかれ。仏道の道は、只、坐禅也。他事に順ずべからず。(5)（巻六）

明快で厳しい教えであるが、学人への深い愛情も感じずにはいられない調べがある。今の引用につづいて、懐奘の質問に対する道元の答えがあり、その最後には、「又、話頭を以て、悟をひらきたる人、有とも、其《それ》も坐の功によりて、悟の開くる因縁也。まさしき功は、坐にあるべし(6)」ともある。徹底して、坐の功を強調している。道元はひとえに、只管打坐の仏道を挙揚していた。

言うまでもなく、この家風は、師の天童如浄を承けてのことである。『弁道話』に、「宗門の正伝にいはく」とあった、その正伝とは、如浄よりの相承を意味する。その如浄の思想（ただし道元がうけとめた如浄の思想）は、『宝慶記』にまとめられている。確かにそこには、

堂頭和尚、示して曰く。参禅は身心脱落なり。焼香・礼拝・念仏・修懺・看経を用いず。祇管に打坐するのみなり(7)。（一五）

とある。この言葉こそ、道元の仏道の原点なのであり、『正法眼蔵』の中でも何回か用いられていくのであった（「行持」下、「仏経」ほか）。

さらに『宝慶記』には、次の教えがある。

堂頭和尚、示して曰く。「世尊の言《のたまわ》く、「聞思は、なお門外に処するがごとく、坐禅は、直に乃ち、家に帰って穏坐するがごとし」と。所以に坐禅すること、ないし、一須臾・一刹那なりとも、功徳は無量なり。我れは三十余年、時とともに功夫弁道して、未だ曾て退を生ぜず。今年六十五歳、老に至って弥《いよい》よ堅し。你もまた、かくのごとく弁道功夫せよ」と。あたかもこれ仏祖が金口の記なり(8)。（三八）

如浄は老境に入るも不退転に坐禅につとめていたのであり、道元に対して、自分と同じように何歳になっても一路、坐禅を行ずべきであると教誡するのであった。その金口の教えを、道元が忘れるはずもなかったであろう。

よく道元には、思想の変遷があったと言われる。十二巻本の『正法眼蔵』が道元の最後の立場で、それまでの思想はそこで捨てられたようにも言われる。道元が当時の宗教的・政治的状況を生き抜いていく中で、思想そのもの、あるいはその表現が変っていったことも十分に考えられることである。ただし今日、晩年の道元の思想は、『正法眼蔵』

よりも『永平広録』に拠るべきだと考えられてきている。というのも、次のような事情があるからである。「すなわち、寛元元年（一二四三）後半から寛元二年にかけては『正法眼蔵』の示衆がもっとも多く、『永平広録』の上堂回数は少ないが、寛元四年以後は『正法眼蔵』の示衆は「出家」のみであるのに、『永平広録』の上堂回数はもっとも多いのである。晩年の禅師においては、『正法眼蔵』の撰述は急速に減少し、『正法眼蔵』は前に撰述されたものの再治および新草等の撰述に力が注がれたのであって、『正法眼蔵』の示衆のなくなった分、『広録』の上堂がこれを補っているのである。これによってみれば、『正法眼蔵』の示衆が終了した寛元四年から示寂までの道元禅師の思想の動向を示す主なものは、『永平広録』の上堂の記録であって、『永平広録』の後半の上堂語は道元禅師の晩年の思想を明らかにするものとして、貴重な資料である。[9]」

寛元四年（一二四六）という年は、ちょうど大仏寺を永平寺に改称した年である。このころより道元のもっとも理想とする禅院での化導が本格的に始まるのであり、そのときなぜか道元は『正法眼蔵』の示衆よりも漢文による、いわば禅僧の正式の説法である上堂に力を入れていくのであった。それは自分の亡きあと、ある禅僧の言行の公式の語録として編纂され、伝持されるであろうことも、道元は十分意識していたことであろう。とすれば、道元の真意は、まさにここに刻まれていると考えられる。

それでは、『永平広録』に見られる晩年の上堂には、どのようなことが説かれていようか。興味深いことに、「上堂。仏仏祖祖の家風は、坐禅弁道のみなり。先師天童云く、「跏趺坐は乃ち古仏の法なり。参禅は身心脱落なり。焼香・礼拝・念仏・修懺・看経を要《もち》いず、祗管打坐せば始て得《よろ》し」と[10]」（四三二）とあったりもする。この如浄の只管打坐の教え、道元の仏道の原点を、道元は最晩年に至るまで、くり返し説示していたのであった。ここではそのあと、坐禅に猛く精進すべきことを述べている。

そのほか、坐禅の最要なることを説く言葉は晩年の上堂にいくつもあるが、今は次の言葉を引用しておこう。

> ……我が儻《ともがら》、宿殖般若の種子に酬いて、殊勝最上の単伝に値《あ》いて修習することを得たり。当に頭燃《ずねん》を救《はら》って精進すべし。仏言《のたまわ》く、「二人の罪人あり。謂く、一人は三千大千世界の衆生を殺し、一人は大智慧を得て、坐禅の人を罵謗《めぼう》す。二人の罪、何《いずれ》かこれ重き。」仏言く、「坐禅の人を毀謗するは、なお三千大千世界の衆生を殺すものよりも勝《す》ぎたり」と。測り知りぬ、坐禅、その功徳最勝甚深なることを。[11]……（四八二）

坐禅の功徳がいかに甚深広大であるかを伝えようとしている。ほかにも、「兄弟、須く知るべし、祖師はただ仏法の正脈を伝えて、面壁坐禅す。後漢の永平より以来《このかた》、依文解義の坐ありといえども、まったくその儀なし、ただ独り祖師の伝うるのみなり。誠にこれ仏法の親伝なるものか。面壁坐禅は仏祖の伝なり。外道・二乗の禅に同じからず[12]」（五一六）とも言っている。これらの上堂によって、道元は最晩年に至るまで、終始一貫して坐禅の修習を強調していたことは明らかである。師・天童如浄の只管打坐の教えを、生涯ひとすじに保任していたのである。

新草十二巻本『正法眼蔵』には、「三時業」や「深信因果」の巻がある。いずれも善因楽果・悪因苦果の道理を撥無せず固く信ずべきことを説くものである。では道元の思想はそこのみに収斂したのであったろうか。実はそのこと（因果を否定すべきでないこと）は、『宝慶記』において、如浄の教えとして強調されている[13]。と同時に、如浄は参禅を身心脱落とし、坐禅に打ちこむべきことも説くのであった。道元の晩年の上堂を見るに、坐禅の重視は一貫している。と同時に三時業の因果を信ずべきこともやはり説かれている[14]。おおよそを言えば、『宝慶記』の立場は、全体として、晩年の『永平広録』の上堂の立場と一致している（このことはさらに子細に検討すべきであるが）と見ることができる。十二巻本『正法眼蔵』だけが道元の思想であると見ると、道元をあまりにも狭く限定してしまうことになるであろう。むしろ『永平広録』の上堂に注目すべきであろう。

それはともかく、我々はつい詩と哲学とが融けあったかのような『正法眼蔵』の美しい文章に眼を奪われ、その土台にあった面壁坐禅を忘れがちである。しかし『弁道話』以来、只管打坐こそが道元の仏道を貫くものであったことを、我々は決して忘れるべきではないであろう。

二　修証の論理

『宝慶記』には、如浄の「参禅は身心脱落なり」の教えがあり、また道元はこの句を、生涯を通じてしばしば述べるのであった。もし身心脱落ということが悟りの世界を意味するなら、参禅ないし坐禅はそのまま悟りの世界の実現したものということにもなる。一体、このへんを道元はどのように考えていたのであろうか。

まず道元の師、如浄の考えを『宝慶記』から整理してみよう。それはあくまでも道元のうけとめた如浄である。まず、「参禅は身心脱落なり。……祇管に打坐するのみなり」の句が見える個所には、つづいて次のようにある。


拝問す。「身心脱落」とは何ぞや。

堂頭和尚、示して曰く。「身心脱落」とは「坐禅」なり。祇管に坐禅する時、五欲を離れ、五蓋を除くなり。

拝問す。もし五欲を離れ、五蓋を除くとならば、乃ち教家の談ずるところと同じきなり。即ち大小両乗の行人たるものか。

堂頭和尚、示して曰く、祖師の児孫は、強ちに大小両乗の所説を嫌うべからず。学者にして、もし、如来の聖教に背かば、何ぞ敢て仏祖の児孫たるものならんや。

拝問す。近代の疑わしき者の云く、三毒は即ち仏法、五欲は即ち祖道なり。もし、彼等を除かば、即ちこれ取捨にして、還って小乗に同じきなりと。

堂頭和尚、示して曰く、もし、三毒・五欲等を除かざれば、瓶沙王《びんしゃおう》の国、阿闍世の国の諸の外道の輩《やから》に一如ならん。仏祖の児孫は、もし一蓋・一欲だにも除かば、即ち巨益《こやく》なり。仏祖と相見《しょうけん》するの時節なり。(15)(一五)

如浄は、身心脱落について、五欲を離れ、五蓋を除くことだという。要するに、無明・煩悩を除いていくことである。しかし中国禅宗の事実上の淵源、六祖慧能は、「本来無一物、何れの処にか塵埃を惹かん」(16)と言っていたのであり、ことさらに煩悩を除くこともかえって造業というのが禅の立場であったろう。そこで道元は、煩悩即菩提のような説はどうですかとさらに質問する。すると如浄は、あくまでも五欲・五蓋を除くことに意義があることを強調するのであった。

他の箇所でも、「祇管に打坐して功夫を作し、身心脱落し来るは、乃ち五蓋・五欲等を離るるの術なり。この外に、すべて別事なし、渾《まった》く一箇の事なし……。(17)」(二九)と示している。つまり『宝慶記』の如浄は、「参禅は身心脱落なり」と言うとも、実際は無明・煩悩を離れていく術と考えていた。いわば始覚門的なのである。

このことは、道元が「初心を用《も》って道を得るとなさんや、後心を用って道を得るとなさんや」と質問したときの如浄の回答にも表われている。「もし、ただ初心のみにして得道するとならば、菩薩は初発心のとき、便ち応にこれ仏なるべし」といって、初心即仏ということは厳に否定するのである。しかし初心なしに得道はありえないから、初心にあらずとも言い切れないという。結局、「仏祖は一行三昧に相応の智慧を修習し、無明の惑を焦《や》くに、初めにもあらず、後にもあらず、初めと後とを離るるにもあらざるなり。乃ち、仏祖正伝の宗旨なり(18)」(四四)と示される。要は初めなしに後はないから、後だけを言うことはできないが、初め(修行)から後(成仏)であるのではないということである。とすれば、本より成仏しているというようなことはまったく認めなかったのであり、ただ修行の営みは悟りそのものと連続していることを指摘して、悟りは初心の修行を離れないことを説くのであった。

一方、道元はこのことについてどのように説いているであろうか。やはりその如浄の立場とまったく一致しているのであろうか。

道元の修証論は、まず『弁道話』に示されている。それは次のようである。

それ、修・証はひとつにあらずとおもへる、すなはち外道の見なり。仏法には、修証これ一等なり。いまも証上の修なるゆえに、初心の弁道すなはち本証の全体なり。かるがゆえに、修行の用心をさづくるにも、修のほかに証をまつおもひなかれ、とをしふ。直指の本証なるがゆえなるべし。すでに修の証なれば、証にきはなく、証の修なれば、修にはじめなし。ここをもて、釈迦如来・迦葉尊者、ともに証上の修に受用せられ、達磨大師・大鑑高祖、おなじく証上の修に引転せらる。仏法住持のあと、みなかくのごとし。すでに証をはなれぬ修あり、われらさいはひに一分の妙修を単伝せる、初心の弁道すなはち一分の本証を無為の地にうるなり。(19)

ここには、修と証は一つであること、修=証は無始無終であること、修は証上の修であることが示されている。ほかにも、「又いはく、道をみるもの、道を修す、と。しるべし、得道のなかに修行すべしといふことを」(20)ともある。如浄の考えを下敷に解釈することも可能であろうが、やはり道元の場合、証が修に還流していることがより強調されていると言わざるをえないであろう。しかも道元はここで、「初心の弁道すなはち本証の全体なり」とまで言い切っている。この本証という言葉は、本覚という言葉とおよそ変らないはずである。少くとも初期の道元はむしろ、修証論上、本覚門に傾いていたと見られてもしかたないであろう。

もっとも、「初心の弁道すなはち一分の本証を無為の地にうるなり」ともあった。あくまでも初心の弁道は本証の全体なのであるが、しかしそれがそこにそっくり現成しているというわけではない。そこで実現するのはあくまでもその一分である、そういうことになろうか。それにしても初心においてすら、一分は確かに本証を無為の地に得るというのである。

ここにおいて、何か本証というものが、独立にそれだけで存在しているのではないことに注意を要する。道元はそういう考え方こそをくり返し否定したのであった。もとより修を離れた証はなく、証を離れた修はないのである。だから坐禅を離れた悟りもない。そのことを物語るのが、『正法眼蔵』「現成公案」の次のくだりである。

麻浴山宝徹禅師、あふぎをつかふちなみに、僧きたりてとふ、風性常住、無処不周なり、なにをもてかさらに和尚あふぎをつかふ。師云く、なんぢただ風性常住をしれりとも、いまだところとしていたずらといふことなき道理をしらずと。僧曰く、いかならんかこれ無処不周底の道理。ときに、師、あふぎをつかふのみなり。僧、礼拝す。

仏法の証験、正伝の活路、それかくのごとし、常住なればあふぎをつかふべからず、つかはぬおりも風をきくべきといふは、常住をもしらず、風性をもしらぬなり。風性は常住なるがゆえに、仏家《ぶつけ》の風は、大地の黄金なるを現成せしめ、長河の蘇酪を参熟せり。(21)

こうして、道元の立場にあっては、初心が本証の全体とさえ言いうるのだが、その初心の弁道功夫を離れて本証もありえないこと、初心等の弁道のただ中にのみ本証はあることをはっきり了解すべきである。そうだとしても、道元の修証に対する考え方は、前に見た如浄の立場とはやや異っていたのではないかと思われる。また、坐禅を悟りへの手段としてのみ見ず、修行と悟りとを別ものと見るのではない視点を明確にしており、やはりそれは道元の禅の一つの大きな特徴となっていたのであった。晩年、この立場がどのように変ったのか、変らなかったのかは非常に興味深い問題であり、私自身、今後さらに点検・検討してみたいと思う。

三　不染汚の修証

もう一つ、修証論に関連して、道元がよく語る言葉がある。『弁道話』には、「きかずや、祖師のいはく、修証はすなはちなきにあらず、染汚することはえじ(22)」という形で出てくるものである。この言葉は、本稿の冒頭でも触れたが、六祖慧能と南岳懐譲との間の問答に出てくるもので、道元は『正法眼蔵』において何回かこれに言及している。「先浄」では冒頭に、「仏祖の護持しきたれる修証あり、いはゆる不染汚なり」[23]といってこの因縁をあげる。「遍参」にもこれに言及しており、今はそれを掲げてみよう（漢文白文は書き下し文にて示すこととする）。

南岳大慧禅師、はじめて曹渓古仏に参ずるに、古仏いはく、是れ甚麼物か恁麼に来る。この泥弾子《でいだんす》を遍参すること、始終八年なり。末上に遍参する一著《じゃく》子を古仏に白《まう》してまうさく、懐譲、当初《そのかみ》来りし時、和尚の、懐譲を接せし、是れ甚麼物か恁麼に来る、を会得す。ちなみに曹渓古仏道く、你、作麼生か会す。ときに大慧まうさく、一物を説似すれば即ち中《あ》たらず。これ遍参現成なり、八年現成なり。曹渓古仏とふ、還た修証を仮るや否や。大慧まうさく、修証は無きにあらず、染汚することは即ち得じ。すなはち曹渓いはく、吾も亦た是《かく》の如し、汝も亦た是の如し、乃至西天《きいてん》の諸仏諸祖も亦た是の如し。これより、八載遍参す。頭正尾正《ずしんびしん》、かぞふるに十五白の遍参なり[24]。

「修証は無きにあらず、染汚することは得じ」の句は、南岳懐譲が、「説似一物即不中」の見解を得るに至る間の、自身の弁道工夫に対する表現なのであった。まず、修証は無きにあらずとは、修は証を離れず、証は修を離れないとして、只管打坐の中に、おのずから悟道の時節はありうるということを示していよう。もちろん証悟の時節があったとしても、さらに無窮に証中の修はつづいていく。決して修行がどこかで終ってしまうことはないのである。

一方、不染汚ということは、どういうことであろうか。当然、これは修行、これは悟りと限定・言及することはできないということと予想されるが、さらにその実際の内容をどのように見ることができようか。

まず、『宝慶記』を見るに、少なくともそのままの語はみられない。ただ、たとえば「仏法は三性（善・悪・無記の三性）を超越するのみなり」[25]（一三）とあるのは、一つ注目される。一般に修行は善である。しかし道元の相承した坐禅は、善をも超えているというのである。関連して、「如来の正法は、大小両乗の表《ほか》に出過せり」[26]（三六）ともある。

さらに外道の坐禅には、著味・邪見・憍慢の患《わずら》いがあり（二乗は大悲を欠く）、「所以に、永に仏祖の坐禅とは異るなり」[27]（三二）と言っているのは、不染汚ということをなんらか示唆していよう。仏祖の坐禅は、坐禅に染着することをも離れたものでなければならない。

次に、『正法眼蔵』では、たとえば「仏向上事」（ただし草稿原案のたぐいか）に、南泉の「平常心是道」の句に対し、「たとへば、いささかも染汚なく、趣向なきなり」[28]とある。つまり、不染汚とは、趣向のないこと、すなわち何らかのものに対象的に関わることのないことと同等のようである。このことはほかにも例証される。「唯仏与仏」に、「不染汚とは、趣向なく、取舎なからんと、しひていとなみ、趣向にあらざらん処、つくろひするにはあらずなり。いかにも趣向せられず、取舎せられぬ不染汚の有《ある》なり」[29]とある。趣向・取捨しないようはからうのでなく、おのずから趣向・取捨されないところに、不染汚が実現しているという。なお、『普勧坐禅儀』にも、「専一に功夫せば、正にこれ弁道なり。修証自《おのずか》ら染汚せず、趣向さらにこれ平常なるものなり」[30]とある。

あるいは「出家功徳」には、「しかあるに、阿耨多羅三藐三菩提は、かならず出家の即日に成熟するなり。しかあれども、三阿僧祇劫に修証し、無量阿僧祇劫に修証するに、有辺・無辺に染汚するにあらず、学人しるべし」[31]とある。ここには、有・無の二辺に染汚しないとある。もちろんこれは、有・無の二辺だけでなく、一切の二辺、二元対立の分別を超えたところを意味しているであろう。

さらに道元は、晩年に至っても、この句にしばしば言及している。最晩年のある上堂では、あの六祖慧能と南岳懐譲との因縁を詳しく説明し、かつこの話に対する道元の見方を説き示している。そのなか、特に不染汚ということに関連しては、次のように説いている。

他《かれ》また問わん、六祖の道うこれこの不汚染、即ち諸仏の護念したまうところ、汝もまたかくのごとし、吾もまたかくのごとし、乃至西天の諸祖もまたかくのごとし、等の意旨如何と。他に道わんと欲《おも》う、優鉢羅華《うばらげ》は日に向か

って開く。(32)

諸仏・諸祖の護念された不染汚の修証について、道元は「蓮の花は太陽に向かって咲く」との語で、その意旨を示す。二辺にわたらない世界は、そのままあたりまえの現成底そのものであるということであろうか。それは単なる無相の世界ではない。しかし分別・判断(趣向・取捨)の届く世界でもない、といったことになろうか。

この句と似た句が、前の「参禅は身心脱落なり」と示す上堂の、後ろの方にある。そこでは、「坐禅は身心脱落なり。四無色にあらず、また四禅にあらず、先聖なお識らず、凡流あに図るべけんや。如《も》し人ありて問わん、作麼生《いかん》がこれ永平の意と。祇《た》だ他《かれ》に道うべし、夏に入っては開く、日に向う蓮。伊《かれ》も し道《い》わん、這箇《これ》はこれ長連牀上に学得せる底《もの》、仏祖向上また作麼生《いかん》と。良久して云く、鼻と臍《ほぞ》と対し、耳は肩に対す」(33)とある。身心脱落の坐禅は、欲界・色界・無色界の三界を超えている。その核心はどこにあるかというと、夏になると蓮の花が太陽に向かって咲くところであるという。その表現すら超えたところとなると、ただ只管打坐するのみ以外、何もないという。

こうしてみると、不染汚ということのより具体的な内容として、三界を超えていること、趣向や著味・邪見・憍慢を離れていること、一切の二辺・分別を離れていること、しかし現成底と一如の世界でもあること、等と指摘しうるであろう。それはあくまでも坐禅の中に実現することなのである。

ところで、建長四年(一二五二)九月一日の上堂には、次のようにある。

上堂。今朝九月初一。板を打して大家坐禅す。切に忌《い》むらくは低頭瞌睡《ていずかっすい》することを。思斉するは、来賢を見るにあり。附木依草に陳《なら》ぶこと休《や》みね。外に求むるなかれ窮臘の蓮《はちす》。脱落身心兀兀《ごつごつ》たり。蒲団旧しといえども新たに穿《う》げたり。正当恁麼《まさにそ》の時、また如何。良久して云く、修証はなきにあらず、誰か染汚せん。あに十聖および三賢に同じからんや。(34)(五二三)

十聖・三賢をも超えているということは、仏境界にも等しいということになる。それは、坐蒲上に、兀兀と坐禅するところに実現する。それが脱落身心でもあり、不染汚の修証でもあるということになる。

このように道元にとって不染汚であるべき坐禅は、兀兀地のものでなければならなかった。この兀兀ということも、不染汚の修証にとって重要なものである。

すでに道元は、『正法眼蔵』「坐禅儀」において、「兀兀と坐定して、思量箇不思量底なり、不思量底如何思量、これ非思量なり。これすなはち坐禅の法術なり。坐禅は習禅にあらず、大安楽の法門なり、不染汚の修証なり」(35)と説いていた。これは薬山弘道とある僧との問答(36)をもとにするもので、その問答については、同じ『正法眼蔵』の「坐禅箴」に詳しくとりあげられている。そこでは、「兀坐を参学すべし、兀坐正伝すべし」ともあり、また、「しかあればすなはち、兀兀地は仏量にあらず、法量にあらず、悟量にあらず、会《え》量にあらざるなり」(37)と言っている。すべての思量を超えているのであり、その意味では兀兀地の坐定は不染汚の修証の実践的な表現であろう。

興味深いことに、この薬山の教えを、道元は建長四年の九月二日の源亜相忌(育父にして実父、道具)の上堂でとりあげて、「今日、殊に這箇《こ》の功徳をもって報地を荘厳す」(38)(五二四)とさえ言っている。兀兀地・非思量の坐禅は、道元においてやはり晩年まで一貫して語られていた。

参考までに、むしろ前節の問題とかかわるが、かの「坐禅箴」には、実はこの兀坐と関連して、次のように説かれている。

しるべし、学道のさだまれる参究には、坐禅辦道するなり。その榜様の宗旨は、作仏をもとめざる行仏あり。行仏さらに作仏にあらざるがゆえに、公案見成なり。身仏さらに作仏にあらず、籮籠打破すれば、坐仏さらに作仏をさへず。正当恁麼のとき、千古万古、ともにもとよりほとけにいり、魔にいるちからあり、進歩退歩、したしく溝にみち、壑《たに》にみつ量あるなり。(39)

ここには、身仏・坐仏の言葉もある。行仏もあり、公案(真理)現成なりともある。

この「坐禅箴」にはまた、「まことにしるべし、初心の坐禅は最初の坐禅なり、最初の坐禅は最初の坐仏なり」(40)「たれか無住法におきて、ほとけにあらずと取捨し、ほとけなりと取捨せん。取捨、さきより脱落せるによりて坐仏なるなり」(41)などともあり、あるいはまた南岳懐譲の「汝、若し坐仏せば、即ち是れ殺仏なり」との句に対し、「いはゆるさらに坐仏を参究するに、殺仏の功徳あり、坐仏の正当恁麼時は、殺仏なり。殺仏の相好光明は、たづねんとするに、かならず坐仏なるべし」(42)といっている。いずれにせよ、「しるべし、仏仏祖祖の要機とせるは、これ坐仏なりといふことを」(43)ともいうのである。実に坐仏という語を好んで用いている。

どうも道元は、坐禅に仏の全体を見ていく傾向がある。もちろん、仏にも凡夫にもかかわらない(その意味で殺仏)、身心脱落の兀々の境地についてそう言っているのであり、つまり不染汚の修証についてそう言っているのであるが、そこを最初の坐禅は最初の坐仏であると言うことに少くとも「坐禅箴」においてはためらいはなかった。簡潔にいえば、不染汚の修証すなわち坐仏というのであった。このへんはやはり、かの如浄のどちらかといえば始覚門的な立場とは異っているところであろう。

ちなみに、「坐禅箴」はその後、宏智正覚の坐禅箴を掲げて詳しく説明したあと、さらにこう言うべきだとして、自らの坐禅箴を示す。(44)そこには、宏智の坐禅箴にはなかった、不思量、無染汚、脱落といった言葉が用いられていく。このことは、これらの語こそ道元の己証にきわめて親しいものであったことを、おのずから物語っていよう。

四　修証はなきにあらず

道元の禅は不染汚の修証であったが、そうではあっても、修証はなきにあらずなのであった。『弁道話』には、「この法は、人人の分上にゆたかにそなはれりといへども、いまだ修せざるにはあらはれず、証せざるにはうることなし」(45)

とあった。前の「坐禅箴」には、「籮籠打破すれば、坐仏さらに作仏をさへず」とあった。これらによれば、初心の坐禅はそのまま坐仏だとしても、さらに得道の時節がないわけではないようである。果たしてこのあたりは、道元においてどのように考えられていたのであろうか。

確かに道元は、待悟禅というものを厳に誡めた。このことはたびたび語っているが、『永平広録』の中の「法語」には、次のようにある。

この坐禅や、仏仏相伝し、祖祖直指して、独り嫡嗣なるものなり。余者はその名を聞くといえども、仏祖の坐禅に同じからず。所以は何《いかん》となれば、諸宗の坐禅は、悟りを待つを則《のり》となす。譬えば船筏を仮りて大海を度るがごとし、将《おも》謂えらく、海を度りて船を抛《なげす》つべしと。吾が仏祖の坐禅は然らず、これ乃ち仏行なり。(46)……

道元の待悟禅批判は、一方で、悟後に無窮の修証がないことへの批判でもあるようである。なお、ここでも道元は、坐禅を仏行とさえ言うのであった。

また、道元は見性ということを強く非難した。『正法眼蔵』「四禅比丘」(新草第十)に、次のようにある。

仏法、いまだその要、見性にあらず。西天二十八祖・七仏、いづれの処にか仏法の、ただ見性のみなりとある。六祖壇経に、見性の言《ごん》あり、かの書、これ偽書なり、附法蔵の書にあらず、曹溪の言句にあらず、仏祖の児孫、またく依用せざる書なり。(47)

それは、過激なまでの反応である。

このような道元の言葉からは、道元は悟りの体験があるということを否定したと考えられやすい。しかし以上は、待悟禅を否定し、見性の語を否定したまでであって、必ずしも悟りそのものについて否定したわけではない。実際、いわゆる悟りの体験について、道元はしばしば語っているのである。

まず、道元自身に悟道の体験はあったと考えられる。というのも、『正法眼蔵随聞記』に、次の話が伝えられているからである。

一日、示云《じにいわく》、我在宋の時、禅院にして見二古人語録一ヲ時キ、或西川《あるせいせん》の僧の道者にて有しが、問我云《われにとうていわく》、なにの用ぞ。云く、郷里に帰て人を化せん。僧云《いわく》、なにの用ぞ。云、利生《りしょう》の為也。僧云、畢竟して何の用ぞ。予、後に此理を案ずるに、語録公案等を見て、古人の行履をも知り、或は、迷者の為に説き聞かしめん、皆、是、自行化他《じぎょうけた》の為に無用也。只管打坐して大事を明《あきら》め、心理《しんのり》を明めなば、後には一字を不レ知《しらず》とも、他に開示せんに、用ひ不レ可レ尽《つくすべからず》。故に彼の僧、畢竟して、何用《なんの》ぞとは云ひけると。是《これ》、真実の道理也と思《おもう》て、其後《そのの》ち、語録等を見る事をとどめて、一向打坐《いっこうにたざ》して、大事を明め得たり。(48)（巻三）

道元はここで、結局、一向に打坐して、大事を明らめることができたと自ら語っている。

また、道元が如浄の会下にあって、「身心脱落、脱落身心」の悟りを得たという伝はよく知られている。ところが、最近の道元をめぐる研究によれば、それは後世の作り話であると言われだしている。一体、このことについては、どのように考えるべきであろうか。

そのことに関連するもっとも重要な資料は、『正法眼蔵』「面授」の巻の、次の一節であろう。

大宋宝慶元年乙酉五月一日、道元、はじめて先師天童古仏を妙高台に焼香礼拝す。先師古仏、はじめて道元をみる。そのとき、道元に指授面授するにいはく、仏仏祖祖面授の法門、現成せり。(49)……

道元、大宋宝慶元年乙酉五月一日、はじめて先師天童古仏を礼拝面授す。やや堂奥を聴許せらる。わづかに身心を脱落するに、面授を保任することありて、日本国に本来せり。(50)

ちなみに、「仏祖」の巻の終わりにも、「道元、大宋国宝慶元年乙酉夏安居時、先師天童古仏大和尚に参侍して、この仏祖を礼拝頂戴することを究尽せり。唯仏与仏なり」(51)とある。宝慶元年（一二二五）乙酉夏安居時、特に五月一日の経験は、道元にとって最重要のものであった。

伊藤秀憲博士によれば、[52] 如浄が天童山に入ったのは、嘉定十七年（一二二四）の七月中か八月末までで、すでにそのころ、道元は如浄と相見し、以後、多数の修行僧とともに参禅の日々を送ったはずだという。この面授は、翌年のことであり、初めの相見のことではなく、如浄から道元への伝法を前提とした入室・礼拝であったと論じている。私も、この「面授」の記事は、相見―修行―身心脱落―焼香礼拝―面授―堂奥の聴許という経緯をふまえて描かれたものと考える。「わづかに身心脱落するに、面授を保任することありて」とは、身心脱落・脱落身心の悟りを得たが故に、ここにまのあたり伝法を許され、その法を伝持することができて、ということを述べたものであろう。『弁道話』には、「つひに太白峰の浄禅師に参じて、一生参学の大事、ここにをはりぬ」[53]とあった。

このような道元の体験は、ひそかに弟子たちにも語られていたのではなかろうか。参考までではあるが、『御遺言記録』には、「先師大悟の因縁、身心脱落の話」[54]とある。

したがって、私は道元に身心脱落の悟りがあったことを、否定できないと思う。なお伊藤博士は、「大悟」（別本）に、「心身脱落は、脱落心身なり。脱落の脱落しきたるがゆえに、身心脱落なり」[55]とあることも指摘されている。ともあれ、道元には如浄の下で、身心脱落の覚体験があったのだと思われる。この体験があったからこそ、帰国後間もない時期に成る『普勧坐禅儀』に、「ゆえに、須く、言を尋ね、語を逐うの解行を休すべし。須く、回光返照の退歩を学すべし。身心自然に脱落して、本来の面目現前せん」[56]と述べ、「久しく恁麼なることを為さば、須くこれ恁麼なるべし。宝蔵自ら開けて、受用如意ならん」[57]と説きえたのであろう。

道元が雲水らを指導するにあたっても、基本的にこの立場で指導していたことは、『正法眼蔵随聞記』に明らかである。このことを示す一つの説示をあげておこう。

一日、示云《じにいわく》、古人、云《いわく》、霧の中を行けば、不レ覚《ルニ》衣《へ》しめる。よき人に近けば、不レ覚《ルニ》よき人となる也。昔、倶胝和尚に使へし、一人の童子の如きは、いつ学し、いつ修したりとも見へず、不レ覚《おぼえざれ》ども、久参に近づいしに、悟道す。

坐禅も、自然に、久くせば、忽然として大事を発明して、坐禅の正門なる事を、知る時も有べし。(58)（巻五）

ここに、「忽然として大事を発明して」とある。そのことが坐禅の正門なることを保証するというのである。一方、『永平知事清規』（寛元四年）には、「監寺に充たりし時、大事を発明せし例(59)」などというのがあったり、「典座の時に大事を発明せし例(60)」というのがあったりする。大事を発明することは、道元にとってやはり重要でないわけではなかったのである。さらに『永平広録』にも、「……誠なるかな誠なるかな。勧励あらんがごときは、即ち能く精進し、弁道坐禅して、大事の因縁を成熟するなり(61)」（四三二）とある。道元は晩年に至るまで変らずに、久しい只管打座の弁道の中で一つの覚体験がありうることを説いていた。

では、その悟りの体験とは、どのようなことなのであろうか。私は、このことに関し道元が好んで指摘したこととして、香厳撃竹・霊雲桃花の話があると思う。まず、『正法眼蔵随聞記』に、次のようにある。

見ずや、竹の声に道を悟り、桃の花に心を明めし。竹、豈、利鈍有り迷悟有んや。花、何ぞ浅深有り、賢愚有ん。花は年々に開くれども、皆、得悟するに非ず。竹は時々に響けども、聴物《きくもの》ことごとく証道するに非ず。只、久参修持の功にこたへ、弁道勤労の縁を得て、悟道明心する也。是、竹の声の、独り利なるに非ず。又、花の色の、ことに深きに非ず。竹の響き妙《みょう》なりと云へども、自《おのずから》の縁を待て声を発す。花の色、美なりと云へども、独開くるに非ず。春の時を得て光を見る。

学道の縁も又是の如し。人々皆な道を得《うる》ことは、衆縁による。(62)……（巻五）

香厳撃竹・霊雲桃花の話を、道を得たことの例証としてあげるとともに、それには久参修持の功・弁道勤労の縁によるものであることが力説されている。

この話は、『正法眼蔵』では、「渓声山色」「仏経」「自証三昧」などにおいて言及されている。「渓声山色」では、その因縁がていねいに詳しく説明され、香厳については「豁然として大悟す」とあり、霊雲については「忽然として悟道す(63)」とある。豁然・忽然の語は、悟は待って得られるものではないことを示していよう。大悟・悟道の語は、禅道修行に一つの覚体験がありうることを示している。こうして道元は、香厳・霊雲に拠りつつ、豁然大悟・忽然悟道ということを語るのである。

興味深いことに、道元は晩年に至っても、時にこの話を採りあげて雲水らを策励している。『永平広録』に、次のようにある。

> 上堂。仏祖の大道を参学するに、人道これ最《すぐ》れたり。三州これ機なり、畜生間《まま》にあり。大事を明らむる時節、四季同時なり。就中、春は則ち霊雲、桃華を見て大事を明らめ、秋は則ち香厳、翠竹を聞いて大事を明らむ。霊雲和尚、一時《あるとき》桃華洞において、豁然として大事を明らむ。……測り知りぬ、三十年の弁道なり、今人須くその蹤《あと》を慕うべし。また香厳和尚は、大潙の輪下に投じて稍や数年を経たり。……一日閑暇の日、道路を併掃する次、沙礫を迸して竹に当って響きを発する時、忽然として大事を明らむ。……香厳和尚は学海の嶮難、亦復たかくのごとし。今日の人、須く両員の芳躅を慕うべし(64)。……（四五七）

ここでも、豁然として、忽然としてという語を用いて、霊雲・香厳は大事を明らめたことを示し、その「両員の芳躅を慕うべし」と説いている。道元はよほど霊雲桃花、香厳撃竹の話が好きだったのであろう。すでに『如浄和尚語録』に、「上堂、霊雲見処桃花開、天童見処桃花落……(65)」とあり、道元がこの話を好んだのは、如浄の影響かもしれない。しかし道元は如浄のようにその話を拈弄することなく(66)、素直に受け入れ、他に示している。それは、久々の弁道において、期せずして明心悟道のあることを物語る話であり、道元の只管打坐にして修証はなきにあらずの立場を明証するきわめて適切な例だったからなのであろう。

なお、『正法眼蔵』「仏経」には、「桃華をみて悟道し、竹響をききて悟道する、および見明星悟道、みなこれ経巻の、知識を生長せしむるなり」[67]とある。道元は釈尊の悟りについて、禅宗における古来の伝承どおり、明星を見てのことであったとうけとめていたようである。「仏向上事」には、「むかし、釈迦老子、菩提樹下にして明星をみて、たちまちに悟道す。このことわりは、一物をも将来せざる道理なり。ひごろは、ほとけ、明星を証して、いまよりは、明星、ほとけをさとりぬるなり。なにのゆえにか明星に証せられ、又明星を証する。いはゆる、修証はなきにあらず、染汚せんことはうべからず、となり」[68]とある。そのこころはむずかしいが、釈尊が明星を見て悟ったということを積極的に肯定しているであろう。「渓声山色」では、「渓声山色の功徳によりて、大地有情同時成道し、見明星悟道する諸仏あるなり」[69]とある。前の「仏向上事」(別本)には、「仏道のなか、仏家のうちには、ただ見色明心、聞声悟道のみあり、さらに一物なし」[70]ともあり、香厳撃竹・霊雲桃華、そして釈尊の見明星悟道は、道元の考える覚体験を有力に語るものなのであった。

五　脱落即現成

覚体験の世界があるとして、ではその世界のありようを道元はどのように説明しているであろうか。『正法眼蔵』「渓声山色」の巻は、詩人・蘇東坡居士の、夜間に渓川の声を聞いて悟道した因縁を導入として展開していく。そこに香厳の聞声悟道、霊雲の見色明心も語られていくのであった。道元はそれらの覚体験の様相をまとめて、その冒頭に次のように語っている。

阿耨菩提に伝道授業の仏祖おほし、粉骨の先蹤即不無なり。断臂の祖宗まなぶべし、掩泥の毫髪もたがふことなかれ。各各の脱殻うるに、従来の知見解会《げえ》に拘牽《こうけん》せられず、曠劫未明《みみょう》の事、たちまちに現前す。恁麼時の而今は、吾も不知なり、誰も不識なり、汝も不期《ふご》なり、仏眼《ぶつげん》も覷不見なり。人慮《にんりょ》あに測度《しきたく》せんや。[71]

ここでは、証悟の時節について、穀を脱すると、まったく知られていなかったことが現前すると説明されている。我々は従来の知見解会、情識妄執の穀の中にいるのであり、これを脱落すると、本来の面目を自覚するということになろう。

さらに「自証三昧」には、香厳撃竹・霊雲桃華の事に関連して、次のように説かれている。

或従経巻《わくじゆうきようかん》のとき、自己の皮肉骨髄を参究し、自己の皮肉骨髄を脱落するとき、桃華眼睛《がんぜい》づから突出来相見《とつしゆつらいしようけん》せらる。竹声耳根《ちくせいにこん》づから霹靂相聞《びやくりやくしようもん》せらる。(72)

ここには、自己の皮肉骨髄を脱落するとある。そのとき、色も音も、主—客分裂して対象的に捉えられるあり方ではなくて、いわば主—客一如の一真実として自覚されてくるというのである。なおこの巻には、「この参学に、自己を脱落し、自己を契証するなり(73)」ともある。

こうした覚体験の事態を、さらに詳しく説明するのが、「道得」の巻の次の一節である。

この功夫の把定の、月ふかく、年おほくかさなりて、さらに従来の年月の功夫を脱落するなり。脱落せんとするとき、皮肉骨髄おなじく脱落を辦肯す、国土山河ともに脱落を辦肯するなり。このとき、脱落を究竟の宝所として、いたらんと擬しゆくところに、この擬到はすなはち現出にてあるゆゑに、正当脱落の時、またざるに現成する道得あり。心のちからにあらず、身のちからにあらずといへども、おのづから道得あり。すでに道得せらるるに、めづらしく、あやしくおぼえざるなり。(74)

ここには、自己の皮肉骨髄と国土山河とを脱落すると、またざるに現成する道得があるという。いわば、主観—客観の枠組を脱落すると、即時に現成する言語表現、道得があるというのである。しかしこの道得ということは、必ずしも言語活動に限られるわけではない。この巻では、「兀坐不道」も道得、「一生不離叢林」も道得と語られていく。要は真理がそこに実現・現成することが道得であるということであろう。道元は「詠法華経」(五首)の中に、「峯の色谷の響も皆ながら吾が釈迦牟尼の声と姿と」(75)と歌っているが、渓声山色が説法そのものなのであり、すなわち道得にもほかならないのである。

とすれば、むしろ「正当脱落の時、またざるに現成する」ことそのことこそが、道得であるとさえ言えよう。我々はここを、「脱落即現成」と言っておきたい。道元の思想は、ここを原点として展開していくのである。

今、渓声山色は釈迦牟尼仏の説法にもほかならない子細を見たが、このことを語り尽すのが、『正法眼蔵』「山水経」の巻である。冒頭の数行は美しい哲学詩となっている。

而今の山水は、古仏の道現成なり。ともに法位に住して、究尽の功徳を成ぜり。空劫已前の消息なるがゆえに、而今の活計なり。朕兆未萌の自己なるがゆえに、現成の透脱なり。山の諸功徳、高広なるをもて、乗雲の道徳、かならず山より通達す。順風の妙功、さだめて山より透脱するなり。(76)

まず山水が、空劫以前の消息にして而今の活計であると示される。空劫以前のというのは、我々の時空の枠組の中での認識を超えているということであり、しかもそれは現在にいきいきと現成しているのである。つづいてその山水が、朕兆未萌の自己だという。二葉も萌さない以前の自己ということは主―客分裂以前の自己ということであり、山水と一つの自己のことである。それは現成の透脱であるという。山なら山として高くそびえ、水なら水として軽やかに流れゆく、しかもその当体を透脱しているという。それは対象的に捉えられた世界ではなく、そこに自己本来の面目がある。この「現成の透脱」は、「脱落即現成」のことに異らないであろう。

この渓声山色の世界は、実は決して静止した世界のことではない。現に谷川は清らかな響きをあげて流れていく。山には雲も流れていよう。「山水経」では、むしろ山自体が動いているのだと説いている。「青山常運歩」や「東山水上行」の語をひきつつ、山は歩くのだというのである。山の運歩が解らなければ、自己の運歩も解らないという。したがって、「脱落即現成」の「現成」底は、実に行為的世界として見られるべきである。このへんを物語る説が、『正法眼蔵』「密語」の巻にある。

もし、世尊の有言、浅薄なりとせば、拈華瞬目も浅薄なるべし。世尊の有言、もし名相なりとせば、学仏法の漢にあらず。有言は名相なることをしれりといへども、世尊に名相なきことをいまだしらず、凡情の未脱なるなり。仏祖は、身心の所通みな脱落なり、説法なり、有言説なり、転法輪す。これを見聞して得益《とくやく》するものおほし。(77)

世尊とは仏陀、覚者である。覚者の身心の所通はすべて脱落であるという。脱落であってしかも身心のはたらきとして現成している。そういう、単なる身心のはたらきではない、脱落である身心のはたらきは、いわば脱落即現成の事理を荷うものとして、そのまま説法となるという。ここに脱落即現成の世界が、行為的世界において語られているのを見ることができよう。「これを見聞して得益するものおほし」とあるのは、覚者の身心のはたらきの、その脱落即現成の体現にふれて、おのずから脱落へと促されるからであろう。

さらに「全機」の巻には、次のようにある。

諸仏の大道、その究尽するところ、透脱なり、現成なり。その透脱といふは、あるいは生も生を透脱し、死も死を透脱するなり。このゆえに、出生死あり、入生死あり、ともに究尽の大道なり。捨生死あり、度生死あり、ともに究尽の大道なり。現成これ生なり、生これ現成なり。その現成のとき、生の全現成にあらずといふことなし、死の全現成にあらずといふことなし。(78)

ここでは、生死への出入も、「透脱なり、現成なり」の大道において自在になされるという。やはり脱落即現成の道理が、道元の禅世界を通貫しているのである。

ここからさらに、道元の禅思想、禅哲学は展開していく。たとえば言語論、単純に不立文字・教外別伝とは言わず、真理を荷う言葉に対する独自の見方をくりひろげていく。あるいはまた時間論、どこまでも而今に徹して、変らない今と変りゆく今との交錯を語り、直線的な時間論を破砕していく。もちろんこの時間論は、存在論にもなる。而今にもれた存在は有るかと問うのである。そのほか、道元の思想は七通八達していく趣きがあるが、その参学は他日を期すこととしよう。

注（本稿に用いた全集は、『道元禅師全集』全七巻、春秋社、一九八八―一九九三年である。）

（1）一例に、『正法眼蔵』「現成公案」に、「自己をはこびて万法を修証するを迷とす。万法すすみて自己を修証するはさとりなり」とある。全集第一巻、二頁。なお、如浄のことばとして、『宝慶記』に、「……無明蓋にして未だ離れざれば、未だ仏祖の修証に至らざるなり」とある。

（2）『景徳伝燈録』巻五（大正五一・二四〇頁下）。ここには、「曰、修証即不無、汚染即不得」とある。

（3）『普勧坐禅儀撰述由来』に、帰国間もないころ要請があってやむをえず撰したことを述べている。全集第五巻、二頁。ただしこの『由来』は、細部について問題も多いという。

（4）全集第二巻、四六二頁。

（5）全集第七巻、一四九頁。

（6）同前、一五〇頁。

（7）同前、一九頁。なお、『宝慶記』は、晩年の作との説が唱えられている。石井修道「最後の道元――十二巻本『正法眼蔵』と『宝慶記』――」『道元思想大系』（思想篇五巻、十二巻本正法眼蔵と道元禅、同朋舎出版、一九九五年）注の（34）参照。問題は、そこにまとめられる如浄の説が、道元のうけとめたものとして、在宋時の道元の理解のままか、道元が晩年ある程度恣意的に変えたかである。この問題は、今後究明してみたいと思う。

（8）同前、四五頁。

（9）全集第四巻「解題」三一二頁。筆者の氏名が明記されていないが、本巻校注者の鏡島元隆によるものであろう。

（10）『広録』第六、全集第四巻、一九頁。なお、本稿に引く『広録』第六の上堂の説時は、建長三年（一二五一）、第七は建長三―四年（一二五一―一二五二）で、道元最晩年の説示である。

（11）『広録』第七、同前、六三―六五頁。

(12) 同前、九七頁。
(13) 全集第七巻、一三頁（八番）、二一頁（二六番）等。
(14) 全集第四巻、六七頁（四八五番）に一例を見ることができる。
(15) 全集第七巻、一九―二一頁。なお、五欲は、色・声・香・味・触の五境に対する執着。五蓋は、貪欲蓋・瞋恚蓋・睡眠蓋・掉悔蓋・疑法であり、心性を蓋覆して善法を生ぜさせないようにするもののことである。
(16) 『六祖大師法宝壇経』「行由」（大正四八・三四九頁上参照）。
(17) 全集第七巻、三七頁。
(18) 同前、四七―四九頁。
(19) 全集第二巻、四七〇頁。
(20) 同前、四七一頁。
(21) 全集第一巻、六頁。
(22) 全集第二巻、四七一頁。
(23) 同前、八〇頁。
(24) 同前、一一二―一一三頁。なお、この話は、『景徳伝燈録』巻五（大正五一・二四〇頁下）に出る。
(25) 全集第七巻、一七頁。
(26) 同前、四五頁。
(27) 同前、三九頁。
(28) 全集第二巻、五七五頁。
(29) 同前、五二〇頁。
(30) 全集第五巻、七頁。
(31) 全集第二巻、二八一頁。
(32) 『広録』第七、全集第四巻、七三頁。
(33) 『広録』第六、同前、二三頁。
(34) 『広録』第七、同前、一〇三頁。

(35) 全集第一巻、一〇一頁。
(36) 「師薬山惟儼坐する次いで、有る僧問う、兀兀地に什麽をか思量す。師云く、箇の不思量底を思量す。曰く、不思量底、如何んが思量せん。師曰く、非思量。」『景徳伝燈録』巻十四（大正五一・三一一頁下）。
(37) 全集第一巻、一〇三―一〇四頁。
(38) 『広録』第七、全集第四巻、一〇五頁。
(39) 全集第一巻、一〇五頁。
(40) 同前、一〇九頁。
(41) 同前、一一〇頁。
(42) 同前。
(43) 同前、一一二頁。
(44) 仏仏の要機、祖祖の機要、不思量にして現じ、不回互にして成ず。不思量にして現ず、其の現自ら親しし。不回互にして成ず、其の成自ずから証なり。其の現自ずから親しし、曾て染汚無し。其の成自ずから証なり、曾て正偏無し。曾て染汚無きの親、其の親、委すること無うして脱落す。曾て正偏無きの証、其の証、図ること無うして功夫す。水清うして地に徹す、魚行いて魚に似たり。空闊うして天に透る、鳥飛んで鳥の如し。（全集第一巻、一一七頁）
(45) 全集第二巻、四六〇頁。
(46) 『広録』第八、全集第四巻、一六三―一六五頁。
(47) 全集第二巻、四二七頁。
(48) 全集第七巻、九〇頁。
(49) 全集第二巻、五四―五五頁。
(50) 同前、六〇頁。
(51) 同前、六八頁。
(52) 伊藤秀憲「道元禅師の在宋中の動静」（『道元思想大系』伝記篇二巻、道元の生涯二、同朋舎出版、一九九四年）参照。
(53) 全集第二巻、四六一頁。
(54) 全集第七巻、一九九頁。

(55) 全集第二巻、六〇九頁。
(56) 全集第五巻、五頁。
(57) 同前、九頁。
(58) 全集第七巻、一一七頁。
(59) 全集第六巻、一〇三頁。
(60) 同前、一〇七頁。
(61) 『広録』第六、全集第四巻、一九頁。
(62) 全集第七巻、一一八頁。
(63) 全集第一巻、二七七頁。
(64) 『広録』第六、全集第四巻、四五―四七頁。
(65) 大正四八・一二七頁中―下。詳しくは、「上堂、霊雲見処桃花開、天童見処桃花落。桃花開春風催。桃花落春風悪。霊雲且置。莫有与天童相見底麼。春風悪桃花。躍浪生頭角」とある。
(66) なお、『正法眼蔵』「優曇華」の巻末尾に、如浄のこの句を引用し、「しるべし、桃華開は、霊雲の見処なり、直至如今更不疑なり。桃華落は、天童の見処なり。桃華のひらくるは、春のかぜにもよほされ、桃華のおつるは、春のかぜににくまる。たとひ春風ふかく桃華をにくむとも、桃華おちて身心脱落せん」（全集第二巻、一七二頁）とある。
(67) 全集第二巻、一五頁。
(68) 同前、五七六頁。
(69) 全集第一巻、二七八頁。
(70) 全集第二巻、五七九頁。
(71) 全集第一巻、二七四頁。
(72) 全集第二巻、一九七頁。
(73) 同前、一九八頁。
(74) 全集第一巻、三七五頁。
(75) 「道元禅師和歌集」全集第七巻、一五三頁。

(76) 全集第一巻、三一六頁。
(77) 同前、四九二頁。
(78) 同前、二五九頁。

〈キーワード〉只管打坐　不汚染の修証　身心脱落　香厳撃竹　霊雲桃花　脱落即現成

一遍の踊り念仏
——極楽の舞踊という系譜において——

竹内晶子

一　極楽の舞踊としての踊り念仏

弘安二年（一二七九）、信濃国佐久郡伴野で[1]一遍とその衆徒たちが念仏を唱えていた時、忽然と喜びが体内にみちみち、自然と踊りだしてしまった——『遊行上人縁起絵』（以下『縁起絵』）は、踊り念仏の創始をこのように説明する。以来この「踊り念仏」、つまり右回りに旋回する衆徒が念仏を唱えつつ足を踏みならして激しく体を躍動させるという、新しい念仏の唱え方は、時衆のトレードマークとなる。より多くの人々に念仏を勧めるための手段、すなわち布教の手段として、一遍は幾度となくこの踊り念仏を催した。これが大変な人気を呼び、布教行為として民衆の間で空前の成功を修めたことは、『一遍聖絵』（以下『聖絵』）や『縁起絵』にリアルに描写される、踊り念仏に群がる人々の姿から伺えるところである。実際、『野守鏡』や『天狗草子』にみられるような、「正統的」仏教の側から寄せられた口をきわめてののしるがごとき非難・批判からも、彼らがそれほどの脅威を感じたという踊り念仏の人気の程を知ることができよう。また各地の盆踊りや歌舞伎踊りなど、後世の様々な芸能に踊り念仏が影響を与えたことも、広く認められている。

この踊り念仏がそもそも一遍らの創始ではなく、空也以来、つまり十世紀以来、鎮魂の術あるいは祖霊供養の術として、脈々と民衆の間で行われてきたものだとする説がある。(2)実際、念仏自体が日本では平安時代以来、悪霊を鎮める呪文あるいは祖霊を供養する呪文として、民衆の間で受容されていた。踊り念仏に特徴的な「足踏み」という行為も、元はといえば「だだ」あるいは「返閇」よばれる、鎮魂の最も基本的な所作である。この二つの所作を組み合わせた鎮魂の術、それが踊り念仏であって、一遍の手柄は、そのようなものとして一般に行われていたものを教団の布教手段として組織化した点にある――というのが、この説の趣旨である。

確かに『聖絵』や『縁起絵』は、踊り念仏の祖として空也の名を記している。しかし問題は、空也の踊り念仏に言及する史料が、この二書以前に一切見えないという点である。そしてこれら一遍側の史料にしても、踊り念仏の祖に空也をもってくることで、その正当化をはかろうとする計算が働いている可能性が大いにあり、信憑性にははなはだしく欠ける。(3)また、同時代に踊り念仏に浴びせられた批判をみても、空也に言及するものはなく、あくまで一遍一派への攻撃という形でなされている。

もっとも、たとえ空也以来ではないとしても、例えば文永十一年(一二七四)に始まったと伝えられる一向俊聖の踊り念仏など、一遍以前にも踊りと念仏を組み合わせる趣向が存在していたのは確かである。しかし『天狗草子』が、本文において踊り念仏の徒を一向衆と呼びながら、絵の中では繰り返しその指導者として一遍を名指しで非難していることから伺えるとおり、踊り念仏といえばまず、一遍という個人によって始められ広められたもの、というように一般にはみなされていたのであろう。一遍の踊り念仏が、従来の踊り念仏と比べていかに強烈なインパクトを人々に与えたかが、そこから見てとれるのである。

この第一の点とも絡んだ「踊り念仏空也創始説」の第二の問題点は、このように踊り念仏の目的を単に鎮魂・祖霊供養に還元してしまうと、時衆による踊り念仏の爆発的流行と、そこにあびせられた苛烈な非難が説明できないという点である。つまり、もしも一遍が、鎮魂の術としてすでに存在していた踊り念仏を単に布教に採り入れただけであったのなら、その布教があれほどの評判と熱狂、それに伴う非難とを生みだすことはなかったはずではないのか。

「足踏み」の起源に「返閇」がある以上、念仏を唱えつつ足を踏みならすという踊り念仏が、鎮魂・祖霊供養と結びつきやすいのは確かである。現に、後に盆踊りとなった形態において前面に打ち出されているのは、そのような意義である。ただし少なくとも、一遍がそのようなものとして踊り念仏をすすめたわけでは決してなかったということは、注意しておくべきだろう。彼は踊り念仏の目的を、以下のように説明している。

行者の信心を踊躍の貌に示し、報仏の聴許を金磬の響にあらはして長眠の衆生を驚し、群迷の結縁をすゝむ。（『聖絵』第四巻第五段、『縁起絵』第二巻第一段）

すなわち第一に、（念仏を唱える）修行者の信心の気持ちを踊りはねる行為で表現すること、そして第二に、阿弥陀の救いを鉦鼓の響きで表現し、第三に、この踊りと鉦鼓の響きとを合わせて人々に結縁を勧めること（つまり布教をすること）、それが踊り念仏の目的だというのである。では、「念仏を唱える信心の気持ち」とは、具体的にどのようなことを意味しているのだろうか。『聖絵』は右に引いた箇所の直前で、以下にみる『無量寿経』からの一節を引用している。

曾更見世尊　即能信此事　むかし世尊を見たてまつりしもの、すなわちよくこの事（弥陀の本願）を信じ、

謙敬聞奉行　踊躍大歓喜　謙敬して聞きて奉行し、踊躍して大いに歓喜せん。(4)

ついで善導の注釈を引き、それをさらにこう言い直してみせる。

身を穢国にすてゝ心を浄域にすまし、偏に本願をあふぎ専名号をとなふれば、心王の如来自然に正覚の台に坐し、己身の聖衆踊躍して法界にあそぶ。

つまり、念仏をとなえるとき、自然と阿弥陀仏が我々を救いに現れ、そのまわりで菩薩達が――念仏を唱える修行

者もはやその一員である——舞い踊る、というのである。また、別の箇所で一遍は以下のようにも述べる。

称名の他に見仏を求べからず、名号すなはち真実の見仏なり。(『一遍上人語録』)

他力称名の行者は、此身はしばらく穢土に有といへども、心はすでに往生を遂て浄土にあり。(『播州法語』十一、『一遍上人語録』)

南無阿弥陀仏とゝなへて我心のなくなるを臨終正念といふ。このとき仏の来迎にあづかりて極楽に往生するを念仏往生といふ(『聖絵』第七巻第二段、『縁起絵』第三巻第三段)

そもそも「臨終正念」とは、極楽をまざまざと脳裏に描き、そのイメージに一心に集中したなかで死を迎えることであり、本来はこれが極楽往生を保証するものとして見なされていた。しかし一遍によれば、念仏を唱えるときがすなわち臨終正念の時、いいかえれば「見仏の時」なのである。[5] 踊り念仏が表現する「念仏を唱える修行者の信心の気持ち」とは、往生を確信し、極楽を目の当たりとしたこの喜びにほかならない。また一遍が踊り念仏の根拠としてひいた上記の箇所にかぎらず、『無量寿経』や『観無量寿経』においては、阿弥陀如来の光や姿を見、その教えや名を聞いた菩薩・天人・修行者達の喜びは、しばしば「踊躍歓喜」と記される。念仏を唱えるときの喜び、つまり極楽の阿弥陀に直接まみえる喜びとはまさしく、踊りあがりたくなるような喜びなのであった。

このように一遍の踊り念仏は、極楽往生の喜びの表現として定義されたのである。現に、以下に見るような『野守鏡』の批判は、この定義自体にむけられている。

一返房といひし僧、念仏義をあやまりて、踊躍歓喜といふはをどるべき心なりとて、頭をふり足をあげてをどるをもて、念仏の行儀として、(中略)

一には踊躍歓喜の詞は、諸経論にありといへども、諸宗の祖師一人としてをどる義をたてず。[6]

つまり極楽の「歓喜」の表現、という一遍の踊り念仏定義は、一般にも認知されていたのであった。それは極楽の舞踊として受け止められ、熱狂を生み、そのようなものとして非難を集めたわけである。とすれば、踊り念仏の爆発的人気とそれへの非難の理由を考えるにあたっては、（たとえそこに潜在的に鎮魂機能がはらまれているとしても）まずこの「極楽の舞踊」という機能に注目すべきではなかろうか。

ただし興味深いことに、極楽（往生）の表象の歴史において舞踊は常に、無視すべからざる役割を果している。各時代を通じ、また様々な媒体を通じて「極楽の舞踊」は表象されてきたのであって、一遍の踊り念仏は、極楽の表象と舞踊とを結びつけたパイオニアというわけでは決してない。とすると、次に問題となるのは、なぜこの系譜のなかで一遍の踊り念仏のみが、これほどの人気と非難とをあつめたのかという点である。

実際、日本における極楽の舞踊史において、一遍の踊り念仏が占めている位置は、かなり特殊なものなのである。とはいえそれは、一遍のそれが「踊り」であったのに他が「舞」であったというような類のものではない。むしろ本稿では、踊りと舞の区別に拘泥せず、両者を一括して扱うつもりである。これに対しては、舞と踊りはそもそも異なるものだ、という非難が寄せられよう。確かに、両者を一括する「舞踊」という言葉自体がそもそも、明治初期に坪内逍遥の造語として生まれたものであって[7]、それ以前は基本的に「踊り」は飛び上がる所作を、「舞」は旋回運動を挿すもの、として使い分けられていた[8]。しかしだからといって、舞と踊りとを全く無関係な別個の動作として捉えるべきということにはなるまい。実際には「舞」として括られるものの中にも、舞楽の「蘇芳菲」のように「踊り」的跳躍を主とするものがある[9]。また山中玲子氏が明らかにされたように、白拍子芸のクライマックスである「責メの舞」の主体は「足拍子」であり、この足拍子主体の芸は能の「序之舞」の「序」部分として、また『道成寺』などの「乱拍子」とよばれる舞事として、とりこまれた[10]。また本稿第三節で扱う通り、来迎図に描かれる「舞菩薩」と呼ばれる菩薩群の姿態には、水平方向の「舞」というよりはむしろ飛び上がる「踊り」に近いものが少なくない。一方、「踊り」念仏自体に、「舞」的旋回運動がとりこまれていることも、忘れてはなるまい。

つまり、実際の身体的所作のレベルにおいて、「舞」と呼ばれるものと「踊り」と呼ばれるものとの差異は、それほど歴然とはしていないのである。共に音楽に合わせた身体表現であるという以上に、両者の領域は重なり合っていると言わねばならない。そうであれば、舞と呼ばれるにせよ踊りと呼ばれるにせよ、「極楽の喜びの身体的表現としての舞踊」という系譜の一角を占めるものとして、一遍の踊り念仏を位置づけるのは、決して無理ではないだろう。次節以下では、極楽と舞踊の関係、およびその表象の変遷を通覧し、その系譜のなかで、一遍の踊り念仏がどのような位置をしめていたのかを明らかにしたい。

二　図像表現における極楽の舞踊——浄土曼陀羅と来迎図

極楽の表象史を追う上でまず押さえておくべきは、極楽浄土をつぶさに描写した浄土三部経であろう。しかし、極楽で奏される「音楽」については、天人や聖衆の音楽、空中の楽器が自ずから奏す音楽、さらに宝樹や河波がかなでる音楽などが、(最も簡素に極楽を描写する『阿弥陀経』においてすら)詳細に記載されているのにひきかえ、極楽の「舞踊」に関しては、本稿第一節で説明した、『無量寿経』『観無量寿経』にみえる「踊躍歓喜」という言葉以外、全くといってよいほど言及されない。[11]この三部経にもとづいて浄土のさまをつまびらかに説き、日本に於ける浄土観の形成に多大な影響をおよぼした源信の『往生要集』においても、それは同様である。

「舞」が極楽に不可欠の要素として現れたのは、図像表現の分野であった。そもそも古代インド以来、仏教美術において見られる虚空を翔る天人は、その飛翔感を表すためのしなやかな体や風と戯れるような手足のポーズ、ひるがえる衣など、飛んでいる姿そのものが舞姿とそうかわらないことが多い。この舞い遊ぶような天人像がしばしば、西域や中国の浄土変の上空にも見られるのである(敦煌石窟三二一洞主室北壁など)。また隋・唐以降、浄土思想の流行にともなって阿弥陀浄土変が数多く制作されるようになるが、その浄土変の定型として、阿弥陀如来の手前で舞を舞う菩薩たちの図（舞楽会）が描かれるようになっていく（敦煌石窟二二〇洞南壁など）(12)。

奈良時代から平安時代にかけて、中国から日本に移入されたのは、このような敦煌中期以降に見られる浄土変であった。十世紀以前に中国から日本にもたらされた、あるいは日本で作られた数々の浄土曼陀羅の内、原本が残っているのは当麻曼陀羅一本のみであり、原本の写本が残っているものとしては智光曼陀羅と清海曼陀羅があるが、これら三つの浄土曼陀羅（浄土三曼陀羅）のどれにおいても、構図に多少の差はあれ、阿弥陀如来の手前で二人あるいはより多数の菩薩が舞う「舞楽会」が描かれているのである。それ以降の浄土変でも、鳳凰堂後壁画の浄土図に見られるとおり、舞楽会は浄土変における不可欠のファクターとして受け継がれていった。その中で、スケールの点でもまた普及の度合い、後世への影響においても随一である当麻曼陀羅を、以下ではこれら数々の阿弥陀浄土変の代表として取り上げ、そこにおける舞踊の描かれ方を今少し詳しく見てゆくこととしよう。

四メートル四方というこの巨大な曼陀羅は、『観無量寿経』の説くところを、善導による注釈書『観経四帖疏』に基づいて織りだしたものである。画面はその大部分を占める内陣と、それをとりかこむ左右および下辺の三辺の縁取りからなる外陣とに分けられる。向かって左縁は、韋提希夫人の受難とその悲願に答えて釈尊が現れるまでを、右縁は、西方浄土を観想するための十三観を、下縁は九品来迎のそれぞれの有様を描く。曼陀羅成立の謂われを記す銘文帯は下縁の中央におかれ、内陣には極楽浄土の有様が、微に入り細をうがって華麗に描かれる。

奈良時代末期頃に中国より伝わったと推定されるこの曼陀羅は、十二世紀の末から、浄土信仰の興隆とともにとりわけ人々の深い信仰と関心とをあつめるようになる。それに伴って、中将姫の信心にこたえて阿弥陀如来と観音菩薩が現れ、蓮の糸を染めてこの曼陀羅を織り上げたという当麻曼陀羅成立譚が、次第に形をととのえ、また新たに様々なエピソードを付加しながら流布していった。法然の高弟証空が、この曼陀羅が『観経四帖疏』に忠実に基づくことに気づき、その宗教的意義を称揚したことも、その人気に拍車をかけた。

しかし、当麻曼陀羅の文献上の最初の記録である『建久御巡礼記』（建久二年〈一一九一〉）が記しているように、その頃すでに、原本の下縁部が擦り切れて銘文がほとんど読み解けなくなっており、また画面全体もはなはだしく痛んでいたらしい。建保元年（一二一七）には第一回の転写が行われ、その後も何度となく原寸大の転写本が作られた。それとともに、さまざまなサイズの転写本や曼陀羅成立譚を描く絵伝や絵巻などが製作され、それらは中世以降盛んになる絵解き（曼陀羅講説）を伴って、主に浄土宗（とりわけ西山派）系の寺々を中心としてひろく享受されるに至る。若い頃に証空の弟子聖達を師とした一遍も、弘安九年（一二八〇）に当麻寺を訪れており、その折りに中将姫直筆という『称賛浄土経』のうち一巻を与えられている。いわば、日本における浄土イメージの形成に最も大きな影響を与えた図像表現の一つが、この当麻曼陀羅なのである。

その中において舞踊表現は、幾人もの天人が舞い飛ぶ上空と、菩薩が舞い踊る画面下方の舞楽会との、二箇所に見ることができる。このうち天人に関しては、画面の最頂部近くに小さく描かれているにすぎない上、先に述べた通り、そもそも単に飛んでいるだけなのか舞っているのかといった区別がつけがたい。一方、画面の下半分の中央を占める舞楽会では、八体の裸体の童子と二人の菩薩が舞い、その周りを奏楽する菩薩や童子がとりかこんでいる様子が、詳しく描かれている（ちなみにこの点に関しては当麻曼陀羅はかなり特殊といってよい。他の浄土変において、舞楽会で舞う菩薩はほぼ決まって二体のみである）。またこの舞楽会は、阿弥陀如来の手前、宝池の中央に位置する島の上に設けられている。つまり、極楽往生した者たちが宝池の蓮の花から生まれ出たとき、樹下で阿弥陀如来を仰ぎ、その教えを直接聞くより以前にまず最初に目にするもの、それがこの菩薩の舞なのだ。舞楽会のこの特殊な位置は、当麻曼陀羅のみならず、舞楽会を有する他の浄土変すべてに共通する特徴である。

あるいはこの舞楽会こそ、巨大な当麻曼陀羅の空間をぎっしりと埋め尽くす様々な図像表現のうち、中央に座すひときわ大きな阿弥陀如来に次いで、目立つシーンではなかったろうか。事実、たとえば当麻曼陀羅の成立譚（中将姫説話）を描く光明寺本『当麻曼陀羅縁起』（十三世紀後半）において、壁にかかった曼陀羅が描かれるシーンは二箇所あるのだが、その両方において、はっきりと描かれた舞楽会は、ほぼ鑑賞者（合掌する中将姫、あるいは絵図を姫に解き明かす化尼）の目の高さに位置している。一方、この二箇所のシーンのどちらにおいても、曼陀羅中央付近で『当麻曼陀羅縁起』の画面が切れているため、曼陀羅上半分は――中央の三尊すら――画面上に描かれすらしない。

またこの舞楽会は単に、鑑賞者にとって見やすい位置にあるというだけではない。一種の遠近法をもって立体的に描かれている浄土変の内陣においては、鑑賞者の目線に「近い」ものほど下方に、「遠い」ものほど上方に描かれる。いいかえれば、内陣下方の「舞楽会」とはまさに、鑑賞者にとって最も近くにせり出して見えるものなのである。また、その「奥」（画面上でいえば、舞楽会の上方）に阿弥陀如来とその脇侍観音・勢至菩薩が描かれているため、いわば曼陀羅鑑賞者にとって舞楽会は、阿弥陀如来の「手前」にあるものとして知覚される。つまりここで見られる菩薩の舞は、鑑賞者にとっても、阿弥陀如来に出会う「前触れ」のような役割を果たしていると言うことすらできるのだ。極楽往生者の体験（まず舞楽会を見、次いで阿弥陀如来に出会う）を、鑑賞者に追体験させるがごとくに、この曼陀羅は――当麻曼陀羅に限らず、同様の構図をもつ他のすべての浄土曼陀羅は――描かれているのである。

舞踊が図像表現にしめる比重は、極楽から往生者を迎えにくる阿弥陀如来と諸菩薩の行列、すなわち来迎図において、一層大きくなる。十二世紀に浄土曼陀羅とともに注目を集めるようになった来迎図は、浄土曼陀羅同様、絵解きを伴って享受され、浄土信仰の高まりと共にその数、および構図の複雑さをましてゆく。その表現はより具体的になり、来迎のスピードはより迅速に描かれるようになった。当初、座った形で描かれることが多かった如来や菩薩は、やがて立ち姿で描かれるのが主となり、また如来をとりかこむ菩薩の数も増してゆく。(13) さらに、これら諸菩薩には楽器を奏すものが多く見られるが、もとは描かれることすらなかったこれらの楽菩薩群が、まずは遠景として、次いで如来の近くに、さらには如来の前面にまで進出してゆく有様は、[14]極楽（往生）における「天上の音楽」の要素が、より重視されてくる過程を反映しているのであろう。[15]更に言えば、座形から立形へと主流が移るにつれ、これら楽菩薩群は、楽器を奏しながらその音楽にあわせて体をくねらせ、手足をふりあげ、あたかも舞い踊るのと大差ない有様を呈するようになる。また、楽器を持たずに舞のみを司る菩薩も、彼らに混じるようになった。こうした踊り舞う菩薩を描く来迎図は枚挙にいとまないが、最も極端な例としては新知恩院の「阿弥陀二十五菩薩来迎図」（鎌倉時代）があげられよう。そこに見られる、楽器の有無を問わず激しく体を振り動かす諸菩薩の姿態は、円陣こそ組んでいないものの、『聖絵』や『縁起絵』に描かれた踊り念仏を踊る時衆の姿と、ほとんど変わるところがないとすら言えるのではないか。

またこれら来迎図は一般に「二十五菩薩来迎図」と呼びならわされているものの、実際にはそのすべてがある一つの定型に従っているわけではなく、また菩薩の数も二十五に限らないものが多い。[16]しかしいずれにせよ、この舞い踊る菩薩群は、来迎図において不可欠の要素となって行った。恵心僧都に仮託された後世の擬経『二十五菩薩来迎和讃』でも、舞のみを司る菩薩が「陀羅尼菩薩の舞の袖　上求菩提を勧むなり」と詠われるようになる。また多くの来迎図においては、蓮台をかかげる観音菩薩とその傍らの勢至菩薩とが行列の先頭を司っているが、そのすぐ後ろではしばしば、舞菩薩（楽器を持たずに舞のみを担当する菩薩）に率いられた、体を振り動かしつつ楽器を奏す諸菩薩の群が（阿弥陀如来より前に）見られる。いわば浄土曼陀羅同様、来迎図においても、菩薩の舞は往生者にとって、阿弥陀如来に出会う前触れ、つまり極楽往生の「証左」のような役割を果たしているのである。

なお付け加えて言えば、来迎図においても時に、諸菩薩の上空で舞い飛ぶ天人が見られる（例『当麻曼陀羅縁起』下巻第三段、中将姫往生の場面など）。しかしこれらの天人の姿は単に遠景として描かれるだけであり、その数においても大きさにおいても、共に描かれる舞い踊る諸菩薩とは比較にならない。

三　舞台芸術における極楽の舞踊——雅楽と能

この来迎図を立体的に表現するのが、菩薩の装束・面をつけた人々の行列、「迎講」である。源信によって創始されたと伝えられるこの極楽往生の疑似行為は、ある種の擬死再生儀礼であると同時に、(17)布教の手段でもあった。当麻寺におけるそれはとりわけ有名であり、今日でも五月十四日の中将姫の命日に行われている。しかし記録を見る限り、この迎講においては、音楽を用いることはあっても、舞を伴うことはなかったようである。

極楽の舞の立体的な表現は、芸能の世界において現れた。雅楽の「菩薩」はその代表的な例である。婆羅門僧正が伝えた天竺の楽とも、仏哲が伝えた林邑の楽ともいわれる(『教訓抄』『元亨釈書』)この舞は、面をつけ、袈裟や螺髪、後光などの特殊衣装をつけた十六人の舞人によって演じられた。(18)舞人の数こそちがえ、実際の雅楽でもちいられる舞台と、浄土曼陀羅の舞楽会で菩薩が舞う舞台とが酷似していることを鑑みれば、曼陀羅の「舞楽会」とこの舞楽の「菩薩」との間には、顕著な類似が認められよう。当時の人々が二つを重ね合わせて観賞したであろうことも、容易に想像ができる。

実際、治安二年(一〇二二)の法成寺の金堂供養において演じられた舞楽の一つも、「菩薩」であった。浄土庭園(すなわち極楽浄土のレプリカ)であるこの寺の境内を、より一層極楽らしく見せるため、この日、宝池を模した池には一つ一つに仏像を据えた造花の蓮が浮かび、宝樹を模した庭周りの木々には、珠を綴った網が掛けられたという(『栄花物語』巻十七「音楽」)。贅を尽くしたこの空間で舞楽の「菩薩」が演じられた時、『栄花物語』作者が「極楽もかくこそは」という賛嘆の声をいみじくももらしたように、その場に居あわせた参列者達は、あたかも浄土曼陀羅の世界に紛れ込んだかのような錯覚を覚えたに違いない。

平安から中世にかけて、大寺院の法要においては舞楽を伴うのが通例であった時代には、最大規模の法要である「四箇法要」において、「菩薩」は不可欠のレパートリーであった。[19] しかし『教訓抄』(天福元年〈一二三三〉第四巻に、「近来菩薩舞絶了」と記され、また『雑秘別録』に「菩薩」の説明として、「大法会ごとにあれども。舞はたえにたり。(中略)白河院のころまでは。天王寺の舞人まひけれども。させる事はなくて。大法会にかりいだされけるを。むづかしがりて。のちつたはらずなりて。いまはなしとかや」とあるところを見ると、およそ十二世紀後半頃に舞が絶えたらしい(現行雅楽のレパートリーには、「菩薩」の楽曲の一部のみが残っている)。今日四天王寺で行われる四箇法要では、左右の菩薩と獅子が舞台をただ旋回するだけの「大輪・小輪」という所作が行われているが、これは元々の「菩薩」がすたれ、その形態すら不明となった後に、少なくとも四箇法要の形式を保持するためにのみ、このような形で舞の代わりとしたものであろう。[20] 建武元年(一三三四)の『東寺塔供養記』にあらわれる「菩薩」の上演記録はおそらく、この「単なる施回を見せる」だけのものであったと思われる。

そして十四世紀後半、いわばこの舞楽に替わるようにして、より広い階層に「極楽の舞踊」を見せる芸能として現れたのが、能であった。

竹本幹夫氏がその画期的論文「天女舞の研究」で明らかにされたように、序之舞、中之舞など、能において呂中干形式と呼ばれる舞事(すなわち、謡を伴わず、囃子の伴奏のみによって舞われる器楽舞の大部分)は、近江猿楽の「天女舞」[21]に祖をもつものである。[22] 近江猿楽の犬王が舞ったというこの「原初」天女舞は、世阿弥によれば、経を手にして現れた天女が、その経をワキに手渡してから舞い始めるものであったという(『申楽談儀』)。そこから竹本氏は、この舞が当初から「歌舞の菩薩の舞」であったと結論しておられるが、天女あるいは天人と菩薩との区別が(それほど厳密でないとしても)まがりなりにも一応存在していたことを考慮すれば、[23] 終始一貫して「天女舞」「天女之舞」「天人之舞」などと呼ばれているこの舞を、安易に「菩薩」の舞と呼びかえることは憚られる。

むしろこれは、言葉通りの「天女」、つまり極楽上空や来迎の諸菩薩の上で舞い遊ぶ天女の舞、(24)ととるのが無難ではなかろうか。「さらりさ〳〵と飛鳥の風に従ふがごとくに」という、世阿弥による描写（『申楽談儀』）も、この舞が本来は、極楽上空を飛翔する「天女」の舞として生まれたことを裏付ける。そしてこの天女舞は、世阿弥によって大和猿楽に採り入れられた結果、龍女や神女、さらには菩薩など、天女以外の様々なシテによっても舞われるようになったのであった。ちなみに、それから百年近く後ではあるが、「菩薩の舞は、足にひやうしをふむ。天女はこくうなるゆへに、心にひやうしありて、足にはあるべからずとや」（『禅鳳雑談』）という教えがなされていることからも、天女と菩薩の区別が自然となされていた時代背景を伺うことができるだろう。

天女舞を菩薩の舞として用いた能の中で、最も早い一例が、当麻曼陀羅成立譚を本説とする世阿弥の能『当麻』である。またこの曲は、単に「菩薩の舞」を提示するだけではなく、それと同時にあたりの情景を極楽浄土そのものとして描き出すことによって、この舞を真に「極楽の舞踊」として位置づける。たとえば、その昔五色の蓮の糸を懸けて干した桜は、「さてまたこれなる花桜　常の色には変はりつつ　これもゆゑある宝樹と見えたり」と、浄土の「宝樹」に喩えられる。あるいは色とりどりの糸を懸けたそのイメージを通して、あたりの景色は「曼陀羅に描かれた浄土」に見立てられる。

地謡：色はえて　懸けし蓮のいとざくら　懸けし蓮の糸桜　花の錦の経緯《たてぬき》に　雲のたえまに晴れ曇る　雪も緑も
紅も　ただひと声の誘はんや　西吹く秋の風ならん　西吹く秋の風ならん(25)

季節は早春である。風になびく今や花ざかりの糸桜の枝と、枝にかけられた蓮の糸。その二つが曼陀羅の錦の縦糸、横糸にみたてられる。またその風――それは西方浄土に誘う風、念仏の声であるのかもしれず、あるいは極楽浄土を吹き渡る「涼しき」秋の風であるのかもしれない――は、雪や緑や紅といったあたりの情景をも、花と蓮糸とが織りなす幻想の浄土曼陀羅と一つに解け合わせる……

しかも能の場合、舞台装置も何もない、小さな裸舞台の上で発せられるこうした風景描写の言葉は、観客に、その想像力を最大限に発揮することを要請する。つまり、舞台上の装置や書き割りによってでなく、舞台上の言葉の力と観客の想像力とによって、あたりの風景が作りだされるわけである。付け加えて言えば、当時の舞台は屋外であったから、これは観客にとって、自分のまわりの現実の風景を、新たに別のものとして認識し直すという作業にもなるだろう。『当麻』の場合でいえば、観客は、自分を現に取り巻いている山々や空、緑といった自然を、曼陀羅が描く浄土そのものとして認識するのであり、その結果、「浄土のただなかにいる」という共同の幻想が生み出されるわけである。

その中で、今や「歌舞の菩薩」となった中将姫が舞を――すなわち、浄土の蓮の花から生まれ出た衆生が最初に目にする、極楽往生の証左である舞を――舞う。いいかえれば、浄土庭園における菩薩舞のような大がかりな設備、投資を要さずに、三次元の極楽とそこにおける舞踊を、観客の幻想の力を借りて描き出すのが、能『当麻』なのだ。事実、様々な身分の観客が集ったと想像される勧進能の室町期の上演記録を見ると（上演記録自体が実際の演能に比べればごくわずかしか残っていないとはいえ）、『当麻』は二番目に演能頻度の高いグループに入っている。[26] いわば、布教の対象が少数の貴族から一般の民衆へと広がった中世の宗教的要請に見事にこたえたのが、この『当麻』だったのであろう。

またここで思い起こされるのは、常々指摘されているところであるが、『当麻』にみられる濃厚な時宗色である。曲中に現れる様々な時宗関係の引用句に加え、そもそもこの曲のワキ僧は、「三熊野に参」じて帰る途中の「念仏の行者」（諸本によっては「念仏修行の聖」「廻国の聖」とも）であり、後場においては歌舞の菩薩となった中将姫から『称賛浄土経』を手渡される。このワキに一遍の姿が重ね合わせられていることは、あまりにも明白である。

このように『当麻』に時宗色が付された理由の一つは、時宗において当麻寺がとりわけ重要視されていた、という事実によるものだろう。また、現に姫自筆の『称賛浄土経』を授けられたことのある一遍をワキとすれば、「経をワキに渡してから舞い始める」という「原初」天女舞の形態を、上手く生かせるという利点もある。しかしそれに加えて、ここにはやはり、踊り念仏の主導者としての一遍のイメージが寄与しているように思われる。つまり、今一方の「極楽の舞踊」である踊り念仏の奨励者である一遍こそが、中将姫による極楽の舞という『当麻』の設定から、自然と連想される人物であった為ではなかったろうか。

四　結　論――見る喜びから、喜びそのものの表現へ

浄土変、来迎図、雅楽、および能における極楽と舞踊とのかかわりを以上のように追ってみると、まず明らかになることは、それらが表象する舞踊がつねに、（菩薩によってなされるにせよ天女によるにせよ）「往生者によって眺められるもの」として位置づけられている、という点である。いわば、この舞踊を見ることは極楽往生の疑似体験なのであり、臨終正念が盛んに喧伝された時代においてそれはまずなによりも、極楽を脳裏に描く手法の一つ、極楽往生のための修行の補助手段であったろう。

またその一方で、極楽で味わう喜びの一つ（舞踊を「見る」喜び）を小出しに提供することによって、極楽への渇望を高め、信心を深めるようにと衆生を導くのもまた、これらの舞踊に託された宗教的機能の一つであったことは疑いない。そして、浄土観想という上記の修行法がすたれるにつれ、この後者の宗教的機能、すなわち布教のための舞踊という性格は、より一層強まっていっただろう。

また舞踊の表象が、見るもの（浄土変・来迎図・雅楽）から聞くもの（絵解き）、包まれるもの（能『当麻』）へと、より「近い」身体感覚に働きかけるものへと変化していることも、注目に値しよう。事実それは、あらゆる極楽の表象の一般的傾向でもあった。来迎図の変遷について述べた際にもふれた、来迎の表象における「音楽」重視という傾向も、やはり音楽のもつ「つつみこむ力」への時代の要請ゆえと見なし得る。そして専修念仏の流行も、この流れの中

に位置づけることができるだろう。より近い身体感覚で極楽の喜びを味わうには、自分の肉体そのものを通じての、すなわち自分の息や声による体験こそが、はるかに有効な方法であるはずだ。念仏を唱えるとは、そのようなやり方で、己の肉体の内部に極楽のエッセンスをとりこむことにほかならない。

とすれば、そこから踊り念仏の発生、つまり「声」から「体」へという移行は、ごく自然な流れであったといえよう。しかしこうして生まれた「踊り」は、それ以前のあるいはそれ以後の極楽の舞踊と、明らかに一線を画していた。踊り念仏は、「極楽で往生者が見る舞」の再現なのではない。それは（本稿第一節で見たとおり）「極楽往生者の喜びそのもの」の、衆生自身による表現なのである。ここに、「極楽で味わう喜びの再現」は、最も内的な身体感覚を通じて達成されたと言えるだろう。

ただし、弘安二年に自然発生的に始まった第一回目は別として、第二回目以降の踊り念仏は、布教のための一種の興業となった。観客席と舞台とがほぼ完全に分離された状態で催されたことも、絵巻から明らかである。[27] いいかえれば、舞踊を見せることによって衆生の信仰心を促すという従来の極楽の舞踊の機能を、この踊り念仏も果たすようになったのであった。

とはいえ前述のとおり、従来の舞踊が、往生後の衆生のために菩薩や天女が舞って「見せる」ものであるのに対し、踊り念仏は、衆生自身による往生の喜びそのものの表現である。その意味で、たとえ観客席から「見る」ものであっても、観客にとっては、踊り念仏の踊り手に自分を投影するという作業を通じて、「極楽の喜び」を自らのものとして体験する機会となったであろうし、それゆえに布教の効果もいや増しただろうことが推しはかられる。さらに、男女入り乱れての舞踊であったことも、舞台上の踊り手が世俗世界の衆生（観客）とそうかわらない人々であるという親近感を生みだし、観客からの自己投影を一層たやすくしただろう。他の極楽の舞踊とは比較にならないほどの、踊り念仏がまきおこした興奮と、それによる反発の原因の一端は、そうしたところに求められるのではないだろうか。

「舞踊による布教」という伝統的な手法に依りつつ、極楽往生者と舞踊との関係を一八〇度転換させる（「見る」から「する」へ）ことによって、舞踊のもつ宗教的可能性を最大限にひきだしたもの、それが一遍の踊り念仏だったのである。

注

（1）『一遍聖絵』では「小田切の里」とされるが、『聖絵』のこの箇所には詞章に錯綜があるらしく、踊り念仏始行の場所については『縁起絵』に依るのが適切であろうと見なされている。（五来重「一遍と高野・熊野および踊念仏」日本絵巻物全集巻一〇『一遍聖絵』所収、角川書店、一九七〇年）。

（2）五来重、注（1）前掲論文、同『踊り念仏』（平凡社、一九九八年）、大橋俊雄『踊り念仏』（大蔵出版、一九七四年）、大森恵子『念仏芸能と御霊信仰』（名著出版、一九九二年）ほか。

（3）今井雅晴『捨聖一遍』（吉川弘文館、一九九九年）一二三―一二四頁。

（4）漢文読み下し文は、中村元、早島鏡正、紀野一義訳注『浄土三部経』上巻（岩波書店、一九九〇年）による。括弧内は、同書の語注。

（5）注（3）前掲書、九九―一〇〇頁。

（6）佐々木信綱編『日本歌学大系』第四巻（風間書房、一九五六年）六八―六九頁。

（7）郡司正勝「舞と踊」和歌森太郎他編『芸能と文学』所収（民俗文学講座第三巻、弘文堂、一九六〇年）二一六頁。

（8）折口信夫「戯曲・舞踏詞曲の見渡し」『古代研究　国文学編』（大岡山書店、一九二九年。引用は『折口信夫全集』第一巻、中央公論社、一九五四年による）。郡司正勝、注（7）前掲論文の指摘による。

（9）郡司正勝、注（7）前掲論文、二二一頁。

（10）山中玲子「〈序ノ舞〉の粗型」『能の演出　その形成と変容』（若草書房、一九九八年、初出は『国語と国文学』第六一巻第六号、一九八四年六月）三一頁。

（11）ただし『無量寿経』のサンスクリット語原文には、「天上の天女たち」の舞が言及されている（注（3）前掲書、七五頁）。しかし、「古来最もよく日本で知られ、読まれ」ていた（同書、一五頁）康僧鎧の漢訳（「魏訳」）に、この記述は見られない。

(12) 河原由雄「敦煌浄土変相の成立と展開」坂本要編『極楽の世界』所収（北辰堂、一九九七年。初出は『仏教芸術』六八、一九六八年）三三〇頁。

(13) 有賀祥隆「阿弥陀来迎図」奈良国立博物館編『浄土曼陀羅――極楽浄土と来迎のロマン――』所収（奈良国立博物館、一九七三年）二二頁。

(14) 切畑健「浄土教絵画にあらわれた楽器――来迎図の場合――」松下隆章代表『浄土教美術の展開：研究発表と座談会』所収（仏教美術研究上野記念財団助成研究会、一九七四年）一一―一二頁。

(15) 菅野扶美「『音楽講式』について」『極楽の世界』所収（初出は『国語と国文学』一九八七年八月）四九九頁。

(16) 須田勝嶄仁「来迎図・影向図と聖地」鈴木昭英編『仏教芸能と美術』所収（名著出版、一九九三年、初出は『大谷女子短期大学紀要』三五号、一九九一年十二月）四〇〇―四〇一頁。

(17) 注(16)前掲書、四一〇頁。

(18)『楽家録』巻三十八、「法成寺金堂供養記」ほかの記事による。

(19) 守屋毅「舞楽の伝統」芸能史研究会編『古代―中世』所収（日本芸能史第二巻、法政大学出版局、一九八二年）二九〇―二九一頁。

(20) 注(19)前掲論文、二九二―二九四頁。

(21) 現在の舞台で舞われる「天女舞」（神能の後ツレが舞う太鼓入り三段の中之舞）は、この「原」天女舞から派生した呂中干形式の舞事の一つにすぎない。

(22) 竹本幹夫「天女舞の研究」『観阿弥・世阿弥時代の能楽』（明治書院、一九九九年。初出は『能楽研究』四号、一九七八年）。

(23) そもそも飛行能力は菩薩にも備わっているわけであるから、空中を浮遊する諸像が「菩薩」と呼ばれることもあった。『長秋記』において、鳥羽御堂の長押上で飛行している諸像が「飛天之舞菩薩」（保延元年五月五日条）と呼ばれているのはその例である（吉村怜「天人の語義と中国の早期天人像」に指摘がある。『極楽の世界』所収、二九一頁。初出は『仏教芸術』一九三号、一九九〇年）。しかし総じて、おなじく舞を舞っている場合でも、阿弥陀の来迎に際して、あるいは極楽浄土において、空中高く浮遊しているのは「天人」（あるいは「諸天」）の舞、阿弥陀の近くに他の菩薩群とともに居る場合は「菩薩の舞」と区別されるのが通例であった。たとえば証空著とされて西山派で重用された（しかし実際は後世の仮託であるらしい）

『当麻曼陀羅注』においても概ね、空中の宮殿の中にいる、あるいは空中に浮遊する像が「諸天」「天人」といわれているのに対し、阿弥陀如来より下方で舞っているのは「菩薩」「舞菩薩」などと呼ばれている。

(24) たとえば『今昔物語』巻七第七では「般若ヲ受持スル人ヲ守護スル天人、八十億アリ」と語られ、同巻第一三においては無量義経を受持する比丘を供養する天人の挿話がある。

(25) 謡曲の引用は、伊藤正義校注『謡曲集　中』(新潮日本古典集成)による。

(26) 山中玲子「室町末期の能と観客」『能の演出その形成と変容』所収(初出『文学』一九九六年四月)一七三―一七五頁。最も多いのは六回の『猩々』と『松風』。『当麻』の演能は五回。ただし「中将姫」と記載された文明十年誓願寺辺観世勧進能の記録が、『当麻』でなく『雲雀山』を指しているとすれば、四回になる。

(27) 『一遍聖絵』第六巻第三段、片瀬の浜における踊り念仏の図など。

〈キーワード〉踊り念仏　浄土曼陀羅　来迎図　雅楽　能(当麻)

中世地蔵信仰史・考

清水邦彦

はじめに

古代の地蔵信仰については、多くの論考があるが、中世の地蔵信仰を概観した論考は希である。その主な原因として、①古代については『今昔物語集』巻十七というまとまった説話集が存在し、分析しやすいが、中世にはそのようなものが無いこと、②中世以降、地蔵信仰は深く、広く普及したため、全体像が把みにくくなったこと、(1)の二点が挙げられる。とはいっても、中世を地蔵信仰研究の空白期にするわけにもいかないので、本稿では、説話分析を中心に、中世地蔵信仰の概観を試みることとする。引用する説話には、先行史料に出典がある場合も多いが、この時代に採録された点を重視し、中世史料としている。

一　『今昔』に於ける地蔵

中世の地蔵信仰を論ずる前に、古代地蔵信仰を代表する『今昔』巻十七の地蔵説話[2]をまとめておく。『今昔』に於ける地蔵の職能は、①現世利益、②地獄からの救済、③西方極楽浄土への引導、の三点に凡そ分類される。①に関しては、後述することとして、②③の実例を以下挙げる。

蔵満年三十ト云フ年ノ四月ニ、身ニ中風ノ病付テ日来ヲ経ルニ、身弱ク魂動キテ忽ニ死ヌ。其ノ時ニ、青キ衣ヲ着セル官人両三人来テ、大キニ嗔ヲ成シテ、蔵満ヲ捕フ。然レバ蔵満音ヲ挙テ大キニ叫テ云ク、「我レハ此レ浄行ニシテ真実ノ行者也。三業六情ニ於テ犯ス所無シ。……」ト。……菩薩、蔵満ニ教テ宣ハク、「汝ヂ、我レヲバ知レリヤ。我レハ此レ汝ガ毎日ノ晨朝ニ念ズル地蔵菩薩也。……汝ヂ流転生死ノ業縁ノ引ク所ニ依テ、今被召タル也。汝ヂ速ニ閻浮ニ返テ、生死ノ界ヲ棄テテ、往生極楽ノ望ヲ遂ゲヨ。努々更ニ此ノ所ニ不可来ズ」ト宣フ、ト思フ程ニ活レリ。……蔵満遂ニ年九十ニ満テ、身ニ病無ク、行歩軽クシテ、命終ル時ニ臨テ、兼テ其ノ期ヲ知テ、念仏ヲ唱ヘ、地蔵菩薩ヲ念ジ奉テ、西ニ向テ端坐シテ、掌ヲ合セテ入滅シニケリ。（第十七話、日本古典文学全集版第二巻三七五―三七七頁）

②地獄から救済、から分かるとおり、地蔵の救済対象は、「罪人」である。[3]特に、第十七話に於て、生前何の罪も無かった人も「流転生死ノ業縁」により地獄に堕されている点は、当時の深刻な地獄観を表わしている。

二　井上光貞説とその修正

以上の如くの古代地蔵信仰は、中世に入ると、どう変わったのか。先行研究に於て、法然・親鸞の浄土教の登場により、中世地蔵信仰は来世信仰の面がせばまり、現世利益が中心となった、とする説がある。

この説は井上光貞の論述を基としている。井上は、『今昔』巻十七の地蔵説話に於て、地蔵が、罪人を西方浄土へ引導していることに注目し、以下のように述べている。

もし親鸞のような人が悪人を対機とする念仏をひろめ、阿弥陀仏が真に悪人のための救済者として純化されれば、浄土教のなかに吸収されて（補−罪人救済の地蔵信仰は）その成立基盤を失なうであろう。(4)

しかしながら、親鸞の登場以降、地蔵信仰が衰退していった事実は無い。そこで、井上の論に「補訂」が加えられる。菅原征子は、地蔵信仰を担い手によって二形態に分けた上、以下の様に論述している。

第一のもの（註＝貴族の地蔵信仰）は、浄土教確立の過渡的な形態といえるもので、鎌倉時代、浄土教の発展の途上に、消失していくものである。他方後者（註＝庶民）の地蔵信仰は中世を通じて、さらにその現世利益性と呪術性を増して、地方下層庶民間に伝えられ、発展していくのである。(5)

また、速水侑も、「阿弥陀浄土教隆盛の下でも、現世利益だけでなく来世救済の菩薩としての面を色濃く保(6)」ったことを認めつつも、「法然浄土教の確立によって来世信仰としての役割をせばめられた地蔵は、阿弥陀にまさる現世利益の部分を表面化することで、発展していくのである(7)」と菅原とほぼ同様の見解を述べている。

以上の如く、井上を継承した菅原・速水は、法然浄土教の成立によって、地蔵信仰は来世信仰の面がせばまり、現世利益中心へと変質していったとみているのである。両者の説は「定説」といえるほど定着しているわけではないが、いくつかの辞典に取り入れられているため(8)、一般への影響力は小さくないと考えられる。

三　菅原・速水説への批判

1　西方極楽浄土への引導

この説に対し、異議を唱えたのが渡浩一である。渡は、中世の地蔵説話を数的に分類し、地蔵は後生善処への引導も古代と同様に行なっていたことを明らかにし、「説話に見る限り、古代と中世の地蔵信仰の間にそれ程大きな断絶はないと断定してよかろう[9]」と述べている。

私は、法然浄土教の確立にも関わらず、地蔵は依然として西方極楽浄土への引導者であったことから、渡の説に同意する。その論拠は以下の五点である。

第一に、古くは和歌森太郎[10]が指摘するように、中世に於ても、地蔵が西方極楽浄土へ引導する説話は数多いからである。

地蔵の御顔見え給ふ。尼拝み入りてうち見あげたれば、かくて立ち給へれば、涙を流して拝み入り参らせて、やがて極楽へ参りけり。（『宇治拾遺物語』巻一第十六話、日本古典文学全集版八〇頁）

手に定印をむすひ、口に地蔵の宝号を唱て、三昧に入かことくして、終をとる。歳七十二なり。臨終の時、赤日西にかたふき、紫雲東にそひく。五色の影、二筋の光、頂を照す。異香室にみち、音楽そらにきこえけり。近も遠も、おかむ人かすをしらす。（法然寺旧蔵『地蔵縁起』古典文庫版七九頁）

南無西方極楽世界、阿弥陀佛、大慈大悲の観世音、六道にまします地蔵、迷はずして必ず浄土へ迎えさせ給へ。（『熊野の御本地のさうし』日本古典文学大系版四二二頁）

これ以外にも、『三国伝記』巻九第二四話・『発心集』巻三第六話・『絵詞要略誓願寺縁起』・『元亨釈書』巻九第二二

話・巻十七第三二話・巻十八第十一話・『私聚百因縁集』巻五第十三話・『古事談』巻三第三二話・『撰集抄』巻九第三話などに於て、地蔵は西方極楽浄土への引導を行なっている。既に渡が指摘するように、この説話数は現世利益の説話と比べて著しく少ないということはない。

第二に、阿弥陀来迎図に地蔵が描かれることが多かったからである。[11] 第三に、地蔵と阿弥陀との密接な関係が、板碑に於ける併存[12]からも窺えるからである。第四に、追善のため、阿弥陀三尊と地蔵・不動とのセットが造られることもしばしばあったからである。[13] 第五に、鎌倉時代に成立した最古の「地蔵和讃」(一一九二年書写)でも、地蔵は西方極楽浄土への引導者と位置づけられているからである。

帰依地蔵尊　有苦悉皆除　所苦諸衆生　往生安楽国（武石彰夫『仏教歌謡の研究』〈一九六九年、桜楓社〉七八頁）

以上の五点を勘案すると、法然浄土教の確立にも関わらず、地蔵は中世に於ても、西方浄土への引導する功徳も依然担っていたと言える。

2　浄 土 宗

そこで、各宗派に於ける地蔵の位置づけを簡潔に見ておく。まず問題の発端となった法然浄土教（以下、浄土宗とする）を取り上げる。

法然は念仏を唱えれば、往生できるという専修念仏を唱えた。したがって、法然は、地蔵の功徳を阿弥陀の名号に含まれる存在として、特別な役割を与えてはいない。

然ハ弥陀如来観音勢至普賢文殊地蔵龍樹ヨリハシメテ、乃至彼ノ土ノ菩薩声聞等ニ至ルマテソナヘ給ヘル所ノ事理ノ法門、定恵功力、内証ノ実智、外用ノ功徳、総シテ万徳無漏ノ所証ノ法門、悉ク三字ノ中ニ収マレリ。(『三部経大意』、『昭和新修法然上人全集』三八頁)

普賢文殊観音勢至地蔵等の如きの者は、即ち菩薩也。然らば彼らの諸の大菩薩も、弥陀の白毫の所現にてもや坐すらん。（原漢文・『逆修説法』前同二五七頁）

言ってみれば、法然は地蔵を〝否定的〟に位置づけたのである。[14]ここから、門弟による地蔵誹謗が生じた。

中比念仏門ノ弘通サカリタリケル時ハ、余仏余経皆イタヅラ物ナリトテ、或ハ法花経ヲ河ニ流シ、或ハ地蔵ノ頭ニテ蓼スリナドシケリ。或里ニハ隣家ノ事ヲ下女ノ中ニ語リテ、「隣ノ家ノ地蔵ハ、既ニ目ノモトマデ、スリツブシタルゾヤ」トイヒケリ。浅間シカリケルシワザニコソ。或浄土宗ノ僧、地蔵菩薩供養シケル時、阿弥陀仏ノソバニ立給ヘルヲ、便ナシトテ、トリヲロシテケリ。或人ハ、「地蔵信ゼン人ハ地獄ニ落ベシ。地蔵ハ地獄ニヲハスル故ニ」トイヒケリ。（『沙石集』巻一第十話、日本古典文学大系版八六―八七頁）

しかし、このことは中世全般の傾向ではない。浄土宗はその展開に於て地蔵を取り入れていった。鎮西流の祖、弁長は地蔵を末法の衆生を救う菩薩として認めていた。

仏ハ一切衆生ノ其心品相替レルヲ御覧シテ品品ノ法ヲ説給ヘリ……地蔵菩薩ニ志アリト御覧スル衆生ノタメニハ地蔵経ヲ説……今此極楽ヲ願フ人ノタメニハ阿弥陀経ヲ説テ、念仏往生義ヲ示シタマフト也……地蔵菩薩ニ三世九世ノ利益絶ルコト無シト心得トモ前仏ハ既ニ滅シ後仏ハ未ダ出タマハザレバ二仏ノ中間ニテ仏モマシマサザル時此地蔵菩薩ノ利益ヲ盛リニ仰グ也。無仏世界度衆生ノ誓ヒヲ立給ヘル菩薩ナレバ去テ此菩薩ニトツテ無仏世界度衆生ノ御誓ヒ勝レタマヘルヲ利益トシテ此ヲ正ト為シ余ノ利益方便ヲハ傍ト為シ給ヘリ（『念仏名義集』浄土宗全書十巻三六四―三六五頁・漢文体の箇所は書き下し、句読点を補った。）

弁長を継いだ良忠は、地蔵を阿弥陀来迎に伴う聖衆として高く位置づけていた。

問う、地蔵を彼の聖衆に列するは何の証ありや、と。答う、上の三菩薩に準ずるか。問う、なんじは何ぞ余の菩薩を挙げざるや。答う、釈迦の化を受くる大菩薩の中に此の四菩薩を上首と為す。故に別して極楽に遣して、ま

た、彼の聖に属するなり。（原漢文・『往生要集義記』前同十五巻二二九頁）

さらに良忠は、破地獄偈[15]の説明のためではあるが、『地蔵菩薩応験記』[16]の地獄からの救済の話（第五話）を引用し、地蔵による地獄からの救済並びに浄土への引導を認めている。

又、地蔵応現記（常謹）に云く、京師の人僧俊、姓は王氏。……微疾の患を痛みて死す。その左右の脇少し煖かなり。三日を経歴して始めて蘇る。啼哭して大地に投身して具に幽途の事を説て曰く、まさに死せんとする時、二人の冥官有り。駈て大城門の前に至らしむ。忽ち一僧有りて云く、我れ是れ地蔵菩薩なり。汝、京城に在し時、我が形像一軀を摸して礼供を陳べずして投捨す。後に我れ摸写の恩を報はんと欲す。汝は是れ華厳の師の人なり。乃ち一行の偈を教て曰く（今、所引の如し）と。地蔵菩薩、この文を授与して、これに告げて曰く、この偈を誦すれば能く地獄の門を閉じ、能く浄土の道を開くと。（已上）（原漢文、前同三二七―三二八頁）

良忠の地蔵観は、もう一人の「師」と言うべき良遍[17]の地蔵信仰（後述）並びに交流のあった西大寺流真言律宗（後述）から影響を受けていると考えられる。

なお、こうした地蔵観は、多くの浄土宗寺院に、地蔵十王図が伝来していること[18]を考慮すると、鎮西流に限定されているわけではなかろう。

こうした浄土宗の動向からも、法然浄土教の確立によって、地蔵信仰が現世利益中心になっていったとする菅原・速水の見解は再考を要する。

3　旧仏教諸派

執筆者名は分からないが、『岩波仏教辞典』の「地蔵信仰」の項には以下の様にある。

鎌倉時代には悪人成仏を説く専修念仏に対抗する意味合いもあって、『沙石集』にうかがわれるように旧仏教諸師

は、六道をめぐる地蔵の身近な現世利益を強調した。（三六〇頁）

まず『沙石集』について確認しておくと、おそらく巻二第五話「地蔵看病給事」・第六話「地蔵菩薩種々利益事」を論拠にしていると思われる。当該話の登場人物は南都に関連する者が多く、旧仏教の地蔵信仰の史料と認められる。しかし、第五話で地蔵が看病してくれるエピソードは、最終的に、「阿弥陀ノ大呪、地蔵ノ宝号ナド唱ヘサセテ、禅定ニ入ルガ如クシテ終リヌ」（前同一〇三頁）と西方浄土往生を暗示している。その後の説明文では、「（補―地蔵は）八寒八熱ノ泥梨ノ苦患ヲ助ケ、人中・天上・諸仏ノ浄土ヘ送給フヲヤ」（前同一〇四頁）とある。また、第五話にはさらに二つのエピソードが含まれているが、一つは冥途からの救済の話である。（もう一つは死後の蘇生の話であるが、地獄からの救済かどうかは言及されていない。）

恵心僧都ノ給仕ノ弟子頓死ス。物ニトラルル様ナリケレバ、不動ノ慈救ノ呪ヲ誦セシメ、僧都、地蔵ノ宝号ヲ唱ヘラル。蘇生シテ申ケルハ、「男共四五人具シテマカリツルヲ、若僧ノ乞給ツレドモ……童子二人、白杖モチタルガ、彼男共ヲ追払ヒテ取返シ、若僧ニ請取セ奉リ給ツレバ、サテ具シテ帰給フト思テ、生イデキタリ」ト云ケリ。

（前同一〇五頁）

第六話にも、地獄からの救済のエピソードが含まれている。（後述）

旧仏教の諸師は果たして地蔵の現世利益を強調したのだろうか。例えば、貞慶は「地蔵講式」に於て以下の様に述べている。

又、我等を加護して影の如くに随逐し、臨終正念にして浄国に往生し、見仏聞法して不退の位に住せしめ、諸の衆生と共に同じく菩提を証せん。（山田昭全・清水宥聖編『貞慶講式集』〈二〇〇〇年、山喜房〉一一一頁）

また、良遍は『念仏往生決心記』で、地蔵を西方浄土へ導く引導者として位置づけている。

地蔵菩薩は無仏世の導師、本と穢土を摂し悪趣を救はんと願ふ。その間の利益専らこれを渇仰すべし。伏して願

ふは昼夜影の如く相傍して我をして弥陀の来迎に遇はしめたまへ。（原漢文・『浄土宗全書』第十五巻五六八頁）
良遍の地蔵信仰が浄土宗の良忠に影響を与えたことは先に述べた。
宗性も『弥勒如来感応抄』に於て『地蔵菩薩応験記』第四・六・九・十一・十三・十六・十八・二十話を引用しているが、いずれも地蔵が天もしくは浄土へ引導する話である。[19]
旧仏教のうち、地蔵信仰を積極的に活用したのは、忍性を中心とする西大寺流真言律宗である。忍性は多くの人々に地蔵画を与えていた。

図画シテ地蔵与フ男女ニ　一千三百五十五（『忍性菩薩略行記』、田中敏子「忍性菩薩略行記（性公大徳譜）について」〈『鎌倉』二一号、一九七三年〉五一頁）

また、この時代、関東地方で建立された石造地蔵像はすべて西大寺流真言律宗に関連しているとする説もある。[20]
残念ながら、忍性並びに西大寺流真言律宗が地蔵をどう位置づけていたかを示す一次史料は管見の及ぶ限り存在しない。前述の『沙石集』巻二第六話と南都との関連、その中に「共ニ見ヘタル（補―神宮文庫本のみ良観）上人ノ物語ナリ」（前同一一一頁）とあること、巻二第六話各エピソードの類話が『三国因縁地蔵菩薩霊験記』（巻十第一―四話等）にあること、の三点から、『三国因縁地蔵菩薩霊験記』の編者、良観を良観房忍性に当てる説が嘗て存在したが、[21]現在は否定されている。[22]
そこで私見を提示したい。先行研究では、「物語」を〝編纂されたテキスト〟の意で解釈してきたが、「談話・ある出来事についての物語、または、報告」（『邦訳日葡辞書』）という意もある。前述の如く、忍性は多くの人に地蔵画を配ったが、この際になんらかの〝絵解き〟をしたと判断すべきであろう。とすると、『沙石集』の「物語」とは絵解きを指し、――神宮文庫本に信を置くならば[23]――西大寺流真言律宗に於ける地蔵布教の実態を示す史料と言える。当該のエピソードは、地蔵が主人公を地獄から救済する筋である。

和州生馬ニ、論識房ト云僧有ケリ。法相宗ノ学生、説経ナドシケル……他界ノ後、讃岐房トイフ弟子ニ、庵室ヲバ譲テケリ。彼弟子聊カ煩フ事アリテ、息絶ヌ。一日一夜アリテ蘇テ語ケルハ、「……良暫ク有テ錫杖ノ音シテ、地蔵菩薩ノトヲリ給フニ、走付テ、「御助候へ。報命未ダ尽ズトテ、許レテ候ヘドモ、イカニ成ベシトモ覚候ハズ候」ト申セバ、「イザイザ」トテ、炎魔王ノ御前ニ具シテオワシマシテ、「実ニ此法師ハ、御許レアルニヤ」ト、仰ラルレバ、「去事候。許シテ侍」ト申給ヘバ、「サラバ、聴而イザ」トテ……蘇リヌ」ト語リケリ。（前同一一〇―一一一頁）

天台僧が編集した『地蔵菩薩霊験絵詞』（教王護国寺観智院蔵）でも、地蔵が地獄から救済する話が多数存在する。

此ノ女重ク煩ヒテ失ニケリ。……二日有リテ甦タリケレハ。……語リケルハ。息キ絶テ後。琰广王宮ト覚シキ所ニ参タリシ事ノアリサマ。怖シトモ云量無シ。爾時我本尊御渡坐。炎广王驚キテ出会ヒ給ヒテ。何ニ事ニ渡ラセ給ヘルニヤト申給ヘハ。此ノ女人ハ吾レニ志シ深キ者ニテ侍也。我ニ給リナンヤトノタマヘハ。……（補―炎广王）赦シ侍ベシト曰ヘハ。菩薩悦ノ御涙セキアヘス。手ヲ引キ返リ給ト思ヘハ。蘇テ此ノ由ヲ語リシナリ。（漢文体の部分は書き下した。古典文庫版一七―一八頁）

伊勢国ニ僧有リ。名ヲ重慶トソ云ケル。十四五歳計ナル男子ヲ持タリ。親ノ家ノ前ニ。率兜婆ノ有ルニ。南无地蔵菩薩ト書タリケルヲ。此童何ニト無ク。常ハ拝ミ侍リケルニ。或ル時頓ニ爾死侍リケルヲ。鬼四五人出来テ。打テ呵具メ往キケリ。……僧出来給。釘モ矢モ易々ト抜テ。具メ帰リナント仰ラレシ程ニ。太ウレシクテ。是ハ何ナル人ノカクハ助ケ給フソト申シタリシニ。我ハ己レカ家ノ前ニ書テ立タル率兜婆ノ地蔵也トテ去リ給ヒヌ。（漢文体の部分は書き下した。前同二七―二八頁）

したがって、旧仏教に於て地蔵の現世利益面が強調されていたとは言えないのである。

4 臨済宗・曹洞宗

中世臨済宗及び曹洞宗では、死者供養に地蔵を活用していた。まず、臨済宗の史料を挙げる。

亡霊授戒法

一心奉請。三界六道化導済渡地蔵願王大菩薩摩訶薩。唯願降臨道場。為授菩薩清浄大戒証戒之師。慈愍故慈愍故三反（『諸回向清規式』一五六六年成立、大正蔵第八二巻六五九頁中）

続いて曹洞宗の史料を挙げる。見て分かるとおり、臨済宗の史料とかなり重複しており、両宗派の交流を示していると言える。

「亡霊授戒切紙」

中峰和尚亡霊授戒偃、奉請三界六道能化衆生済度地蔵菩薩摩訶薩、仰願者降臨道場授菩薩清浄大戒、……（永光寺所蔵、一六四九年書写、石川力山「中世曹洞宗切紙の分類試論（九）」〈『駒沢大学仏教学部研究紀要』第四五号　一九八七年〉一七四頁）

「亡霊授戒」

道場荘厳如常、壇上設地蔵菩薩牌、下肩設亡者牌、戒師向壇三拝、秉炉焼香微音唱云、南無一心奉請三界六道化導済度地蔵菩薩摩訶薩、唯願降臨道場、授菩薩清浄大戒、慈愍故、三唱（新潟県諸上寺所蔵、江戸中期書写、前同一七四—一七五頁）

このことも、中世に於て地蔵の職能が現世利益中心でなかったことの傍証となろう。

5 時衆

それでは中世に於て一大勢力であった時衆ではどうか。時衆もその展開に於て、地蔵信仰を取り入れていったが、具体的な地蔵の位置づけ・職能は不明な点が残されている。[24] 私が注目するのは、時衆が管理していた[25]『地蔵菩薩霊験記』中巻第十四話である。この話は信濃善光寺へ旅する聖が、曾我兄弟の亡霊に出会う話である。末尾には以下の様にある。

彼幻想ノ人々成仏得度ノ廻向シケリ。終ニハナドカ罪モ不滅乎。正ク是地蔵菩薩ノ化導ニ値奉テ利益十方ノ得益ヲ施ス者ナリ。（続群書類従版五八頁）

従って、時衆の怨親供養に地蔵が活用されていたと考えられるのである。

6　その他——日蓮宗・親鸞教団

日蓮宗では、室町時代以降、現世利益的祈禱と共に、死者鎮魂の儀礼を導入するようになる。[26] その過程に於て、日蓮に仮託される形で、「十王讃歎鈔」が成立する。その中で、地蔵は、閻魔の本地として位置づけられている。

五七日閻魔王、本地地蔵菩薩なり。（昭和新修日蓮聖人遺文全集版上巻六三頁）

親鸞教団（後の浄土真宗）でも、「十王裁断」・「十王讃嘆鈔」（いずれも『真宗史料集成』第五巻所収）[27] が成立している。これらは唱導に活用されたと考えられている。

本章を総括すると、法然浄土教の確立によって、地蔵信仰は現世利益中心になったわけではなく、依然として来世信仰的役割も担っていた。このことは説話や板碑だけでなく、各宗派に於ける地蔵の位置づけからも立証された。この点に於て古代から中世の地蔵信仰に大きな断絶は認められないのである。

四　地蔵像の個別化

前章では、地蔵信仰に関して、古代と中世には大きな断絶が無いことを確認したわけだが、やはり中世に於て変化した面もある。

その一つが地蔵像の個別化である。事例として、所謂矢取地蔵説話について考えたい。『今昔』巻十七第三話「地蔵菩薩変小僧形受矢語」は地蔵像が身代わりとなって、矢を拾い集めてくれたため、戦に勝つ話だが、特にこの地蔵像への信仰を鼓舞する話ではない。というのも、当該の地蔵像を安置する寺に関して「賀野ノ村ニ一ノ旧寺」・「平ノ諸道ガ先祖ノ氏寺」と名前を明示していないからである。

今昔、近江ノ国、依智ノ郡、賀野ノ村ニ一ノ旧寺有リ。其ノ寺ニ地蔵菩薩ノ像在マス。其ノ寺ハ、検非違左衛門ノ尉平ノ諸道ガ先祖ノ氏寺也。……戦カフ間、胡録ノ矢皆射尽シテ、可為キ方モ無カリケルニ、心ノ内ニ、「我ガ氏寺ノ三宝、地蔵菩薩ツ、我ヲ助ケ給ヘ」ト念ジ奉ル程ニ、俄カニ戦ノ庭ニ一人ノ小僧出来テ、矢ヲ拾ヒ取テ、諸道ガ父ニ与フ。……其ノ後、諸道ガ父ノ氏寺ニ詣デテ地蔵菩薩ヲ見奉ツルニ、背ニ矢一筋被射立タリ。……地蔵菩薩利生方便ノ為ニ悪人ノ中ニ交ハリテ、念ジ奉レル人ノ故ニ毒ノ矢ヲ身ニ受ケ給フ事既ニ如此シ。況ヤ、後世ノ事心ヲ至シテ念ジ奉ラバ、疑ヒ無キ事也、トナム語リ伝ヘタルトヤ。（前同三四二―三四三頁）

これに対して、巻十七第三話と同内容である『江洲安孫子庄内金台寺矢取地蔵縁起』では、当該の地蔵像が金台寺に安置されていることを述べた上で、当該の地蔵像の功徳を強調している。

其後岩蔵山に御堂をたて、此地蔵を安置したてまつる。いまの金台寺これ也。隣郷推立保に用水争論の時、合戦に討勝、いまに無相違事、此地蔵の威徳による事、以世かくれなし。（古典文庫版一一九頁）

こうした傾向は古代と中世との差異として全般的に見て取れる。『今昔』の地蔵説話に於て、個別の地蔵像を強調する記述は希薄である。例えば、第七話は、清水寺（播磨国）の地蔵像の奇瑞を主題とする話だが、その結びは、「其清水寺霊験掲焉ニシテ、于今国ノ人首ヲ挙テ詣ヅル所也、トナム語リ伝ヘタルトヤ」（前同三五四頁）とあり、主眼は、清水寺にある。第十三話は、落盤事故から、地蔵によって救済される話だが、その結果、周りの人が、言わば〝自分用〟の地蔵像を造り出すという筋であり、当該の地蔵像は強調されていない。

此ノ事ヲ聞テ、其ノ郡ノ内ノ人、多地蔵菩薩ヲ造リ奉テ、水銀掘ル時ハ殊ニ念ジ奉ケリ、トナム語リ伝ヘタルトヤ。（前同三六七頁）

無論、個別寺院の地蔵像の縁起譚というべき話もあるが、締めに「貴し」といった言葉は付加されておらず、個別の地蔵への信仰を強調していない。

此ヲ聞ク人皆地蔵菩薩ニ仕ケリ。此ノ極楽寺ニ在マス地蔵菩薩ノ像、此レ也、トナム語リ伝ヘタルトヤ。（第二十話・前同三八六頁）

法会ノ庭ニ来リ集レル道俗男女、皆涙ヲ流シテ、悉地蔵菩薩ノ霊験ヲ信ジ奉ケリ。其ノ地蔵菩薩ハ六波羅ノ寺ニ安置シテ于今在ス、ト語リ伝タルトヤ。（第二十一話・前同三八八―三八九頁）

これに対し、中世に成立した種々の地蔵縁起では、当該の地蔵の霊験を強調している。例えば、『矢田地蔵縁起』には霊験譚の締めとして以下のようにある。

奉安置当寺。今此地蔵是也。其後施種々霊験。垂様々利生。漂々焉。（古典文庫版九一頁）

また、『星光寺縁起』の末には、以下のようにある。

かくのことさの現証、其数つきす。あらあらしるしをく所なり。乃至法界平等利益。南無地蔵大菩薩。（古典文庫版一三五頁）

地蔵の個別化は、中世史料に、「六波羅の地蔵」(後述)・「桂地蔵」・「壬生の地蔵」といった、地名＋の＋地蔵、(28)という呼称が散見することからも首肯される。(『今昔』にはこのような呼称は存在しない。)

南都ニ尼公アリケリ。矢田ノ地蔵ヲ年来信ジ奉テ、二心ナク供養恭敬シ、名号ヲ唱ヘケルタビゴトノ始詞ニ、「福智院ノ地蔵モ、十輪院ノ地蔵モ、知足院ノ地蔵モ、マシテ市ノ地蔵ハ思ヒバシヨラセ給候ナ。南無ヤ尼ガ矢田ノ地蔵大菩薩」ト、唱ヘケリ。(『沙石集』巻七第十七話、日本古典文学大系版三一四頁)

九日。晴。聞。今日桂地蔵へ風流拍物参。……先年北山地蔵送如拍物云々。(『看聞御記』応永二十三年八月、続群書類従補遺三、三六頁)

古津の地蔵過ぎさせ給ひける時(『太平記』日本古典文学全集版第一巻一〇五頁)

川内の国、やをのぢざうのためには……(『天正狂言本』日本古典全書版二六五頁)

また、中世に於て、地蔵巡礼が発生、定着した(29)ことも個別化の傍証となろう。

二十四日遙拝、参六地蔵西院 壬生 八田 屋弥葺 清和院 正藤町 西洞院(『資益王記』文明十四年七月、『改定史籍集覧』第二四巻五六七頁)

五　職能の明確化

こうした地蔵の個別化と並行して、個別の地蔵の職能が明確化してくる。例えば、『宝物集』によると、「六波羅の地蔵」は、その職能から、「山送りの地蔵」とも呼ばれたとされている。

東山の辺にすむ女ありけり。ちかきほどなれば、六波羅の地蔵へぞつねにまいりける。この女、母をもちたりけるに、をくれにけり。とかくしてとらすべき人もなかりければ、ただひとりまもらへて、なきゐたりければ、なま夕ぐれに、僧の一人来りて、「何事をかくはなげき給ふぞ」ととひければ、かかる事のあるといひければ、「やすき事にこそ侍るなれ」とて、かきおひて出にけり。うれしなどもこともをろかなり。そののち、この僧かきけすやうにみえず。これは地蔵のし給ひなめると思ひて、忌あきてまいりてみれば、御あしにつちつきてぞたちたまひたりける。それより、この地蔵をば山送りの地蔵と申侍るなり。（新日本古典文学大系版一八〇頁）

前述の近江金台寺の地蔵像もその職能から、「やとり（の）地蔵」と呼ばれていたことが複数の史料から確認できる。

蚊野村愛智郡孫子庄平諸道願ヤトリ地蔵申（教王護国寺観智院蔵「地蔵菩薩霊験記絵詞」古典文庫版四八頁）

矢をひろひて、御方にくはりたまひしによつて、矢とりの地蔵共申也。（「江洲安孫子庄内金台寺矢取地蔵縁起」古典文庫版一一九頁）

また、清水寺の地蔵像も一三〇〇年頃より「勝軍地蔵」と呼ばれる[30]ようになった。

釈ノ延鎮は報恩法師の徒なり。清水寺に居り、坂ノ将軍田村と遇ふ、因つて親友となる。……官師賊と鋒を交へ、官軍矢尽く。時に小比丘及び小男子ありて矢を拾つて将軍に与ふ、将軍之を異とす。……鎮曰く「我が法の中に勝軍地蔵・勝敵毘沙門あり、我れ二像を造つて供修せるのみ」と。……乃ち殿に入りて像を見るに、矢の瘢、刀の痕其の体に被むり、又泥土脚に塗らる。（『元亨釈書』第九巻十六話、国訳一切経版一八二頁）

これ以外にも「こやすの地蔵」・「屋根葺（の）地蔵」という呼称が確認され、個々の地蔵の職能が明確化してきたことが窺える。

衆生の、うしろまへにたちそい、母子ともにかわり、目をやみ、子をまふくるものには、たいらかに、まふり給ふゆへ、こやすの地蔵とは、申すなり（「子やす物語」『室町時代物語集』第四巻四七四頁）

大かせ家を吹やふりて、立よるへきやうもなし。……若き法師とも、四五人来て、時のまに家をふき、ゆゆし気に修理なとしてかへりぬ。……夢に、当寺の地蔵あらたにおはしまして云、汝かふかく我を憑みたるに、家をなをしおはりぬ。……其後より人皆屋ねふきの地蔵とそ申ける。（『星光寺縁起』前同一二五—一二七頁）

二十七日戊辰晴、星光寺号屋根葺地蔵、縁記絵詞依□□仰中書沙汰進之了（『実隆公記』文明十九年正月の条、続群書類従完成会版一之下七五四頁）

六　他の菩薩との関係(1)——現世利益

しかしながら、個々の地蔵の職能の明確化であって、これらの職能が地蔵特有のものとして定着していたわけではない。室町時代には、「子安の地蔵」という呼称が存在していたことは先に確認したが、子安が地蔵特有の職能として徹底していたわけではないのである。例えば、『観音利益集』には、観音が子供の病気を治す話がある。

子息ノ小童、重病ニ沈ミテ、……或時イツクヨリトモナクテ、一人ノ童子来テ云様、我心ミニ加持セムト思也ト云、大夫悦テ掌合テ拝ケリ、即千手陀羅尼ヲ誦スルニ、病忽ニヤミヌ、サマサマノ物ヲ布施ニアタフルニ、イツレヲモ請取ス、多クノ物ノ中ニタタサケサヤノ小刀ハカリヲ取リテケリ、父母云争此恩ヲ可奉、イツク所ニ御坐スソト申ニ、我ハ紀伊国那賀郡粉河寺ニアルナリト云テ帰ニケリ、……金色ノ千手観音ノ像立給ヘリ、能々ヲカミタテマツレハ、アリシ時童子ノ布施ニセシサケサヤノ小刀、此施無畏ノ御手ニカカレリ、……（第一話・古典文庫版一四八—一五〇頁）

昔元興寺ノ僧景善ト云物ノノ童俄ニ病付テ、万事カキリナリ、次第ニヲモリテタノミナク見ヘケレハ、景善人力ニテハ叶フマシキコトヲ覚リツツ、イソキ長谷寺ニ病人ヲ具シテ詣リテ、是ヲ祈リケルホトニ、病人俄託旨シテ云、我ニ物クワセヨト云、タレニテ御坐スト尋ヌルニ、我当山長谷ノ護法ナリ、大悲ノ勅ヲカフリテ、病者ヲ助ケンタメニ来レルナリト答ルニ、種々ニ饗応シテアリケレハ、一時ハカリアリテ、病ノコヒスツルコトクニ止ミテ、本ノ人心地ニ成リケリ、観音ノ御助ケカタシケナクアリカタキ事カナ、弘仁七年ノ事ナリケリ、（第三話・前

同一五二―一五三頁）

さらに江戸時代以降、「子安観音」という名称が一般化していったこと並びに古より「子安釈迦」（現埼玉県戸田市妙顕寺等）[31]も存在することからもこのことは首肯されよう。

また、身代わりについても同様のことが言える。管見の及ぶ限り、中世に於て、「身代わり地蔵」[32]という名称は確認できないが、代わりに戦ってくれる「矢取地蔵」（前述）や以下の、代わりに田植えをしてくれる話などは、身代わりの職能と言っても良い。

この女、そのあたりに田を二たんもちたりけるを、としごろは、子なりけるおとこの作りてとらせけるが、いかなる事かありけん、六月までつくらざりけるを、なげきて、「としごろたのみたてまつれる地蔵、人にておはせましかば、この田をつくりてくれ給ひてまし」といひてふしにけり。夜あけてきけば、「きのふまで手もふれざりし田を、夜のまにうへてける」と云ふものをりければ、我田の事かとおもひて、いそぎおきて見れば、わが田のうへられてぞありける。近くよりてみれば、田の中に鼠の足跡のやうなるものぞありける。地蔵のし給へる事なめりと思ひて、みれば、御足に泥うちつきてぞおはしましける。（『宝物集』前同一七八―一七九頁）

その一方で、『観音利益集』には、観音が身代わりとなって刀を受ける話がある。仏像が代わりに傷つく点は「矢取地蔵」の話と類似している。

仏師京ニ帰リ登ル時、人夫伝馬ニ至マテ沙汰シ当ヘテ、施主思様、此禄物莫大ナリ、……仏師登ル所ヲ只一矢ニ射コロシツ、サテ日此当ルホトノ禄物ヲウハヒ取リテ、返リテ此ノ観音ヲ奉拝、御頸ホトヨリ血流出テテ、……此事ヲツクツクト案スルニ、仏師カ身ニ観音カハリテ疵ヲカフリ給ケリト思ヒ、（第十六話・前同一七二―一七三頁）

『宝物集』には不動が身代わりになった話もある。

本尊、絵像の不動尊にむかひて、「今生の命は師にかはる。ねがはくは、明王、臨終正念にしてころし給へ」とい

ひてぬかづきければ、絵像の不動尊、眼より紅の涙をながして、「汝は師に、我は行者にかはらん」とのたまひて、

証空病やみ、智興命いきぬ。（前同一八二—一八三頁）

「身代わり地蔵（観音・不動）」という名称が確認されないにせよ、同時代に身代わりの職能が共に存在していたことは事実である。（無論、〝身代わり〟と一括りしていいかは別問題である。）

七　他の菩薩との関係(2)——後生善処

1　西方浄土への引導

このことは、後生善処に関しても同様である。前述の如く、中世に於て、地蔵は古代同様、西方浄土への引導の職能を担っていた。しかし、地蔵特有の職能では無かった。『観音利益集』には以下の様に、観音の引導によって西方浄土へ往生する話がある。

法花経ヲ読誦シ、観音ヲ念シ奉リテ、ヲワリニ巡次ノ往生ヲトケタリケリ（第二三話、前同一八六頁）

毎月十八日諸山ニ来テ菩薩ヲ奉拝云、敬礼導師観音抜済我等三有苦、亦救有情六道業即共同生安楽国、（第十九話・前同一七八頁）

また、先に引用した『熊野の御本地のさうし』の記述もこのことの傍証となろう。

2　地獄からの救済

まず確認しておくと、前述の如く『今昔』に於て、地蔵は地獄からの救済者でもあった。しかしこれは、地蔵特有の職能では無かった。例えば、巻十四第七話には以下のようにある。

父母忽ニ女子ノ為ニ法花経ヲ書写供養ジ奉リツ。其ノ後、父ノ夢ニ、彼ノ女子微妙ノ衣服ヲ着テ、掌ヲ合セテ、父ニ申ク、「我、威力、観音ノ御助ニ依テ、立山ノ地獄ヲ出デテ、忉利天ニ生レヌ」トゾ告ゲケル。（前同第一巻四二八頁）

また、『今昔』には地蔵閻魔一体論も見られなかった。(33)

これに対し、中世になると、十王信仰の輸入とともに、地蔵閻魔一体論が浸透するようになる。

（補―地蔵は）身を二十五にちらして二十五有をすくひて、あるいは十王と成て中有の旅人をやどし、あるいは閻魔王となりて罪人をたすけ（『宝物集』前同一七八頁）

「汝不覚なり。閻浮提にしては、我を地蔵菩薩と称す」とのたまふを聞きて、さは閻魔王と申すは、地蔵にこそおはしましけれ。（『宇治拾遺物語』巻六第一話、前同二二四頁）

閻魔大王は、本地地蔵菩薩なり。（原漢文、『私聚百因縁集』巻四第五話、仏書刊行会、大日本仏教全書第一四八巻六六頁）

幾つかの宗派が十王信仰を受容していたことも、地蔵閻魔一体論の浸透を示している。

しかしだからと言って、地獄からの救済が地蔵の特有の職能になったわけではない。依然、観音も地獄からの救済を行なうと信じられていた。(34) 例えば『観音利益集』には以下のような説話が収められている。

昔大和国央田郡ノ広継ト云物アリケリ、病ヲ受テ日来ヲ送ニ、次第ニ大事ニナリテ、早死ニケリ……家ノ内ノ物心ヲヒトツニシテ、願ヲ立テテ、南無長谷ノ大悲観音、此ノ命チ助ケ給ヘト、恭敬礼拝シテ祈申ケリ、一日一夜ヲ経テ、イキカエリニケリ、妻子ヲ始メテ悦ヒアエルコトナノメナラス、広継語リケルハ、我地獄エトヲホエテ趣ムキ侍リツルニ、道クラクシテ東西ヲ弁ヘサリツルニ、虚空ノ中ニ人ノ声在リ、我ハ長谷ノ人ナリ、ナニノユヘニカココニアルヤトノ給ト思ヒテ、夢ノ覚ムルコトクニ覚エテアリツルナリト云テ、其後イタキ所モ、日コロノ病モコトコトク失セテ、立チ所ニヨクナリニケリ（第七話・前同一五八頁）

また、『私聚百因縁集』巻六第十五話には、以下のようにある。

爾時大悲観世音、文侍に告げて曰く、「汝の父、大焦熱地獄に在り。焼煮の苦を受く。汝、我像を図れば、我、彼の地獄に往て、光を放ち地獄の苦を救ふ法を説かん」と。（原漢文、前同一〇八頁）

十王信仰が定着した室町時代でもこのことは当てはまる。『長宝寺よみかえりの草紙』では、閻魔・十王が登場するにも関わらず、不動と観音が主人公慶心の救済を懇願している。（地蔵は登場しない。）

わかてらの、十一めん（補—観音）にて御いり候、……ゑんまのたいさに、御いり候て、おほせ候やう、此けいしんを、是ゑめされ候て、あとのさはき申はかりなし……けいしんはう、しして候はは、満せすして、こまたんを、やふり候はん。しかるへくは、かへしてたまはり候へとて……又、ふとう、おほせ候、……われをしんして、きせいし、こまおたかせ、いろいろに、かんたんをくたき、いのりしゆへに、ふひんに思ひ候、……いそき、御もとし候へ、ひつしのときすき候はは、えもとり候ましと、おほせ候へは、ゑんま、われも、ととめんとはおもはす、……いそき、かへし候へしとて……（『室町時代物語大成』第九巻三六三頁、一部句読点を補った。）

なお、「志度寺東閻魔堂記」（一四八二年奥書）には、地蔵・観音・閻魔を一体とする論が見られる。

琰羅を以て観音の応化と為する者あり。地蔵の応化と為する者あり。并て按ふべし。蓋し三即一なり。豈に異身ならんや。（原漢文、『香川叢書　第一』七二頁）

従って、地獄からの救済が地蔵特有の職能として定着していたわけではないのである。(35)

結　び

本稿を総括すると、以下のようになる。

①古代・中世の地蔵信仰に於て、一部先行研究で指摘されるが如くの、大きな断絶は認められない。

②中世には、地蔵信仰の深化・普及に伴い、地蔵像の個別化・職能の明確化が進んだ。しかし、地獄からの救済は地蔵特有の職能でなかった如く、他の菩薩（特に観音）との差別化が徹底した訳ではなかった。(36)どの論文でもそうだが、当然、筆者が目にした史料から、論考はなされている。特に、今回はからずも各宗派における地蔵の位置づけ、観音信仰との比較といった大きな問題に論及せざるをえなかった。至らない点については今後の課題としたい。

＊引用史料の内、異体字を直した箇所がある。

注

（1）桜井徳太郎は以下のように述べている。「地蔵信仰の歴史的研究は、中・近世に手薄である。この期の史料が少ないとか信仰が不活潑であったというのではなく、むしろ資料が多く、地域的にも広く深く機能したが故に、かえって全体をつかまえるのに通り一遍の力のいれようでは成功しないからであろう。」（桜井編『地蔵信仰』〈一九八三年、雄山閣〉二九九頁）。

（2）全五〇話のうち、第一―三二話が地蔵説話であり、巻十七の中核をなしている。『今昔』巻十七の史料価値については、拙稿「日・中地蔵信仰比較研究試論」（『比較民俗研究』第七号　一九九三年）参照。なお、『今昔』にはその他、巻六第三十三話・巻十三第十五話に地蔵が登場する。

（3）渡浩一は『今昔』に於ける阿弥陀・観音・地蔵を比較し、地蔵の救済機能は罪穢の浄化にあることを明らかにした。「平安末期民間地蔵信仰の構造―民間地蔵信仰の一考察（下）―」（『仏教民俗』第五号、一九八〇年）。

（4）井上光貞『新訂日本浄土教成立史の研究』（一九七五年、山川出版社）二四六頁。

（5）菅原征子「平安末期における地蔵信仰」（『史潮』九六号、一九六六年、桜井編『地蔵信仰』前掲に再録）再録版一八八―一八九頁。

（6）速水侑『観音・地蔵・不動』（一九九六年、講談社現代新書）一七五頁。

（7）前同一四四頁。

(8)『平凡社大百科事典』・平凡社『日本史大事典』(いずれも速水執筆)。
(9)渡浩一「中世地蔵説話概観」(『東洋大学大学院紀要』二〇号、一九八四年)。
(10)和歌森太郎「地蔵信仰について」(『宗教研究』一二四号、一九五一年、桜井編『地蔵信仰』前掲に再録)。
(11)岡崎譲治編『浄土教画』(一九六九年、至文堂)九一—九二頁・渡浩一「中世地蔵説話概観」(前掲)。
(12)服部清道『板碑概説』(一九七二年、角川書店)三七三—三八五頁。
(13)三宅久雄「満願寺の菩薩・地蔵立像」(『Museum』三一六号、一九七七年)。
(14)法然の地蔵観については拙稿「法然浄土教における地蔵誹謗」(『日本思想史学』第二五号、一九九三年)参照。
(15)所謂〝破地獄偈〟については、渡浩一「華厳経破地獄偈をめぐって」(説話・伝承学会編『説話——救いとしての死』一九九四年、翰林書房)に詳しい。
(16)『地蔵菩薩応験記』(『地蔵菩薩像霊験記』)は従来、続蔵経に収められた『地蔵菩薩像霊験記』が使用されてきた。近年の論文でも続蔵経本を使用するものがある。しかし、梅津次郎が発見・活字化した『地蔵菩薩応験記』の方がはるかに意味が取りやすく、また、良忠や宗性が「地蔵応現記云」・「地蔵菩薩応験記云」と引用していることからこちらが原題であったと考えられる。詳しくは、梅津次郎「常謹撰「地蔵菩薩応験記」公刊に際して」(『大和文化研究』一〇〇号、一九六六年)、牧野和夫「常謹撰『地蔵菩薩応験記』和訳絵詞、その他」(『実践女子大学文学部紀要』第三三集、一九九一年)、拙稿「『地蔵菩薩応験記』の基礎的研究」(『日本文化研究』第三号、一九九二年)参照。活字化されたものは、『大和文化研究』一〇一号(一九六六年)に掲載され、梅津次郎『絵巻物叢考』(一九六八年、中央公論美術出版)に再録された。
(17)良忠と良遍との関係については、坂上雅翁「南都浄土教と良遍上人の教学」(良忠上人研究会『良忠上人研究』一九八六年光明寺)・静永賢道「良遍と良忠上人」(前同)に詳しい。
(18)梶谷亮治「日本における十王図の成立と展開」(『仏教芸術』九七号、一九七四年)、中野玄三「六道絵」(『六道絵』特別展目録 一九八二年 京都国立博物館、坂本要編『地獄の世界』一九九〇年、北辰堂に再録)。このことは速水も認めている。速水『地蔵信仰』(一九七五年、塙書房)一二四頁。
(19)平岡定海『日本弥勒浄土思想展開史の研究』(一九七七年、大蔵出版)五三九—五五〇頁参照。
(20)桃崎祐輔「氏家の中世と仏教」(ミュージアム氏家 中世 神無月セミナー「中世社会と神仏を巡る諸問題」二〇〇〇年十月二十九日配布資料)。

(21) 安藤直太朗「今昔物語集・巻十七・出典考」(『国語・国文』一九巻一号、一九五〇年)。
(22) 渡浩一「近世地蔵説話集と地蔵縁起」(『武蔵野文学』三三号、一九八五年)。
(23) 日本古典文学大系の解説では、神宮文庫本を「永仁・徳治の両度にわたる無住加筆の原識語を有する書で、その本文は、流布の刊本とほぼ同一であるが、流布の刊本が欠く説話、或は流布の刊本に所を得て記載されている説話・経典の釈義などを、裏書として示しているものも多く、岩瀬文庫本と共に、略本系諸本の完本として、注目すべき書である」と高く評価している。
(24) 今井雅晴「時宗と地蔵信仰」(和歌森太郎編『日本文化史学への提言』一九七五年、弘文堂)。
(25) 角川源義「妙本寺本曾我物語攷」(『妙本寺本曾我物語』一九六九年、角川書店、『角川源義全集　第二巻』一九八七年、角川書店に再録)。
(26) 圭室諦成『葬式仏教』(一九六三年、大法輪閣)一八四—一八六頁、松村寿巌「日蓮宗における十王信仰の受容について」(『印度学仏教学研究』第一九巻第二号、一九七一年)。
(27) 『十王讃嘆鈔』について補足すると、日蓮宗のものと大凡同内容だが、「阿弥陀如来、罪悪深重ノ衆生ヲ化ンカ為ニ忝モ果徳仏身ヲ隠シテ、且ラク六道能化地蔵ト顕シ玉ヘル也。」(前同二四九頁)等、独特の記述もある。
(28) 漢文体の史料では判別できないが、当時の和文体の史料や江戸時代の『三国因縁地蔵菩薩霊験記』、『延命地蔵菩薩経直談鈔』等を分析すると、「の」が取れるのは概ね、十八世紀以降である。詳しくは拙稿「地蔵の名字・再考」(『北陸宗教文化』一二号、二〇〇〇年)参照。
(29) 真鍋広済「六地蔵と六地蔵巡り」(『地蔵尊の研究』一九四一年、冨山房、真野俊和編『講座　日本の巡礼　第1巻　本尊巡礼』一九九六年、雄山閣に再録)。
(30) これ以前の清水寺の史料には「勝軍地蔵」の名は登場しない。また勝軍地蔵の名は、多武峰の方が古い(『多武峰略記』一一九七年成立)。詳しくは、首藤善樹「勝軍地蔵信仰の成立と展開」(『龍谷大学大学院紀要』一号、一九七九年)、拙稿「地蔵の名字・再考」(前掲)参照。
(31) 柳田国男「子安の石像」『定本柳田国男集』二七巻(一九七〇年、筑摩書房、初出一九一一年)。寺伝によると、日蓮が開眼したものという(寺伝は『戸田市史・民俗編』に所収)。この伝承に従えば、子安釈迦は鎌倉時代にまで遡れるのだが、文献的に確認できるのは江戸時代である。

（32） 圭室諦成「治病宗教の系譜――中世後期を中心として――」（『日本歴史』一九六三年十一月号）では、「中世後期すでに頰焼地蔵・身代わり地蔵という、自分の一身を犠牲にして信者の危険を救うという奇特な地蔵を、つくりだしている」とあるが、史料的根拠は不明。中世地蔵説話の集大成を目指した『三国因縁地蔵菩薩霊験記』（一六八四年刊）にも「身代わり地蔵」（並びに「頰焼地蔵」）という名称は確認できない。『延命地蔵菩薩経直談鈔』（一六九七年刊）に至って、「身代わり地蔵」の名が見いだされる。（巻七第四四・四五・四六話、いずれも八坂十輪院）

（33） 『日本霊異記』には、地蔵・閻魔一体説がある（下巻第九巻）。ただ、『今昔』や『今昔』の地蔵説話の源と考えられる『地蔵菩薩霊験記』（現存本は室町時代に改編されたもの）にはこの思想が見られないことから、古代の日本にはまだ地蔵・閻魔一体説は定着していなかったと考えられる。『地蔵菩薩霊験記』に関しては、拙稿「『地蔵菩薩霊験記』を巡る諸問題」（『北陸宗教文化』一三号、二〇〇一年）参照。

（34） このことは既に、William R. LaFleur に指摘されている。"Liquid Life" 1992 Princeton University Press p.43.

（35） 周知のとおり、賽の河原から子供を救済するのは地蔵のみである。しかし、賽の河原に関してかなり古い文献である慶長八年（一六〇三）写本『富士の人穴の草子』（『室町時代物語大成』第十一巻所収）の賽の河原の記述には地蔵の救済が触れられていない（前同四三六頁）。従って、本稿ではとりあえず、論及の対象としない。

（36） もう一つだけ事例を挙げると、『今昔』巻十六第十七話「備中国賀陽良藤為狐夫得観音助語」は、その後、『観音利益集』第四十五話や『元亨釈書』巻二十九第七話に継承される一方、『狐の草紙』（『室町時代物語大成』第四巻所収）では、地蔵霊験譚に形を変えてしまう。このことも観音と地蔵とがさほど区別されていなかったことを示している。

〈主な参考文献〉 ＊註で言及したものを除く。

岩本裕『地獄めぐりの文学』（一九七九年、開明書院）。

尾崎勇・小川輝夫・稲垣泰一『軍記と説話の表現』（一九八八年、教育出版センター）。

真鍋広済『地蔵菩薩の研究』（一九六〇年、三密堂）。

毛淑華「閻魔信仰に関する日中比較研究」（『比較民俗研究』一五号、一九九七年）。

阿倍恵久子「地蔵と子安神信仰」（『日本民俗学会報』一六号、一九六一年）。

渡浩一「幼き亡者たちの世界」（明治大学人文科学研究所編『「生と死」の図像学』一九九九年、風間書房）。

堤禎子「中世、地蔵信仰のトポス上・下」(『月刊百科』三五五・三五六号、一九九二年)。

中村元「奉仕の精神」(『日本宗教の近代性』一九六四年、春秋社)。

坪井俊映「鎌倉における良忠上人」(『芸術浄土』第三号、一九七七年)。

日置孝彦「東国浄土教における良忠上人」(『仏教文化研究』第三二号、一九八七年)。

橋本直紀「縁起と語り物——十王経と御伽草子・談義本」(『国文学 解釈と鑑賞』一九八六年四月号、坂本要『地獄の世界』一九九〇年、北辰堂に再録)。

拙稿「貞慶の地蔵信仰」(『倫理学』一二号、一九九五年)。

〈キーワード〉地蔵　法然浄土教　沙石集　忍性　観音

舎利信仰と贈与・集積・情報の日本中世史

ブライアン・小野坂・ルパート

一　東アジアにおける日本の舎利信仰の位置づけ

本稿のテーマである舎利信仰[1]について考えてみると、まず舎利とは誰の遺骨なのか、どこから請来されたのか、という疑問が浮かぶであろう。そして舎利その物の魅力・不思議さに惹かれるのである。仏教の聖人の遺骨崇拝はキリスト教の聖人遺骨信仰より早い時期から始まったが、同じように発展した。例えば小乗仏教では、八聖道を歩んだ羅漢がキリスト教の聖人と同じく遺骨を残した。ピーター・ブラウン氏によれば、中世のキリスト教徒にとって、安置された遺骨は人間の罪と死を越えた物であった。というのは、「特別な死者」の遺骨そのものが罪と死を克服した証と見なされていたからである。聖人の遺骨は、人間の死への不安に対する希望、つまり、救いを約束する象徴だったのである[2]。

また聖人の遺骨にたいする巡礼は盛んであったが、聖地の巡礼とは違う論理で行われた。なぜなら遺骨は聖地と違い、可動性があったからだ。即ち、遺骨を巡礼することよりも、それを様々な別の場所に移動し、分配することが聖人遺骨信仰の中心となった。それ故遺骨が盗難されることもあった。更に、遺骨の可動性は、社会的・政治的な意味も持っており、ヒエラルキーの媒介として人を繋ぎ、中世社会の権力構造にとって大切な役割を果たした。キリスト教聖職者のエリート達は、遺骨を贈り物として地方の教徒に贈与し、ヒエラルキー・権力関係を作ること、若しくはそれを再生することを狙っていたと思われる。即ち、聖人の遺骨を持つ人は、その霊験の持ち主にもなれたのである。

仏教における聖人遺骨信仰も、キリスト教のそれと極めて似ていた。イエスの周辺にいた聖人と同じように、羅漢は釈迦の弟子であり、死んだ後には遺骨崇拝の対象になった。しかし、仏教の遺骨崇拝を考えると、教祖である釈迦の茶毘に付された遺骨、すなわち仏舎利に対する信仰は舎利信仰の中心であり、羅漢舎利信仰より大変盛んであった。そして仏舎利やそれらを安置した舎利塔は、仏教史の中で独特な信仰の対象になったのである。それ故、東アジアの舎利信仰を理解するためには、舎利信仰と関連する釈迦の菩薩行を語る本生譚を詳細に分析する必要があると考えられる。

では、日本の僧侶や在家社会はどのように舎利に出会ったのか。またその出会い以降、舎利に対する信仰はどのように成立したのか。本稿では二つのテーゼを挙げたい。一つは日本の古代・中世社会は「仏舎利」・「舎利」の多面性を東アジア大陸から受け継いだという点である。それ故日本の舎利信仰は、東アジアの仏教史の本生譚や舎利供養や功徳・回向思想という語り・儀式・概念の多面性というコンテクストの中で考えるべきではないだろうか。またもう一つは日本の中世社会が、舎利を権力や死後の問題に関して多面的に扱った点である。即ち、皇室、公卿、仏教寺院や武士は、大陸の仏舎利文化を踏まえた上で、釈迦への純粋な崇拝の気持ち、敬虔であること、あるいは信心深さの現れとしての舎利信仰だけでなく、様々な過程を経て独自の舎利信仰を発展させたと考えられる。

二　東アジアの中の日本社会と舎利との邂逅

初期の仏教では、本生譚や舎利の多面性は、文学よりも美術的・考古学的な面によく現れている。例えば、紀元前二―一世紀に建立された仏舎利塔には本生譚絵が描かれており、その主なモチーフは釈迦の前世に菩薩行として行った布施についてである。釈迦の布施における舎利信仰に関係するテーマは二つあり、一つは菩薩の究極的な布施として知られる、捨身行という命を捧げる行為である。これは、日本を含め、東アジアでよく知られている二つの有名な本生譚に描かれている。例えば『大智度論』[3]や経典には尸毘王の鳥に対する捨身行が描写されており、また『金光明最勝王経』などは摩訶薩埵王子の虎への捨身行を描いている。しかも、『最勝王経』では、釈迦はその前世に捨てた身から残された舎利と安置した塔を弟子に見せ、仏教徒にとってこの捨身行をした仏陀が最高の福田（布施の対象）であると説法しているのである。[4]この話は、塔・舎利塔が供養の功徳と釈迦の布施の繋がっている聖なる場であることを想起させ、信者に強く訴えたと思われる。つまりこれは、前述した多面性の基本例の一つになる。修辞学的に見れば、この話は、信者が塔を建立することで、釈迦の前世の捨身行に報恩することができるのだ、という儀式的論理・モチーフを表現するものと考えられる。つまり仏教徒は、報恩として宝物や捨身行を供えることによって、この釈迦の説法に応え、その多面性を再実現した。

もう一つのテーマは、多くの場合、その本生譚に描かれている菩薩が王や王子である、という点にある。後の仏教文学には、本生譚の中で菩薩の恩とみなされた捨身行に対して、阿育王や他の仏教徒であった王侯貴族が究極的な布施に準じるとされる行為、例えば莫大な宝物を供えるという布施行為、あるいはその動機がよく描写されているのである。[5]しかし、阿育王や東アジアの王侯貴族は、釈迦の布施という行動を真似するだけではなく、釈迦の捨身行に対して報恩するという動機もあった。このように仏舎利の流通・塔の建立を含む他の布施は、釈迦の布施の擬態であり、同時に釈迦の布施に対する報恩の儀式でもあったように表現されている。それ故このテーマは、多面性のもう一つの基本例になると考えられる。

舎利信仰の広まりは、釈迦からの時間的・空間的な隔たりに対する不安を象徴する末法思想にも関連があると思われる。しかし、その歴史的な意味はそのような問題に限らないのではないか。日本社会では、古代から、他の東アジア社会と同じく、「舎利」と「塔」の多様な歴史的意義を意識していたと考えられる。即ち、考古学的史料は、南アジアから東アジアにかけて、塔の建立や供養が仏教の経済に不可欠な役割を果たしていたことを示しているのである。[6] 舎利塔建立のためには、まず舎利をその建立地まで請来しなければならなかったし、また塔の建築材料も必要であった。東アジアの王侯貴族は、仏教の檀越として、塔の装飾のために莫大な金品を費した。このことは、仏教の国際化や布教を促しただけではなく、富の流動化にも影響を与えた。また彼らは、舎利の巡行・供養にも出資したので、舎利を公の場に披露し、一般の人々の目に触れる機会を増やし舎利信仰を更に広めることにも貢献したのであった。[7]

こうした舎利の請来や塔の建立は、前述したように、王侯貴族にとっては彼らの仏教に対する布施（贈与）を公にすることができたし、また釈迦の布施・捨身行に対して報恩するための儀式ともなった。塔に本生譚が描かれた理由は、そのような報恩の目的にあったと思われる。中国の法顕（四―五世紀）は、その巡礼記にインドやスリランカの舎利塔の本生絵や舎利巡行の本生説法を記しているので、東アジア人が菩薩行である捨身と舎利信仰との関連を意識していたことが見受けられる。[8] また玄奘（六〇〇―六六四）も、インドの舎利塔を巡礼し、阿育王の布施として建立された舎利塔と本生譚の捨身行の関係を記した。さらに、よく知られているように、中国でも舎利塔だけではなく、阿育王伝説で有名になった捨身行や舎利関連の無遮大会が行われていたのであった。[9]

文学における「舎利」の記述を検討してみると、仏教文学などには、「舎利」の独特な文学上の意味も見受けられ、古代や中世日本の貴族社会も舎利の多面性を認識していたと思われる。例えば『日本書紀』には、司馬達等が舎利を発見し、その霊験を認識していたことが記されている。[10] この話は、中国仏教の文献にも見出されるので、その影響がよく理解できるであろう。[11] つまり、東アジア人にとって舎利は、信者の「如意」、つまり願いを叶えるパワーを持つことが日本古代の文献にも表現されているのである。

また経典の舎利に関する記述は、古代より、舎利や塔への信仰に影響を与えてきたと思われる。『法華経』が国分寺の塔に安置されたことは有名である。しかも、『法華経』にかぎらず、『浴像功徳経』・『造塔功徳経』・『金光明最勝王経』などの経典には、舎利の霊験やその檀越であった王の行為が詳しく描写されている。更に舎利供養や本生の菩薩捨身行を描く『最勝王経』は、御斎会において中心的テクストとされていた。これらの経典には、信者が舎利供養をし、釈迦が本生で布施をしたのと同じようにすれば、多くの功徳を得、死後に悟りや極楽往生が約束される、と記されているのである。その上、歴史上の舎利記述も目立つ。八世紀には、日本の仏教徒は阿育王の舎利塔の建立（いわゆる阿育王塔）や、中国にあると言われていた阿育王塔の話を知っていた。また朝廷では、舎利・塔や布施の関連を知られていたので、全国の国分寺に塔を建立する計画をした。[12] 称徳天皇は、陀羅尼を安置した百万塔（小塔）を建立し、奈良や難波の十大寺に供養した。[13]

さらには七世紀以降、中国に巡礼した日本の僧侶が、しばしば舎利を日本に持ち帰ることもあった。例えば『続日本紀』の道昭（六二九―七〇〇）伝には、道昭は玄奘の下で勉強した後、舎利や経論を授かったと述べられている。[14] そして道昭以降、舎利の請来を記録した史料は、次第に増えて来るのである。鑑真（六八七―七六三）の持ち帰った三千粒の舎利は、『唐大和上東征伝』に記録されている。[15] 更に空海の持ち帰った八十粒の舎利は大変有名である。[16] この時代には、他の入唐僧も頻繁に舎利を手に入れていたようである。特に真言宗の円行や恵運、天台宗の円仁は、多くの舎利を中国から請来した。[17] 円仁の『入唐求法巡礼行記』には、法相宗の霊仙三蔵は多大な援助を受けた嵯峨院に経典と

「一万粒」の舎利を献上した、と記載されている。[18] 円行の『請来道具等目録』によれば、持ち帰った三千粒の内の二千七百粒が霊仙から授けられたということである。それ故、霊仙は、かなりの数の舎利を保有していたのであろう。[19] しかも同書には、霊仙が舎利を献上した七年後、朝廷が大宰府を通じて観世音寺の僧侶光豊に舎利五百粒を周辺の国分寺や定額寺に安置させたことが記録されている。[20]

三　中世前期の日本社会における舎利の多面性(1)——一代一度仏舎利奉献

前述したように、少なくとも十世紀までには、僧俗社会では舎利の多面性をよく認識していたと、考えられる。舎利についての語りは、東アジアの仏教文学を通じて、日本の六国史や仏教記録・文学に広まった。しかもそれぞれの文献は、概念のレベルで、舎利供養や造塔の功徳や回向を強調したのである。即ち、皇室や公卿は、かつての東アジア・日本の王侯貴族が舎利を獲得しようとしたことを知っていたので、同じように舎利を宝物として考えていたと思われる。また、彼等は仏教思想的には舎利供養・造塔によって善根を積み、功徳を得、若しくは回向することが出来ると考えていたのであろう。つまり、中世前期日本の様々な社会的集団は、こうした前例（つまり既成仏教における文学的・思想的意義を持つ舎利経済）を認識していたので、改めて舎利を儀式のレベルで適用し、その関連の捨身、恩、宝物、パトロンのモチーフを再生産することが出来たのである。しかも、こうした前例に基づく一般的な用語の意味と同時に、社会集団がそれぞれ独自の用語の解釈を見出した。そのために舎利の意味は、より多面的になったと言える。

一例をあげると、仏舎利は、九世紀後半から十三世紀半ばにかけて、即位・大嘗会の後にほぼ毎回、「一代一度仏舎利」として、五十五若しくは五十七の大社に奉献されていた。例えば、藤原道長の黄金時代の奉献は様々な日記類によく描かれている。源経頼（九八五―一〇三九）は、『左経記』において、次のように語っている。

（寛仁元年十一月）廿七日（中略）余奏可被奉諸社仏舎利日時、今月卅日作入舎利壺塔（後略）

卅日　甲子　早旦参侍従厨家庁、是来月廿一日、五畿七道諸神為被奉仏舎利、今日於此所、為令始作可・（入カ）舎利銀壺并可入壺厚朴木多宝塔等（後略）(21)

左少弁の経頼は、行事弁として一代一度仏舎利の準備を担当していたので、具体的にその支度を説明している。

この引用から、宮廷内部で行われた準備の様子が垣間見える。これによれば一代一度は、完全に国家の行事として行われていたことが分かる。また国家は、広い範囲（五畿七道）で奉献するつもりだった。しかも、仏や菩薩が安置される寺ではなく、神が安置される神社がその行事の対象になったのである。しかし、国家の行事であっても、仏舎利は多宝塔に安置された。したがってその行為は、平安中期の天台若しくは真言の流行であった多宝塔建立のもう一つの例であったと考えられる。さらに『小右記』では、藤原実資（九五七―一〇四六）がより詳しく一代一度仏舎利を描いている。

（寛仁元年十二月）十六日（中略）昨日内供良円言送云、後聞、依極寒間、可難向遠国、仍和暖可被行者、依綱所廻文、十九日可奉童一人、即於真言院剃頭、預給仏舎利、可被奉神社（中略）云、十九日早旦、以童若沙弥可奉真言院、但可具髪剃・法服等、受五戒了（中略）請給仏舎利・度縁等（中略）

（寛仁二年十月）八日（中略）左少弁経頼（中略）又云、被奉神社之仏舎利使々、今日於真言院剃頭、令受沙弥戒、僧綱・阿闍梨・内供所進也、有進沙弥之人、即令受沙弥戒、十一日被発遣、五十七社、銀壺納仏舎利一粒、籠木塔内、銀壺保々ツ木許、

十一日　庚子　今日被発遣奉仏舎利於京畿・外国神社之使、五十七社、使沙弥、大納言俊賢・左少弁経頼行云々。(22)

このように実資は、極寒のために舎利奉献が延期されたことなど、一代一度仏舎利のメカニズムを明確に描いてい

る。僧侶社会の頂点である僧綱や密教の阿闍梨や玉体安穏を祈る内供奉は、大内裏の真言院で仏舎利使の発遣の最終儀式――剃髪・受戒等――を行なったり、僧侶の身分証明書であった度縁を沙弥に与えた。沙弥は、それぞれ仏舎利塔を持ち、神社に奉献するのであった。舎利奉献の延期については、実資だけではなく経頼もその日記に記している。しかも経頼は、摂政であった藤原頼通（九九二―一〇七四）に相談して延期を決めている。[23]このことは、舎利奉献が国家の頂点にいる摂関家やその周辺の人々によって遂行されたことを示唆している。

また寛仁の一代一度仏舎利に関係した人々を詳しく検討してみることで、更に色々なことが見えてくる。例えば実資は、三人の天皇に仕えた蔵人頭であったし、儀式書の『小野宮年中行事』の著者で有職故実家の小野流の祖でもあった。延暦寺出身の天台僧良円（九八三―一〇五〇）は内供奉であるとともに、実資の息子である。[24]上卿であった源俊賢（九六〇―一〇二七）は、一代一度仏舎利について触れた儀式書の『西宮記』の著者源高明（九一四―八二）の息子であった。[25]また、摂政頼通は、道長の息子である。道長は、その日記において一代一度仏舎利について触れ、経頼から「舎利一粒不足」の知らせを受けて一粒を授けたことが記述されている。[26]つまり、政治や文化の世界で頂点に立っていた人々が、一代一度仏舎利の準備や発遣を指揮し、記録していたのである。一代一度仏舎利は、藤原公任の『北山抄』以外の平安時代の重要な儀式書全てにおいて記述されているので[27]、国家だけではなく平安京の有職故実家にも重んじられていたと思われる。日記類も含め検討してみると、一代一度仏舎利は、九世紀から十三世紀までの三十一代の間に少なくとも二十二度行われ、一代一度大神宝と対の行事として大嘗会後の最も広い範囲で行われた儀式であると考えられる。

即ち、この政治上の一代イベントである一代一度仏舎利奉献は、東アジアの仏教史や仏教文学を前提にする一方で、日本の神仏習合をも前提として行われたのである。朝廷は東アジアにおける檀越のモチーフに限らず、舎利を皇室（朝廷）の宝物としてその権力を象徴する物にしようとした。また仏舎利は、朝廷の宝物として認識されていたものの、神祇信仰における神宝とは微妙に異なるものであると考えていたと思われる。いわゆる「一代一度大神宝奉幣」は、「一代一度仏舎利奉献」と対の行事として行われ、ほぼ同じ神社に奉納されていた。この場合舎利は、神の宝物や皇室の神器に相当する「皇室（朝廷）の釈迦・仏教宝物」として考えられていたのではないだろうか。

四　中世前期の日本社会における舎利の多面性(2)——後七日御修法

一代一度仏舎利奉献は、朝廷側から始めた行事であるが、平安時代には他の舎利解釈や儀式も成立した。この行事が成立したのと同時期に、上記に触れた大内裏の真言院で行われた「後七日御修法（若しくは単に御修法）」も確立されたが、実は、真言院は空海が朝廷に勧めた「（後七日）御修法」のために創立された場であった。空海は既成の大内裏の顕教に基づいた御斎会に対応するものとして密教の三密（身＝印相・口＝真言・意＝本尊観）を実現する「御修法」を挙げ、両儀礼を毎年一月八日から十四日まで同時に行うことによって玉体・国家・天下の鎮護が叶うと論じた。[28]

十世紀前半までの後七日御修法（以後「御修法」と記述）の儀礼内容は、史料が乏しいことによって不明である。しかし十世紀以降、貴族の日記には、後七日御修法の最後に行われた「加持香水」について頻繁に述べられている。例えば、重明親王（九〇六—九五四）の『吏部王記』には、加持香水について数回記載されている。『吏部王記』によって、そこで代々大阿闍梨として勤めていたのは、東寺長者だったことが分かる。つまり、遅くとも、九二五年に観賢（八五三—九二五）が行った加持香水の例（延長三年一月十四日）までには、御修法が空海の勤修・技術の名を受け継いだ東寺長者だけに委ねられていたことが明白である。[29]

平安中期に成立したと思われる『二十五ヶ条御遺告』第十四には、御修法の特性に少し触れられており、その基本の特色が理解出来る。そこでは、次第や内容は詳しく述べられていない。ただし中国の内裏における真言「内場」百口の供僧が参加した修法と比較し、十五口の「後七日御願修法」はその規模においては小さいと指摘しているが、「大阿闍梨耶一人。入室弟子一人謂入室弟子者是為令守仏舎利等也（中略）不得請補非門徒僧」と述べており、仏舎利が大事な供養対象であったことが分かるのである。[30] しかも、大阿闍梨耶は、第十六に「東寺座主大阿闍梨耶」[31] として書かれ、また上記に触れた日記類の記述から東寺長者が担当していたことが明確であろう。更に、注目すべきは、真言宗の門徒僧に限られている点である。つまり後七日御修法は、御斎会や他の修法と異なり、宮廷で年中行事化された儀礼としては一宗派の僧に独占された修法であった。

真言宗の文献を読むと、御修法の本尊は空海が持ち帰った仏舎利であったことが分かる。[32] つまり御修法は、仏教側の僧団――真言密教の僧侶――が創り出した修法である。一方、その仏舎利は、一代一度仏舎利と違い、朝廷のタカラモノではなく、真言密教の宝物として新年に玉体安穏・宝祚無窮・鎮護国家・五穀豊穣を祈願し、成就されると考えられていた。また十世紀半ばころから、長者は、その修法の後、大内裏若しくは清涼殿で東寺経蔵の仏舎利粒を数える「勘計式」を始めた。天暦四年（九五〇）から東寺長者は御修法の本尊である東寺の舎利を経蔵に改めて納める前、御修法の結願の翌日に数えられるようになったのである。『覚禅鈔』の「代々長者舎利勘記」によれば、その時、寛空（八八四―九七二）は一月十五日に甲壺を四千二百五十九粒、乙壺五百四十五粒を数えた。「勘計式」は、約二十年ごとに行われ、長和三年（一〇一四）からは一月十五日に限らず一月十一日、十二日あるいは十三日にも行われるようになった。しかし保元三年（一一五八）以降は、完全に不定期となり、また十一世紀半ば頃からその回数が段々増えてきたようである。しかも、式の度、舎利粒の数の増減が見られるようになった。例えば、長和三年、済信（九五四―一〇三〇）が勘計した時は、前回の寛和二年（九八六）より三百九十粒増えている。[33]

しかし、舎利粒数が増加することは比較的少なかった。なぜなら、十一世紀後半から「奉請《ぶじょう》」という仏舎利の分配が天皇（院）や貴族・武家や高僧のために始められたからである。[34] 奉請というのは、勘計された幾つか（たいがい三粒から十粒位の間）の仏舎利を、勅許で皇室・公卿・高僧にそれぞれ一、二粒を与えたことを示している。東寺百合文書の『仏舎利勘計記』によれば、奉請は康平五年（一〇六二）に始まったとされているが[35]、その頻度は十二世紀半ばから急速に増えた。例えば、後鳥羽院は正治元年（一一九九）から建保四年（一二一六）にわたって十六粒の奉請をうけ[36]、また、十二世紀後半から同時期に数人の公卿・親王・将軍・高僧などが奉請をうけるようになった。特に、正応二年（一二八九）からは天皇や院、皇族の「御奉請」が増加し、更に勘計式が奉請と同時期に、まれに清涼殿（たいがい二間において）でも行われるようになった。このことは特筆すべきであろう。おそらく院の御奉請の増加は、度重なる蒙古襲来や皇室の政治事情と無関係ではあるまい。そして院の御奉請増加は、根強い舎利信仰があったことを示唆しているのではないだろうか。「御奉請」の目的は様々であり、一般的には舎利を密教の四種の増益・調伏・息災・敬愛壇法に本尊として安置することだったと思われる。更に、十四世紀の始めから院の御奉請は一回に付き三十粒位まで増やされた[37]。この三十という数は、釈迦の三十二相と数的に酷似していることはいうまでもない。その上この数は、上記に触れた『御遺告』にある真言密教の如意宝珠と深い関連があると考えられるのである。

例えば十二世紀の真言宗小野流の文献によると、東寺長者は後七日御修法の舎利を密教の如意宝珠として観想していた[38]。即ち、本尊の舎利を観想することで、密教唯一の最たる願いを叶える玉である如意宝珠と同一視していたのではないだろうか。こうして舎利は、釈迦の遺骨でありながら、空海がそれらを請来したことで弘法大師信仰[39]にも繋がり、宗派内部では真言密教の伝法——聖なる流——を象徴する宝珠でもあると考えられた。しかも、真言密教の儀礼・技術は、真言院や御修法の最後である加持香水が行われた清涼殿という場で、皇室・貴族に披露されたのである。更に『御遺告』は、仏舎利を三十二粒と[40]、金・銀などの財宝と混合すれば、「能作性」如意宝珠を作ることができると強調し、空海が室生山という聖地でその師恵果から授かった如意宝珠を埋めたことも伝えている[41]。しかも『御遺告』では、次のようにその宝珠と東寺の舎利の関係を説明している。

大唐大阿闍梨耶所レ被二付属一能作性如意宝珠載頂渡二大日本国一労二籠名山勝地一既畢（中略）是以密教劫栄末徒博延
復東寺大経蔵仏舎利大阿闍梨須レ如レ守二惜伝法印契密語一。勿レ令二一粒他散一。是即如意宝珠。(42)

十二世紀以前については不明だが、東寺長者は、遅くともその頃から御修法の舎利宝珠を室生山の宝珠と同体であると観想していたと思われる。小野流である勧修寺の寛信（一〇八四―一一五三）は、『永治二年御修法記』には現存していない『広隆（寺）記』から、東寺長者は御修法で舎利を宝生仏（如意宝珠を体現する仏）として観想し、その三昧耶《さんまや》形《ぎょう》（＝宝珠）や舎利や宀一山《べんいちざん》（＝室生山）の「三宝一体可観」という記述を引用している。(43) 中世天皇・院の御奉請や舎利信仰の関連史料を分析すると、如意宝珠信仰との関りが改めて目につくのである。例えば四天王寺蔵の『如意宝珠御修法日記』(44)は、皇室のために行われた如意宝珠の御修法類を十四世紀初頭まで描いている。以下に、天皇・院による如意宝珠御修法目、行われた場所、理由を抜粋した。

承暦四年十一月	白河天皇	如法愛染王法	六条内裏	理由不明
天仁二年八月十五日	鳥羽天皇	如法尊勝法	鳥羽住房	「御祈」
大治二年十二月廿七	白河院	如意宝珠法	能遠朝臣宅	「院御祈」
康治二年六月十二日	鳥羽院	如法尊勝法	白河南泉殿	不明
久安三年十月十四日	鳥羽院？	如法尊勝法	不明	不明
久安四年八月十八日	鳥羽院？	如法尊勝法	醍醐寺三宝院	不明
元暦元年	後白河院	如意宝珠法	醍醐寺三宝院	「法皇御祈」
建久二年五月十七日	後白河院？	孔雀経法	醍醐寺三宝院	「祈雨御祈」
同年閏十二月十四日	後白河院	如意宝珠法	六条殿	「院御悩」
同三年三月三日	後白河院？	宝篋印経法	醍醐寺清浄光院	院御悩？

同六年八月一日	後鳥羽天皇	如法愛染王法	（内裏）	中宮御産御祈
貞応二年	後堀河天皇	如意宝珠法	醍醐寺三宝院	後堀河天皇御祈(45)
正元二年二月十三日	後嵯峨院	如法愛染王法	今出川殿	女院御産御祈
文永二年七月十日	亀山天皇	如法愛染王法	二条高倉御所	皇后御産御祈
同九年（正月十一日？）	後嵯峨院？	如法愛染王法	万里小路殿？	院御悩？
弘安四年七月十五日	亀山院	如法尊勝王法	常盤仙洞	異国降伏御祈
乾元二年閏四月十六日	昭訓門院	如法愛染王法	今出川殿	昭訓門院御祈
乾元三年七月廿一日	亀山法皇	如法尊勝王法	亀山仙洞	法皇御悩御祈

「如法」が頭に付く御修法名は、全て如意宝珠法の類であり、敬愛（御産などの増益）や調伏を目的とした如法愛染法または大方玉体安穏意図の如法尊勝王法が盛んに行われたことがわかる。この『如意宝珠御修法日記』は、それぞれ林覚（?—一一三五）、勝賢（一一三八—一一九六）、憲深（一一九二—一二六三）らの醍醐寺僧や関白九条兼実（一一四九—一二〇七）の日記を編集した物であり、編者は不明である。真言宗の僧侶は、院政期から院や天皇や公卿に対して真言密教の如意宝珠法、または上記に触れた『御遺告』の説による能作性如意宝珠を強調してきた。十世紀から真言宗に何らかの如意宝珠信仰があったと思われるが、十一世紀後半から権力者に如意宝珠はモノであると指摘し始めた。特に如意宝珠は、後七日御修法において、十一世紀まで少なくとも小野流では舎利と一体として観想された。更に十二世紀に入ってから、如意宝珠は真言密教の最たる宝物として政治の舞台に現れて来た。右の表に見られるように、小野流曼荼羅寺の範俊（一〇三八—一一一二）は、承暦四年（一〇八〇）から白河院のために如意宝珠法を行い始めた。しかも、『如意宝珠御修法日記』や幾つかの中世前期の文献によれば、範俊は、後に鳥羽天皇のために如法尊勝法（天仁二〈一一〇九〉）だけではなく、白河院に如意宝珠を献上したのである。その宝珠の由来やその後について

は、様々に語り継がれている。しかし大方の文献においては白河院御願により建立された法勝寺円堂の愛染明王像か、院の鳥羽宝蔵に安置されたと書かれている。(46)

　これらのことを考え合わせると、『如意宝珠御修法日記』の内容や存在自体が理解できるであろう。平安時代にわたって毎年後七日御修法を見てきた天皇や院にとっては、如意宝珠を本尊とする修法には魅力があったであろう。右の図に見えるように、如意宝珠法類は、様々あり、色々な目的で行われていたのである。しかも如意宝珠法は、蒙古襲来等に対する調伏よりも、多くの場合「御産」や「御悩」を対象とするので、朝廷の日常生活の中で重んじられていたと思われる。それと同時に、如意宝珠法がたびたび政治危機と重なっている点にも注目したい。例えば、範俊の弟子で醍醐寺三宝院祖であった勝覚（一〇五七―一一二九）は、大治二年（一一二七）に白河院のために如意宝珠法を行った。この如意宝珠法は、その二年後に白河院が逝去しているので、院の健康回復を願って行われたものと思われる。更に勝覚は、その宝珠法の十一ヶ月前に東寺阿闍梨として舎利勘計式を行っており、舎利の数が三年後の勘計式までに五一五四粒から四一二八粒にまで減少したのである。(47)文献には、舎利が減少した原因について触れられていない。ただし同じ頃に白河院が寺社に莫大な寄進や小塔建立を行ったことから、院が自身の健康状態や政治事情に関して不安を持ち、密かに奉請を受けていたと推定できる。真言僧杲宝（一三〇六―一三六二）が勘計の舎利数に関して「天下豊饒之時、分布倍増、国土衰危之時、粒数減少、甲乙互示㆓増減㆒(48)」と書いたように、東寺の舎利数の増減（デフレ・インフレ）から、天下国家の状態が分かると考えられたようである。

五　中世舎利信仰の流布(1)――院・貴族と舎利盗難

中世までに東寺の舎利＝鎮護天下国家・宝祚、あるいは舎利＝如意宝珠という概念は、皇室・院だけではなく一般貴族社会にも浸透していたようである。舎利や如意宝珠は、特に十二世紀までに、金品とは引き換えることの出来ないモノとして貴族社会の生活に位置づけられたと思われる。先に触れたように、公卿も仏舎利勘計式で奉請をうけており、しかも、藤原道長が寛仁の一代一度仏舎利の行事弁源経頼に一粒を授けたことを考えると、十一世紀前半までには僧侶や天皇・院だけではなく、公卿も個人的に舎利を持っていたではなかろうか。また藤原公任が（九六六―一〇四一）選集に『如意宝集』という題を取っていたのを見ると、少なくとも文人や為政者は、如意宝珠を何らかのコンテクストの中で知っていたようである。[49] 更に舎利や如意宝珠は、人間の「欲」という問題を解決しようとする仏教には特別な存在となった。というのも、舎利や如意宝珠の「如意」は、東アジア仏教の勧めた恩思想がいわゆる恩愛という煩悩とは別な意味で取られたのと同様に、中世密教が人間の欲望を認め、それを叶える約束を具体化したものではないだろうか。しかも、勘計式や奉請を分析すると、舎利は金銭に変えられないものと言われながらも、平安中期から舎利に何らかの価値転換が起こったと考えられるのである。文化的・人類的な現象として勘計すること、もしくは奉請を受けることは、物を計り分配する行動になるので、その物を「宝物化」する意味も含まれていると思われる。つまり舎利は、一代一度仏舎利の成立したころから、単に安置するだけの物ではなく、天皇・院・権力者・権門の欲望や競争の対象になったのである。舎利は、その価値転換の初期には奉献されたり、勘計されたりしていたが、院政期の頃からは天皇や院の権力を象徴する物としてだけではなく、収集や盗難の対象にもなった。舎利同様に、如意宝珠も、権力者にとって欲望の対象になったのである。

こうして舎利や如意宝珠の価値転換は、平安中期に始まり、十二世紀後半からその最盛期に入った。例えば、平康頼の『宝物集』が不偸盗の戒の説明として舎利盗難の例を挙げていることは、舎利の希少価値を示唆していると思われる。[50] しかも、その頃から舎利の盗難事件は始まっている。例えば四天王寺の有名な仏舎利は、一一八〇年代に二回盗まれた。[51] 東寺の舎利も、十三世紀から十四世紀にかけて二回盗まれたのである。建保四年（一二一六）の盗難事件の場合は、舎利探索を命じた宣旨が、五畿七道にわたって朝廷から出された。[52] 盗まれた舎利やその壺（道具）等について語る「舎利者一代教主之遺身、道具者三国相承の霊宝也」や王法の「鎮護之力」を失うことを憂慮する言葉は、皇室の東寺舎利に対する執着を顕著に表しているのではないだろうか。更に群盗が捕らえられ、舎利が返還された後、勘計式が行われ、その際、舎利壺の封印には長者の札銘だけではなく、「勅封」が貼られた。このことは、天皇・院と舎利が極めて密接な関係を持っていたことを明示している。[53]

舎利や如意宝珠の価値転換を最も顕著に表すのが、建久二年（一一九一）の室生仏舎利盗難事件であった。先に触れたように、空海の如意宝珠談は、真言密教にとって極めて重要であった。真言僧やその周りの人々は、室生山で数十粒の仏舎利が盗まれたことについて、『御遺告』の室生・舎利・如意宝珠談を想起したに違いない。この事件の特徴は、舎利と如意宝珠の深い関連を示すだけではなく、それに関わった中心人物が為政者の頂点であった関白九条兼実や後白河院（一一二七―一一九二）や東大寺再建で名を馳せた勧進聖重源（一一二一―一二〇六）であったということである。九条兼実は『玉葉』に室生盗難事件とそれに関わる政治上の問題を数ヶ月にわたって記している。つまりこのことはその盗難事件について皇室・公卿・僧の間でかなり話題になり、彼らの間で根強い舎利信仰があったことを示していると思われる。この事件の犯人は、当初は特定出来なかった。ところが後になって重源は、自らの弟子空諦（?―一二三〇）が室生寺の舎利を盗んだと兼実に明かしている。重源は、空諦について「狂感也」と釈明し、舎利の返還を約束したが、すぐに返却させることが出来ず、四日後には空諦と同様に逐電したのだった。[54] また、室生寺は、空海伝説においては大きな存在であっても、実際は興福寺の末寺であった。それ故、藤原家の氏寺であった興福寺の僧は、氏長者である兼実に対して、舎利の返却を訴え続けた。暫くして重源と空諦は、姿を現して本物の舎利であると裁断した後白河院に三十粒を献上した。[55]

重源は、勧進聖として浄土信仰や舎利信仰に熱心であった。しかも重源は、東大寺再建のために勧進職を得たので、院や平安京周辺の公卿や法然等、様々な地方に住む人々と接していたのであった。しかし、重源が浄土信仰に深く傾倒しながらも醍醐寺出身の真言僧であり続けたことは、あまり研究の対象になっていない。実際重源は、勧進聖になってからも真言僧と接し、真言の僧として生き続けたのである。言いかえれば重源は、真言浄土信仰の信者であったと考えられるのである。(56) 例えば重源は、東寺の舎利の奉請を受け、これを大仏や自分の創立した別所（浄土堂）に奉納した。(57) しかも、その『南無阿弥陀仏作善集』を読むと、重源が数度にわたって様々な別所に五輪塔を建立し、堂及び像を醍醐寺に建てている。このことは、重源が真言僧であることを如実に物語っているであろう。(58) 更に、重源は小野流の権威の頂点にいた醍醐寺僧勝賢と深い親交があったし、多くの聖教・文書を収集していた覚禅（一一四三—一二一三頃）と交わりがあった。これは、真言僧として重源が重要な位置を占めていたことを暗示している。(59)

前述したことをいろいろ考え合わせると、『御遺告』の如意宝珠談と室生寺の舎利盗難の関係は、より明確になる。『如意宝珠御修法日記』には、後白河院が亡くなる前年の十二月と一月に勝賢に如意宝珠法を「御悩」（健康回復）のために行ってもらったことや、同じ一年間に二回如意宝珠御修法類を行ってもらったことが記されている。これらは、無関係ではないであろう。つまり、院と繋がりがあり、院が病気であることを知っていた重源は、真言密教の最たるモノである如意宝珠の霊験力を信じ、空諦の行動を院の病を回復させる千載一遇の機会として捉えていたのではないだろうか。(60) 舎利信仰や浄土信仰に傾倒し、真言僧で勧進聖になっていた重源にとっては、言うまでもなく室生寺盗難事件は兼実に対して敏感な問題であった。しかし重源は、舎利返却後、兼実ではなく、後白河院によって真偽が判断されるであろうことも事前に認識していたと思われる。

六　中世舎利信仰の流布(2)――貴族・武家の舎利・塔供養、舎利集積及び舎利情報の収集

周知の通り、中世社会の舎利信仰は真言密教に限らなかった。第二章で述べたように、東アジアの人々は、舎利信仰が塔信仰と不可欠な関係にあることを認識していた。八世紀後半から、小塔が戦の後に複数建立される例が増えた。一方、十世紀前半からは、怨霊に対する不安から、霊を鎮めるための塔建立が盛んになってくる。例えば、藤原忠平（八八〇―九四九）は、平将門や藤原純友の死後に二百卒塔婆を広隆寺に建立した。[61]また十世紀後半までに成立したと思われる日蔵伝（九〇五―九八五、道賢）では、醍醐天皇は地獄の苦しみから救われるため――更に自らの苦しみの原因である菅原道真の怨霊を鎮めるため――日蔵に関白忠平を通じて一万卒塔婆の建立を願ったと語られている。[62]つまり、塔の建立は、中世前期までに既に法要の一種として盛んに行われた。それによって舎利や塔は、以前にもまして、法要や葬送儀礼との関連が強くなったのである。

古代日本でも知られていた『阿育王伝』によれば、阿育王は釈迦に報恩するため、または十万人の殺戮を懺悔するために八万四千塔を立てたのである。[63]日本の貴族社会では、遅くとも十世紀後半までには、塔・卒塔婆を一門の法要のために建立し供養していた。[64]それと同時に、舎利には、釈迦の捨身を象徴するだけではなく、涅槃以後の歴史的時間の距離を縮小させる意味があったと考えられる。『七大寺巡礼私記』の著者と言われる大江親通（?―一一五一）は、舎利信仰に関する情報を収集し、膨大な『一切設利羅集』を書いた。[65]『本朝新修往生伝』の中では、『一切設利羅集』は『駄都抄』とされ、そこで編集の動機を説明している。[66]これによると親通は、当初釈迦の涅槃から千年を越える距離を長く感じたが、舎利を見ることによって釈迦の涅槃（死）の距離を越え、釈迦そのものと再び巡り会うように感じ、舎利粒や経典の舎利に関する説明や様々な舎利に見られる霊験を現わす話しを集め始めた。

『今昔物語集』や『栄華物語』などによれば、十世紀後半から、天台宗の僧侶は、比叡山の女人結界によって山に登れない母親のために、比叡山の舎利の巡行を当時の都である平安京で始めた。彼らは、踊りや音楽をその巡行に含めることによって、極楽浄土の様子を再現したのである。[67]その舎利は、藤原家菩提寺の祇陀林寺や法興院の舎利会に安置されたので、逆修、追善等、他の法要にも使われたと考えられる。[68]また中世の説話集には、女性が舎利信仰と浄土往生との繋がりに関連があったことがよく描かれている。例えば、『本朝新修往生伝』第九には蓮妙という尼が四天王寺の舎利に巡礼した折、その三粒から彼女だけ光るものを見たと記されている。蓮妙は、しばらくして病に倒れ、西を向いて念仏を唱えながら極楽往生できたということである。[69]十二世紀後半になると、男女を問わず、舎利や塔の供養によって極楽往生や兜率天往生を得ることが出来るという概念が増えた。このことは、先に触れた覚禅の『覚禅鈔』をはじめとする文献にも見える。[70]更に貴族社会の支配層——特にその女性——は、一門の法要のために舎利を供えたのではないだろうか。例えば、『玉葉』には、九条兼実が姉の皇嘉門院（一一二二—一一八一）と共に舎利講を行ったことが描かれている。『玉葉』によれば、舎利講を仁安二年（一一六七）から養和元年（一一八一）までの間、十九日に少なくとも十九回行っている。これは、彼等の父である藤原忠通（一〇九七—一一六四）の月命日が十九日だったからであろう。また、忠通が亡くなる時に、皇嘉門院にその行事を継承するように伝えたとされている。[71]詳細は述べられていないが、『法華経』「如来寿量品」に現れる久遠釈迦について説法・論議が行われたようである。[72]

このように、舎利講では『法華経』や久遠釈迦が強調されることに注目したい。釈迦は、実は応身（人間）であると同時に、法身で永遠・不滅である。そして舎利は、末法の時代ということで釈迦との距離を感じる人々にとって、この世界において釈迦を象徴する最たる物だったのではないだろうか。九条家は、仏舎利の集積に取り分け熱心で膨大なコレクションも有する。仏舎利は、皇嘉門院の御所（九条殿）にあり、[73]そこで舎利講が行われたようである。兼実は、姉の死後もその菩提寺（九条堂）で舎利講を続け、後には姉や美福門院（一一一七—一一六〇）のために舎利供養の法要を始めたのである。[74]

舎利は、このような段階を経て、皇室や貴族の納骨信仰の成立と併行して、関係していたのであろう。一門の人々の納骨は、菩提寺の成立とも直接的な関連があり、彼等の現世や来世の繁栄を保証する場となった。平安中期からは、聖地の比叡山や高野山などにも納骨されるようになったのである。皇嘉門院の毛髪は、納骨された比叡山の無動寺大乗院の本尊である阿弥陀像に安置されている。[75] 彼らは、高野山と同じように聖地の聖なる人物か仏陀と一緒になることで往生できると信じていたのではないだろうか。つまり女性は、聖地で舎利を見ることができなくとも、死後、遺骨の状態で男子として往生できたと記されている。しかも、兼実の願文には、皇嘉門院は菩薩行を積んだために変成あれば成仏できると思われたのである。さらに納骨の上においても、女性の間で一門の舎利講や舎利会が成立していた。例えば八条院（一一三七―一二一一）は、定家の『明月記』[76]や『表白集』[77]などによると、母である美福門院の月命日（月忌）に舎利講や供養を行ったという。つまり、皇室や藤原家では、女性も男性同様に舎利法要のスポンサー、もしくはその対象になったと思われる。

幕府は、鎌倉時代の前期から舎利供養や塔建立を、幕府の権威を誇示するためだけではなく、宗教上の理由から行っていたと思われる。早い時期に幕府は、八万四千小塔を数回建立している。[78] 幕府は、当然、阿育王の八万四千塔建立の伝説を十分認知し、しかも、そのような建立は皇室や藤原家といった高位の者によってのみ行われるという現実も認識していたと考えられる。つまり幕府は、八万四千塔の建立によって、敬虔であることと同時に、幕府の権威を示すことができたのである。さらに塔建立には、敵の霊を鎮める懺悔儀式としての意味もあったのではないだろうか。[77] 例えば北条泰時は、承久の乱の後に刑場であった多胡江河原に八万四千基石塔を建立した。[80] また幕府は、一二四〇年代から、多くの泥塔を建立し始めた。[81] その建立の理由は、記録されていないが、恐らく後鳥羽法皇の霊を慰めるためだったのではないだろうか。

鎌倉中期以降、北条家では、一門のために、関西から顕密寺院の僧に舎利・如意宝珠やその情報を含む文献を持ってくるよう依頼したと思われる。つまり北条家の菩提寺や幕府関連の寺では、舎利を安置し供養する、というような西日本の舎利信仰の伝統を継承したかったのであろう。例えば、称名寺の剣阿（一二六一―一三三八）は真言の如意宝珠を北条家のために様々な目的で舎利の修法に供え、[82]忍性（一二一七―一三〇三）は、真言律僧として北条家によって極楽寺に招かれた。忍性と舎利信仰との関係は有名であり、忍性の遺骨に対しても舎利供養が極楽寺で行われたのである。こうして忍性の遺骨が「舎利」として安置、供養されたことを考えると、[83]「舎利」という言葉が、中世以降は高僧にも徐々に使われるようになってきたようである。忍性の年次法要では、九条家や美福門院の例と同じように、仏舎利供養が行われたのである。[84]

さらに別な物とも考えられる舎利伝統を持っていた寺もあった。円覚寺は、臨済禅宗で、禅の舎利信仰の場であった。忍性の例に似ているが、禅では、代々の老師が亡くなると、「舎利」を残すと考えられていた。だから、円覚寺の開祖である無学（一二二六―一二八六）は、亡くなった時、遺骨を舎利としてかつて住職を務めた建長寺に、後には円覚寺に改めて安置された。[85]足利幕府の舎利信仰を考えると、当然全国に建立の計画があった利生塔が思い浮かぶ。[86]言うまでもなくこの塔に仏舎利二粒が安置されたことは、幕府が、阿育王伝説に表れる布施や懺悔を体現する八万四千塔建立の例を意識し、戦場で倒れた敵の霊を慰めるという動機があったことを示唆しているであろう。しかし、幕府の舎利信仰に新しい展開をもたらしたものが、足利義詮（一三三〇―一三六七）の死だったと思われる。その遺骨の安置場所については、当初足利家と禅僧の間で諍いがあった。結局、遺骨の半分は、無学や仏舎利といっしょに円覚寺に安置されることになった。[87]つまり幕府は、在家で亡くなった義詮の遺骨を釈迦や高僧の遺骨と同じように扱ったのである。後に、義詮や足利義満（一三五八―一四〇八）の遺骨が舎利と呼ばれていたかどうかは定かではない。ただし義満の四十九日法要の間に複数の舎利講や駄都（舎利）供養や宝篋印陀羅尼が行われ、足利家が舎利を法要に使ってい

たことは明らかである。(88)

七　結　び

東アジアの仏教史や文学における舎利信仰を基本コンテクストとして、中世日本社会における舎利の多面性や流布について検討してきた。特に、日本の貴族社会では、古代から阿育王伝説や本生譚と舎利の関連を伝えており、舎利や塔の多面性を早い時代から認識していたと思われる。つまり、東アジア仏教史を視野に入れて分析すると、日本中世前期皇室・摂関家などの舎利信仰がより深く理解出来るのである。前述したように、一代一度仏舎利奉献は、東アジア仏教や仏教文学の影響を色濃く反映していた。それ故、皇室や公卿は、後七日御修法を、経典上で転輪王が援助した御修法と同じように、支配者・支配層に限った恒例の天下（国家）鎮護の儀礼であると思っていたのである。

それと同時に、一代一度仏舎利奉献や後七日御修法後の勘計式・奉請は、神仏習合の枠組みの中で成立したと思われる。皇室や公卿は一代一度仏舎利奉献が、神の宝物（神宝）や皇室の神器に相当する「皇室の釈迦・仏教宝物」であると見ていたのではないだろうか。舎利の宝物化は、平安中期から南北朝時代にかけて徐々に進み、集積された舎利は密教経蔵の豊かさを象徴、体現する物とされた。また、十世紀半ばから、舎利は数えることが出来るという漠然とした概念から、その一粒、一粒が細心の注意をもって計算され、記載されるべきであり、更にその資料も同門・一族に受け継がれるべきであるという考え方に進んでいった。藤原道長によって舎利が集積されていたかどうか、道長が舎利を二度分け与えた行動だけからでは判断し難い。しかし十二世紀後半までに、同じ藤原の九条家は、舎利を東寺経蔵のように多く集積していたと思われる。即ち、東寺僧だけではなく、皇室や皇室と密接な関係を持っていた九条家は、舎利を収集していたようである。

また、武家が権力を握るようになると、皇室では東寺の舎利に対してますます関心を深くしていった。承久の乱の五年前に起こった舎利盗難事件（建保四〈一二一六〉）をきっかけに舎利壺に勅封が張られたことはその一例であろうし、舎利に関心を持ちはじめた公家・武家に対する懸念も示している。しかも奉請は、院政期からよく行われていた。それ故舎利は、その存在や数で中世貴族社会において、同門・一族の権威を計るバロメーターの一つになったと思われる。さらに真言密教の影響から貴族社会で舎利が如意宝珠に結びつけられると、改めてそれを持つ意味は増加したと思われる。白河院が如意宝珠を受けたことは、その新たな展開の象徴的瞬間であったと考えられる。また、実際、藤原氏が平等院に如意宝珠を安置したことが記録されており、しかもそれは愛染王像に納入した舎利が含まれていた宝珠であったと思われる。即ち平等院宝蔵の舎利は、摂関家の権威の象徴であったに相違ない。[89]

人々の間では、その展開と同時に徐々に如意宝珠に対する興味が高まり、特に皇室や周辺の人々は、如意宝珠、もしくはその情報に関心を持つようになった。九条兼実や藤原定家（一一六二―一二四一）の日記には、それぞれ『御遺告』関連の如意宝珠談が改めて記されている。しかし、その情報収集がそれぞれの家の日記蒐集に関係していたかどうかは今後の研究課題になるであろう。[90]また、北条家は、「日記の家」ではないが、社会的な現象としてその舎利・如意宝珠に関する談・修法技術の情報収集が金沢文庫資料蒐集と関連の可能性があるのではないかと思われる。[91]

舎利や如意宝珠に関する情報量は、十四世紀までにその頂点に至ったと考えられる。『仏舎利勘計記』は、そのコンテクストの中で書かれたのである。また、後醍醐天皇は、舎利や如意宝珠に深い関心を持ち、東寺舎利の盗難や奉請が密かに行われることを避けるために舎利を一壺に集めたり、奉請を禁じる「奉請誡文」も出していた。[92]さらに、顕密寺院の僧侶やその関係者は、十三世紀から十四世紀ごろには、如意宝珠や舎利が三種神器と関連していると思っていたと考えられる。吉田兼好の兄弟で慈遍という天台僧は、後醍醐天皇に親しく、『旧事本紀玄義』に如意宝珠と仏舎利を同一の物として描写し、八尺瓊勾玉に相当すると論じている。[93]このことは、仏教が神道の成立に直接関連していたことを物語っていると考えられる。つまり、舎利・宝珠を信仰の対称としてだけ捉えるのではなく日本中世社会のヒエラルキーやイデオロギーを媒介する多面性を持つものとして考えるべきではないだろうか。

（追記）執筆にあたり、長期にわたり様々なご教示を賜った今井雅晴氏、平雅行氏、細川涼一氏、阿部泰郎氏、上川道夫氏、西口順子氏、薗田香融氏に深甚なる謝意を表したい。

注

（1）舎利信仰は八十年代から、美術史学においては影山春樹氏、史学では橋本初子氏、阿部泰郎氏、細川涼一氏等がそれぞれ独自の観点やテーマで研究されたが、二〇〇〇年には拙著『灰塵の中の宝珠――日本中世前期の仏舎利と権力――』（日本語訳未刊）、二〇〇一年には中尾堯氏の『中世の勧進聖と舎利信仰』が出版され、また同年「仏舎利と宝珠――釈迦を慕う心――」展が奈良国立博物館によって開催された。詳細は景山春樹『舎利信仰――その研究と史料――』（東京美術、一九八六）、橋本初子『中世東寺と弘法大師信仰』第二章「大師請来仏舎利の信仰」（思文閣、一九九〇）、阿部泰郎「宝珠と王権――中世と密教儀礼」（岩波講座東洋思想一六『日本思想二』一九八九）、細川涼一「王権と尼寺――日本女性と舎利信仰――」（『列島と文化史』五、一九八八）、中尾堯『中世の勧進聖と舎利信仰』（吉川弘文館、二〇〇一）、Brian D. Ruppert, *Jewel in the Ashes: Buddha Relics and Power in Early Medieval Japan*（『灰塵の中の宝珠――日本中世前期の仏舎利と権力』Harvard University Center, Harvard University Press, 2000）など参照。

（2）Peter Brown, *The Cult of the Saints* (University of Chicago Press 1981) pp. 64-68, 74-84.

（3）『大正新脩大蔵経』（以下、大蔵経と略称。高楠順次郎、渡辺海旭編、大正新脩大蔵経刊行会、一九二四―一九三五）第二十五巻、№一五〇九、八七頁下段―八八頁下段。

（4）『大蔵経』第十六巻、№六六五、四五〇頁下段―四五三頁上段。

（5）『阿育王伝』（『大蔵経』第五十巻、№二〇四二）一〇三上段、一一〇中段―一一一頁上段。

（6）拙著 *Jewel in the Ashes*, pp. 24-32. 友松円諦、『仏教経済思想研究』第一巻（一九三二）五一―五三、三一〇頁、Jacques Gernet, *Buddhism in Chinese Society* (Colonbia University Press. 1995), pp. 163-164 参照。

(7) 例えば、中国の僧法顕はその巡礼記にインドなどの七宝塔だけではなく、その塔の供養や舎利の巡行を描写している(『大蔵経』第五十一巻、№二〇八五、八五八頁中段―八五九頁下段、八六五頁上中段)。
(8) 同、八五七―八六六頁。
(9) 例えば、武帝はいわゆる「無遮大会」をしばしば開いた(『佛祖統紀』(『大蔵経』第四十九巻、№二〇三五)三五〇頁中段、三五一頁中段)。
(10) 敏達天皇十三年九月、『日本古典文学大系』第六十八巻、一四八―一四九頁。
(11) 渡部真弓『神道と日本仏教』(ぺりかん社、一九九一)三一、四五―四六頁(注二八)。
(12) 『続日本紀』天平十三年三月二十四日(『新訂増補　国史大系』二)。
(13) 同、宝亀元年四月二十六日。
(14) 同、文武四年三月十日。
(15) 『大日本仏教全書』第一一三巻、一一九頁。
(16) 『御請来目録』(『大蔵経』第五十五巻、№二一六一)一〇六四頁下段。
(17) 円行(七九九―八五二)『霊巌寺和尚請来法門道具等目録』(『大蔵経』第五十五巻、№二一六四)一〇七二頁上段―一〇七三頁下段、恵運(七九八―八六九)、『恵運禅師将来経法目録』(同、№二一六八A)一〇八九頁上段、円仁(七九四―八六四)『入唐新求聖教目録』(同、№二一六七)一〇七六頁上段。
(18) 『続々群書類従』第十二巻、二二六頁。
(19) 前掲注(18)。
(20) 『日本紀略』天長八年三月七日(『新訂増補　国史大系』第十巻)。
(21) 『左経記』(『増補　史料大成』六)。
(22) 『増補　史料大成』別巻二。
(23) 『左経記』寛仁元年十二月十八日条。
(24) 『僧綱補任』(『大日本仏教全書』第一二三巻)長元元年条。
(25) 『尊卑分脈』第三巻(『新訂増補　国史大系』第六十巻上)、四七〇頁。
(26) 『御堂関白記』(『大日本古記録』)寛仁二年十月十一日。

(27) 大江匡房の『江家次第』には一代一度仏舎利という巻があったことが知られているが、現存本にはその巻が欠けている。
(28) 『続日本後紀』(『新訂増補　国史大系』第三巻) 承和元年十二月十九日。
(29) 『吏部王記』には観賢の記載がもっとも早く、他の記述も東寺長者に限られている(『史料纂集』群書類従完成会、一九七四)。
(30) 『大蔵経』第七十七巻、No.二四三一、四一一頁中段。
(31) 同、四一一頁下段。
(32) 関連の史料は数多いが、主な作品は『御質抄』(『続群書類従』二五下)、『後七日御修法部類』(同)、『永治二年真言院御修法記』(同)、『後七日諸日記』(金沢文庫二八〇之五、影写本)、『後七日御修法記』(東京大学史料編纂所三〇一四之六五、影写本)、『御修法之記』(同、二〇一四之一六三、影写本)、『覚禅抄』「後七日」(『大蔵経　図像部』第五巻、No.三〇二二、六五三頁下段—六八一頁下段) である。
(33) 『大蔵経　図像部』第五巻、No.二〇二二、六〇五頁中段—六〇六頁上段。
(34) 同。
(35) 『仏舎利勘計記』(活字本)、景山春樹、『舎利信仰』二二九—二五七頁、『東寺百号文書』丙号外三之一八。
(36) 同、正治元年十一月二十四日、元久元年八月二十日、二年七月二十三日、建保四年三月一日。
(37) 例えば、同、正安三年。
(38) 寛信の『永治二年真言院御修法記』「本尊」注(32)一三二頁参照。
(39) 弘法大師信仰に関しては注(1)の橋本論文参照。
(40) 釈迦の三十二相と数的に一致していることはいうまでもない。
(41) 『大蔵経』第七十七巻、No.二四三一、四一二頁下段—四一三頁下段。
(42) 同、四一三頁下段。
(43) 注(32)参照。
(44) 杉橋隆夫「四天王寺蔵『如意宝珠御修法日記』『同』紙背(富樫氏関係)文書について」(『史林』五三—三、一九七〇)参照。
(45) 「後堀川院」と書かれているが、貞応二年は後堀河天皇であった。

(46) 九条兼実の日記『玉葉』(国書刊行会、一九〇七)建久三年四月八日、『覚禅鈔』前掲、六一三頁上・中段、『明月記』建久三年四月十日(国書刊行会、一九一一)参照。
(47)『仏舎利勘計記』大治五年四月十九日。
(48)『東宝記』(『続々群書類従』第十二巻)四三頁。
(49) 久曾神昇博士還暦記念研究資料集(愛知大学国文学会編、風間書房、一九七三)参照。
(50)『続群書類従』第三十二巻、下、二一七―二一八頁。
(51)『百錬抄』(『新訂増補 国史大系』第十一巻)寿永二年閏十月七日。
(52)『吾妻鏡』建保四年二月十九日。
(53)『仏舎利勘計記』安貞三年正月十三日。
(54)『玉葉』(国書刊行会、一九〇七)建久二年六月六日、六月十日。
(55) 同、六月二十日。
(56) 中尾堯氏は重源が醍醐寺から高野山へ移った理由を浄土信仰追及のためであったと指摘している。つまり、重源は他の真言僧と同様天台浄土信仰の影響も受けたが、法然の専修念仏とは異なり、「兼密行業甚多」の(高野を含んで)南都浄土教の伝統を受けついだ(『中世の勧進聖と舎利信仰』二八、三四―三五頁)。
(57)『東大寺続要録』文治元年八月二十三日(小林剛『俊乗房重源史料集成』〈吉川弘文館、一九六五〉六七―六九頁)。
(58)『作善集』(『俊乗房重源史料集成』四八四―四九四頁)。
(59)『醍醐雑事記』(『俊乗房重源史料集成』六九―七〇頁)。
(60) 五来重『高野聖』(角川書店、一九七五)一八九―一九七頁参照。
(61)『貞信公記抄』(『大日本古記録』)天慶八年四月十五日。
(62)『扶桑略記』(『新訂増補 国史大系』第十二巻)天慶四年三月―八月。
(63)『大蔵経』第五十巻、№二〇四二。また、追塩千尋「中世日本における阿育王伝説の意義」(『仏教史学研究』第二十四巻〈一九七九〉一―三四頁)参照。
(64)『小右記』(『増補 史料大成』別巻三冊)長徳三年七月九日条、長保元年九月二十八日参照。
(65) 影写本、国文学研究資料館蔵や三―三―三、〇四五八。

(66)　第四十一（『往生伝　法華験記』〈『日本思想大系』第七巻、岩波書店〉）。
(67)　『栄華物語』（『日本古典文学大系』第七十六巻、岩波書店）巻第二十二、一五〇―一五二頁。『日本紀略』（『新訂増補　国史大系』第十一巻）万寿元年四月二十一日参照。
(68)　『今昔物語集』（『日本古典文学大系』第二十四巻）巻第十二「比叡山行舎利会語第九」。
(69)　『往生伝　法華験記』（『日本思想大系』第七巻）。
(70)　『大蔵経　図像部』第五巻、№三〇二二。
(71)　『玉葉』文治四年三年二月十九日。
(72)　同、治承元年十月十九日。
(73)　この話は皇嘉門院の御所が燃えた時、その御堂の類焼に関する記事に見える。兼実はその時に灰となった仏舎利が「二三千粒」に及び、その灰の中から残った舎利粒が「取集」されたことを記している（『玉葉』承安四年二月二十五・二十六日）。
(74)　『玉葉』寿永二年十二月四・五日、小原仁「貴族女性の信仰生活」（西口順子『仏と女』吉川弘文館、一九九七）二九―三一頁、杉山信三『藤原氏の氏寺とその院家』（吉川弘文館、一九六八）三九―四〇頁参照。
(75)　『門葉記』建久五年八月十六日、『大蔵経　図蔵部』第十二巻、三〇六下段―三〇七頁上段。
(76)　正治元年九月二十三日、元久元年九月二十三日、前掲。
(77)　『続群書類従』第二十八巻下、四六六頁。
(78)　『吾妻鏡』（『新訂増補　国史大系』第三十二―三十三巻）建仁二年三月十四日、三年八月二十九日、建保元年四月十七日など参照。
(79)　「但馬進美寺文書」、建久八年十月四日（『鎌倉遺文』〈東京堂〉第二巻九三七号）。
(80)　『吾妻鏡』（『新訂増補　国史大系』第三十三巻）嘉禄元年九月八日。
(81)　同、仁治元年六月一日、二年七月四日、寛元二年六月八日、三年二月二十五日。
(82)　「聖教奥書」（「如法尊勝法次第」）正応三年十一月八日（『神奈川県史　史料編二　古代・中世』神奈川県交際会、一九七三、一六八一―一六九頁）。
(83)　「忍性舎利瓶記」『鎌倉市史』（吉川弘文館、一九五九）史料編三、四〇〇―四〇一頁。
(84)　『神奈川県史　史料編二　古代・中世』五三三―五三四頁。『西大寺叡尊上人遷化之記并嘆徳記』に於ても叡尊（一二〇

一―一二九〇）の遺骨は「舎利」と記述されていた（中尾堯『中世の勧進聖と舎利信仰』一四七―一四九頁参照）。
(85) 玉村竹二・井上禅定著『円覚寺史』（春秋社、一九六四）九八―九九頁、『神奈川県史』史料編三　古代・中世　第一巻、二九頁参照。
(86) 今枝愛真、『中世禅宗史の研究』（東京大学出版会、一九七〇）参照。
(87) 『円覚寺史』一〇二―一〇四頁参照。
(88) 『本朝文集』（『新訂増補　国史大系』第三十巻）、応永十五年六月二十五日、五四〇、五四七―五四八頁。
(89) 『百錬抄』（『新訂増補　国史大系』第十一巻）延久四年十月二十六日、『玉葉』文治三年八月二十一日、阿部泰郎「宝珠と王権」一三一―一三二頁、田中貴子『外法と愛法の中世』（砂子書房、一九九三）一三二―一三五頁参照。
(90) 例えば、松園斉氏は『日記の家』（吉川弘文館、一九九七）には兼実と九条家について触れている（二〇二―二一五頁）が、その日記に関連した記録の収集活動については同時代の仏教・寺院の記録や経典の収集活動と関係があったかどうかについては分析していない。
(91) 例えば、西岡芳文氏は称名寺（金沢文庫）の聖教・舎利の収集活動について「これらは、単に書物や舎利を入手したということではなく、それを取り巻く〈知識〉や技術を一括して受容したことであり、中世の〈情報〉や〈知識〉を考えるためには恰好の素材である」（「日本中世の〈情報〉と〈知識〉」、『歴史学研究』七一五号、一九九八、六〇頁）と論じている。
(92) 『仏舎利勘計記』嘉暦四年六月二十五日、注(1)景山書、二一二頁参照。
(93) 『中世神道論』（『日本思想大系』第十九巻）三一一頁、Brian O. Ruppert, "Pearl in the Shrine: A Genealogy of the Jewel of the Japanese Sovereign" (*Japanese Journal of Religious Studies* Vol. 29, nos. 1-2, 2002) 参照。

〈キーワード〉舎利　贈与　情報　中世　権力

II　武士社会と仏教

関東武士団と氏寺について

ロイ・ロン

はじめに

氏寺は、文治元年（一一八五）に源平合戦が終結し鎌倉幕府が成立した後、徐々に関東武士社会で重要な位置を占めるようになっていった。鎌倉初期から、権力のある武士は、優秀な僧侶を招き、開山として持仏堂あるいは菩提寺を建立するよう要請したのである。当初この菩提寺は、武士家の先祖を供養する目的のために建てられたが、このような菩提寺や持仏堂が徐々に増加すると共に役割も変化していったのである。基本的には、武家の持仏堂は金銭的に準独立していたので、僧侶または供僧組織も拡大し寺領が増加するに伴い、仏教活動に加え世俗的な活動も行うようになっていった。つまり宗教行事のみを行うのではなく、関東地方の社会・経済にも参加し、鎌倉幕府がその中心的役割を担うことで氏寺における権力を合法化したのであった。氏寺となった持仏堂や菩提寺の役割は、多様化していったが、その基盤となったものはやはり宗教的役割だったのではなかろうか。

そこで本稿は、関東武士団の氏寺について、鎌倉初期から蒙古襲来にかけて詳しく検証してみた。本稿は、様々な氏寺が存在する中、足利氏の鑁阿寺、北条金沢氏の称名寺、北条極楽寺氏の極楽寺、新田世良田氏の長楽寺に焦点を当てた。その理由は、これらが鎌倉幕府の近くに位置し、得宗家や幕府の役人等、関東を中心とする権力のある武家のものであったこと、さらには他の関東武士社会と氏寺に多大な影響を及ぼすこととなったからである。(1)

奥田真啓氏は、氏寺について著書『中世武士団と信仰』で述べている。ここには、氏寺の特徴七点が記述されており、その中の五点目には「荘園生活に於いて自己の所領の領有権確保の手段として、領内に建てるもの、以上が武士が建立した場合の氏寺の成立する主な過程であるが、以下当該武士以外の人の建立寺院を、当該武士が氏寺にしたものので(2)」ある、と書かれている。つまり奥田氏の見解は氏寺が象徴的なものであったことを指摘しているのである。本稿では、氏寺がいかに実用的なものであり、地域との関係を成立させるために必要であったかを更に具体的に述べたいと思う。また、氏寺がいかに宗教・社会・経済的役割を担っていったか、という点についても検討していきたい。

一　氏寺の発展

1　鎌倉初期

源平合戦の翌年、源頼朝と権力のある武士は、鎌倉幕府周辺に、武士による政治を新しく築くため、寺院建立に援助をしていた。最初の開創寺院となったのは、父義朝を奉祀するために源頼朝の建てた勝長寿院であった。さらに文治四年（一一八八）、足利義兼も頼朝の例に倣い、浄妙寺を開創したのである。(3)勝長寿院と浄妙寺は、平安朝の氏寺と同様に、先祖崇拝及び仏像との結びつきによる権力投影の役割を担った。(4)

奥州合戦での勝利の後、源頼朝は、建久三年（一一九二）に平等院を模倣して永福寺を建立した。その後、北条氏・新田氏・大江氏等の地方武士も頼朝に倣って寺を建立したが、それは館内の持仏堂でしかなかった。これらの寺は、現在も存在し当時の権力を偲ばせているように見える。しかしこれらの寺院は、当時の文書によると質素な持仏堂であったと記されており、その後の修復により拡張されたことが伺える。勝長寿院・浄妙寺・永福寺でさえ、その後破壊されているために当時の正確な外観は定かではない。しかし永福寺の遺跡の分析結果からすると、当時からかなり立派な建築物であったようである。(5)

関東武士による氏寺建立のほとんどは、承久の乱まで、頼朝や妻北条政子及びその子孫によるものであった。これらの氏寺は、全て鶴岡八幡宮寺近辺に位置している。寺院と持仏堂の建立は、この地が京都のように政治・経済・社会・宗教の中心となる上で、非常に重要であることを示していた。

頼朝と北条氏が鎌倉に寺院を建立している間、地方武士は、各々の領域の館内に持仏堂を作った。持仏堂は、当初は少数の地方武士によってのみ建立されていたが、その後地方武士の間でもごく一般的に建立されていき、主に拝礼や一族の行事に利用された。持仏堂建立は、地方武士の領域内での権力強化を示しているとともに、その領域との結びつきをも強めたように思われる。その上、関東武士は、持仏堂に京都から僧侶を招くことにより、権門寺院と直接に関係を持つことができた。

2　鎌倉中期

承久の乱以降、執権北条泰時の死までの間、寺院建立はほとんど行われなかった。承久の乱における朝廷軍の敗北は、幕府と北条一族に多大な権力を与え、政治・法の改定をもたらす結果となった。しかし一方で、この変化は地方の謀反を促すこととなる。御家人及び非御家人は、利益を力ずくで勝ち取ることが可能であると悟ることになったのである。幕府と朝廷の新権力構造と地方の謀反は、北条氏の幕府に対する影響力を一段と強める格好の機会となったことも軽視できない。だが北条氏の影響力が強まっても、なお得宗家の結束力は弱く、継承争いを引き起こした。その結果として泰時が得宗となったのである。元仁元年（一二二四）、泰時が鎌倉幕府執権職を継ぎ、得宗家は幕府で権力を確立していった。

泰時の行った主な法制定の一つとして、執権になって八年後の御成敗式目と追加法発布がある。式目の第一「可修理神社専祭祀事」と第二「可修造寺塔勤行仏事等事」によると、泰時は、寺社の修理や修造を支持していたのである。[6]それにもかかわらず追加法には、幕府が関東にいる僧侶の行動を制限していたと記述されている。これは、幕府による関東、特に鎌倉への仏教の広まりを制御するのが狙いであった。それゆえ氏寺の建立は、泰時執権時には行われなかったのである。

仁治三年（一二四二）の泰時の死後数年間、得宗家は圧力を受けたため幕府は不安定な時期を送った。仁治八年、安達軍が宝治合戦において長年幕府の重鎮で得宗家の脅威でもあった三浦一族を滅亡させ、ようやく危機を乗り越えたのであった。宝治合戦の後、得宗家は権力と安定を得て、同時に地方武士もさらなる権力を得ようと試みていた。地方武士が権力を得るためには領地の経済・社会・宗教を一層強固に支配する必要があった。そこで足利氏・新田氏・北条分家等の地方武士は、まず館を立派にすることによって、権力をみせつける手段を取ったのである。館に寺院を建立するのもこの理由からであり、時には寺院の方が館より広大になることもあった。これらの寺院は、館内の持仏堂や菩提寺の拡張による場合もあったが、別に建立されることもあり、武家の氏寺として宗教・社会・経済的活動を担った。関東の氏寺は、建長年間（一二四九―一二五六）より増加した。地方武士は、氏寺を建立し、開山として僧侶を京都から招いた。では、開山となる僧侶は、どのような基準をもとに選択されたのであろうか。これらの武士は、幕府に倣い、僧侶を真言・天台などの権門寺院から宗派別に選出したのである。その結果氏寺は、宗教的権力を得ることとなった。さらに武士は、勢力を増すことが可能となったのである。建長年間から蒙古襲来までの間、これらの氏寺の多くは、鎌倉の北条氏や地方武士によって建立された。

文永十一年（一二七四）から弘安四年（一二八一）に起きた蒙古襲来は、当時の史料及び現代の学者の見解からも非常に重要な出来事であったことが伺える。蒙古襲来は、以後半世紀の間に鎌倉幕府を滅亡に追いやることとなったのである。蒙古襲来の余波は鎌倉幕府を窮地に陥れることとなった。なぜなら九州で戦った武士が、多くの報酬を要求したからである。また寺社も、自らが行った祈禱が「神風」を起こして蒙古軍を沈没に追いやったと主張し、幕府からその見返りを求めたのであった。

蒙古軍を敗北へ導いたのが「神風」であったと幕府が認めたことは、結果として寺社の権力を強めることとなり、もう一方で日蓮や一遍をはじめとする新仏教も広めることとなった。しかし幕府は、今後報酬や新仏教の広まりが慣例化することを懸念し、これらを制限する法律を発令するに至ったのである。

弘安七年五月二十日に幕府が発令した新御成敗式目には、「被止新造寺社、可被加古寺社修理事」と書かれている。即ちこれは、新寺社の作造を停止せよ、以前に建てられた寺社を修理せよと言う内容だが、それにもかかわらず当初は、関東武士団が新氏寺の建立を続けていたとみられる。弘安八年に東慶寺、また永仁四年（一二九六）には覚園寺が北条金沢貞時によって開創され、他の北条氏や関東武士も、鎌倉及び関東に氏寺を建立していった。

二　氏寺の特質

Ⅰ　宗　派

氏寺の宗教的関わりは、御家人社会における武家の支配者の宗教上の好みとその地位、鎌倉からの距離によって異なった。通常鎌倉周辺で権力のある武家は、宗教的にも保守的であり、鎌倉から離れ、影響が薄れるにつれ宗教的に柔軟な傾向がみられた。鎌倉及びその周辺の北条分家は、京都の西大寺や高野山から僧侶を招き、氏寺の開山として開創した。例えば文応元年（一二六〇）、北条金沢実時は、金沢の六浦荘に亡き母を祀るために菩提寺を建立した。その二年後の弘長二年、西大寺流律宗の僧であった叡尊著の『関東往還記』には、「又　去二鎌倉一不レ幾有二一寺一　号二称名寺一年来雖レ置二不断念仏衆一已令二停止一畢以二件寺一擬二御住所一云々」と初めて称名寺の名が記されている。[7] 文永四年（一二六七）、実時は、下野国薬師寺の妙性房審海を開山に迎え、称名寺を開創した。

上総国を治めていた足利義氏は、鑁阿寺の開基であった。そしてこの氏寺は、多くの地元住民及び旅人を引き付けた。『鑁阿寺縁起』には、建久七年（一一九六）、上総守であった足利義兼が伊豆走湯山の理真上人を招き、鑁阿寺の前身である持仏堂を館内堀の内に建立したとある。[8] 理真上人は、まず大日如来像を安置した。その大日如来像は、持仏堂が拡張された後も、祖先と結び付けられて崇拝された。天福二年（一二三四）に足利義氏が持仏堂に新たな大日如来堂や僧庵を加えることにより、寺院が形成され足利氏の氏寺となったのである。「鑁阿」という名は、義氏の祖父足利義康が出家したときに用いた名前である。このことからも義氏は、鑁阿寺を先祖供養のため使用しようと考え、また義康に対する尊敬の念を強く抱いていたのであろう。

同様に承久三年（一二二一）、新田義季は、新田世良田家の氏寺を開基し、臨済宗の最高の伝道者でもあった栄西の高弟である、上野国出身の栄朝を開山として迎え入れた。この寺は、栄朝により長楽寺と命名された。『沙石集』には、「律師栄朝上人ハ無二止事一高僧、慈悲モ深ク、顕密共ニ達シテ、坂東ニハ諸国帰シタリキ」[9] と記されている。また「慈悲フカク徳タケテ、智行ナラビナキ上人ト聞ヘキ」[10] とも書かれている。

義季は、栄朝や栄西との関係が深く、かつ関東へ向かう道中における栄朝の評判が高かったことにより、開山として招いたのではないだろうか。栄朝を鎌倉へ招くことは、北条政子が栄西を招き頼朝の菩提寺として寿福寺を建てたことに倣ったに過ぎなかった。義季は、政子のように、栄朝を禅の指導者としてよりも、将来顕密僧侶としての資格を得るために呼んだのであった。義季の目的は、先祖供養を行うことのできる僧侶を迎え、新田一族の庇護のために経文を唱えてもらい、自然災害の際適切な儀式を行ってもらうことであった。[11]

北条極楽寺重時もまた同様の理由で、北条氏の分家である極楽寺氏のために、極楽寺（別名霊鷲山感応院極楽寺）を建立した。極楽寺は、元来深沢の里の念仏寺であり、阿弥陀如来崇拝のため建てられたものだった。正嘉元年（一二五七）から正元元年（一二五九）にかけて年中行事や供養を一人の僧侶のみが行っていた関係上、最低限の宗教的役割しか行えなかった。正元元年、この僧侶の死後、重時は寺を鎌倉周辺の地獄谷に移した。[12]新しい極楽寺は、西大寺叡尊の高弟であり真言律宗の卓越した僧侶であった忍性によって創建された。真言戒律派の提案者として評判を得ていた忍性は、寺の移転地を決定し、西大寺と関係を築き釈迦如来像を阿弥陀如来の代わりに祀った。しかし極楽寺は、文永四年（一二六七）に忍性が定住し長老になるまでは真の真言律宗寺院とはならなかった。それまでの極楽寺は、重時が念仏修行を好むことにより、念仏を重視していたのである。そして重時の葬儀の時までは、浄土宗西山派の僧侶が行事を執り行っていたのである。

その後忍性が極楽寺に館を構えた時、寺院の宗教的地位は鎌倉内の寺社でも定着していった。幕府は、この寺院の宗教的顕著さによって、蒙古襲来の時に極楽寺を御願寺としたのである。[13]極楽寺は、十四世紀初頭には、隔週定期的に鎌倉で行われていた塔供養を行うことのできる三つの寺社の内の一つとまでなった。これらの行事は幕府が塔供養をすることにより将来敵から守護され正当化することを理由に勧められた。極楽寺は、この不透明な宗教的役割を担うことで、武士や住民の宗教的・社会的な集会場として好まれて利用された。[14]

2　氏寺と武士の出家

鎌倉初期に武士が出家する理由とは、俗生活から引退するためというよりも、むしろ死ぬ前にあの世へ行き、入滅できるために心をこめて仏教の戒律を誓うためであった。例えば、鎌倉将軍源頼朝は建久十年正月に「関東将軍所労不快トカヤホノカニ云シ程ニ、ヤガテ正月十一日ニ出家シテ」と『愚管抄』に記してあり、また「前右大将（頼朝）所労獲麟、去十一日出家之由、以二飛脚一夜前被レ申レ院。……前将軍去十一日出家、十三日入滅」と『明月記』にも記されている。つまり頼朝は、病気がおもわしくなくなるまでは出家しようとせず、亡くなる二日前に戒律を誓ったのであった。(15) しかし頼朝の病気が末期を迎えていたこの時期に本人が儀式を行うのは不可能であると考えられることから、この出家の儀式は僧が取り仕切ったのではないだろうか。だがこのような行動は、特に珍しいことでもなかった。

しかし出家の習慣は、次第に変化していく。鎌倉中期から権力を持つ関東武士は、政治生活を引退するとすぐに出家をして、仏経や宋哲学を死ぬまでの年月学ぶようになったのである。この習慣の重要性を検証するには、初めてこのような出家を行った鎌倉幕府五代目執権北条時頼について考察する必要があるのではなかろうか。(16)

建長七年（一二五五）二月、西国で麻疹《はしか》が流行し、その一年後には鎌倉でも流行し多くの武家で死者が出た。同年二月十二日には、執権北条時頼の屋敷で台所の贄殿が亡くなり、二月末には時頼自身も瀕死の重態となった。後に時頼は回復することができたが、この伝染病は多くの命を奪っていったのである。

時頼は、名越、宇都宮及び極楽寺の館で死者が出たのを見て、政治生活引退後すぐに出家することを考えるようになった。時頼は、自らの娘や親戚を伝染病で亡くしたのち、再度病に伏し数日間意識不明となったものの、奇跡的に意識を回復した。この経験は、時頼に強烈な印象を残すこととなったのである。(17)

麻疹から全快後、時頼は、執権を引退した。次の鎌倉幕府執権には、北条極楽寺長時が就任した。北条時頼は、康元元年（一二五六）十一月二十三日に、戒律を最明寺で誓い、法名は覚了房道崇となった。戒律の師は、建長元年（一二四九）から時頼の保護のもとに勤めていた宋僧の蘭渓道隆禅師が行った。(18) そしてこの儀式は、北条時貞がひっそりと戒律を誓った一ヶ月後に行われた。時頼の出家は、即座に影響を及ぼすこととなり、結城朝広・時光・朝村、佐原光盛・時連、三浦介盛時、二階堂行泰・行綱・行忠等が時頼に倣い出家した。[19] 長期に及ぶ伝染病流行が鎌倉武士に影響を与えたのは、ほとんど疑いの余地のないものである。戦地で死に直面した場合は防衛行動を取ることができるが、館であってはなす術もなかったのである。彼らは、せめて戒律を誓うことでそれをあがなおうと考えたわけである。『吾妻鏡』には、仏にすがることしかできない無力な雰囲気が綴られている。[20] だが鎌倉武士は、根本的に合理的であり、政治生活を引退してから寺院に入ることによって、病との接触を遮断できると考えたのであった。

3　氏寺の支配

文暦元年（一二三四）から建長三年（一二五一）の間、足利義氏によって建てられた菩提寺が拡張されて氏寺の一部となり、泰氏の支持のもと鑁阿寺ができた。建長三年に足利泰氏が法制定した時に初めて鑁阿寺という名が記されている。これには以下の条文が書かれている。

【史料一】[21]

一未灌頂輩、不レ可レ被レ補二供僧一事
一以二他門僧徒一、同不レ可レ被レ補事
一不レ退二居住壇所一、不レ可レ用二代官一事
一新補二供僧一可レ被レ尋二寺家一事
一一切経会料足并御仏寺修造等、悉以レ為二年中行事一沙汰、可レ令二支配一事

建長三年三月八日
鑁阿寺供僧中

泰氏は、この掟を氏寺の供僧が厳守することと結んでいる。そしてこの掟を破った供僧の名前は、連署起請文に記載されるとしている。[22]この掟には、着目すべき点が幾つかある。足利義氏の亡くなる三年前に、泰氏は、父義氏との相談の上であろうが、鑁阿寺の供僧組織に対し厳しい規定を課そうとしていた。泰氏は、まず灌頂の供僧に基本的な条件をつけ訓示した。これにより、供僧と弟子の区別を明確にし、基本的な階級制を設定することができる。泰氏は、後に氏寺の規模と僧侶や侍者の人数によって、更に詳細な階級分けを可能にしたのである。

泰氏がこのような具体的な手段をとおして、供僧の人数や移動、更には供僧の他の氏寺での雇用を制限したことは非常に興味深い。[23]供僧の数を制限すると共に氏寺の土地所有を徐々に拡大していった泰氏の手段は、氏寺の利益を増加させる結果となった。同時に東国に念仏を広めた念仏僧は、俗人や僧を改宗させることにより氏寺を圧迫していったが、泰氏は掟を利用することにより鑁阿寺の供僧組織を確保した。

その上【史料一】によれば、泰氏は鑁阿寺の供僧に寺務の一部を行うことを許可した。供僧は、これにより日々の業務だけを担当するのではなく、氏寺の年中行事や管理・修造にかかる費用も集めたのである。これらは、氏寺を独立したものにする重要な役割を果たした。弘安十年（一二八七）に大雪と火災により氏寺が破壊したあと、貞氏が以前より広大な氏寺を再建したのである。[24]注目すべき点は、貞氏のもと鑁阿寺に学校が設立され、その後足利学校として歩み始めたことである。即ち鑁阿寺は、宗教的役割以外にも重要な社会的役割も担うようになったのである。

鑁阿寺は、拡大するに伴い、地域経済と地域社会の中心となった。その結果、多くの商人・職人・武士等が訪れるようになったのである。【史料二】では、義氏が鑁阿寺での社会・経済活動のもたらす問題点を抑制しようと試みていたことが分かる。

【史料二】[25]

堀内御堂四壁之内、童部狼藉、市人往反、牛馬放入、三ヶ条事、各以承仕下部可令禁制、就中致当番之承仕下卩者、不可出四壁、背此状致館緩怠輩者、早可令改定也、此旨可令存知状如鵜件

宝治二季七月六日

これによれば、一番の問題点は子供の狼藉であり、次に多くの市人が常に鑁阿寺に出入りしていたこと、最後に牛と馬が鑁阿寺に入ってきたことであった。これらの事柄が供僧を悩ませ、鑁阿寺の大御堂を傷つけ、動物の糞尿が寺院地を汚染したのである。そこで義氏は、これらの大御堂への出入りを禁止することにしたのである。【史料一】及び【史料二】をみると、氏寺は、拡大したことにより地域で重要な役割を果たした。さらに足利家は、変化する事情に対応するために、具体的な対策を取らざるを得なくなったことが分かる。

三　氏寺と鎌倉経済

1　建立と寺領

宗派、寺院の規則、開山の僧は、個々の寺院で異なる。それ故、所領寄進は、氏寺建立のため武士が行うことが基本であった。氏寺は、時折寄付や布施等を受け取ったが、所領寄進は堂々の創建だけでなく氏寺の管理費用にも当てられたため経済基盤としてなくてはならないものであった。そのため所領寄進に具体的に何が含まれているのか考察する必要があるであろう。

新田世良田家の氏寺である長楽寺では、新田家・幕府・他家による興味深い所領寄進が行われていた。仁安三年（一一六八）六月に新田義重は、空閑《こかん》を来王御前に譲ったのである。(26)譲状には女塚・押切・世良田・上平塚・三木・下平塚

の所領を来王御前に譲ると明記されており、この史料が来王御前を後の土地所有権争いから保護するために作られた意図も伺える。また史料の結びに「たのさまたけあるへからす」と「このむねおそんして、百さうさたのものあんとあんとすへし」という記述があることから、義重は、地元住民がこれらの領地の沙汰を所有するよう命じていることになる。(27) また同日、義重は、来王御前の母へ「女塚・上江田・下江田・田中・大館・粕川」等、合計十九ケ所の所領を「このかう〱したいにゆつりわたす」として譲り、「こあまたあれど」の来王御前の母が今後も所領を守れるよう注意を払った。これらの二通の寄進状から、義重が新田世良田家の経済基盤を地域に確立した事は明白である。

また、宝治元年に栄朝朗誉阿闍梨が長楽寺に入った後、長楽寺は幕府や新田家以外の家から所領を寄進された。【史料三】によると、藤原時家が新田家以外では最初の寄進者であると記録されている。

【史料三】(28)

上野国世良田長楽寺　奉寄進水田壱町事

在武蔵国中条保内水越古政所

南深町

右意趣者、為㆓出離生死・証菩提㆒、隋永代奉㆓寄進㆒畢、雖㆓子ゝ孫ゝ不㆑可㆑有㆑違乱㆒、於㆓種子㆒農料者可㆑為㆓中条之沙汰㆒、秋之時以㆓寺家御使㆒、可㆑被㆓収納㆒之状如㆑件、

建長四年七月五日

左衛門尉藤原時家在判

時家の寄進は、仏法の現益を確保し、家族のための涅槃に入滅を保証するとともに、子孫を災難から守るためであったということを考慮すると、非常に特異なものだったのではないだろうか。もう一つの注目すべき特徴は、時家の出した条件である。これによると、毎秋氏寺の代表が、それは種子である水田一町を受け取るべきだということであ

る。「種子」とは自覚の芽生えという意味もあり、また梵語で「ビジャ」と読み、仏教の神々を表すものである。したがってこの記述は、これらの事柄をほのめかしているように解釈することもできて興味深い。(29) いずれにせよ時家の寄進は、氏寺がどのように収入を得ていたかを示す貴重な史料であり、社会で氏寺がいかに高い地位についていたかを示すものでもある。これは、氏寺を開基した武士の努力がもたらしたものである。

文永十一年（一二七四）に起きた最初の「蒙古襲来」時、長楽寺への寄進は急激に増加した。左記の史料は尼浄院による寄進状である。尼浄院とは、新田世良田頼氏の女のことである。この史料は、初めてこれらの寄進について記録したものであるので、その内容を細かく検討する必要がある。

【史料四】(30)

世良田長楽寺によせたてまつる田三丁・さいけ一宇の事たうかきうち

右、かの田・さいけハこたなかとのゝ御き日ところなり、上江たのうちに田七丁のちとうのとくぶんをもて、としことにまいらすへきよし、こたなか殿の御きしんしやうニありといへとも、そのところにくたんの田・さいけをよせたてまつるところなり、御寺にちやうさいほんきやうのそう一人もをこなハセ給候ハん程ハ、いつれの世にもさをいあるへからす候、よてせうもんのためにしゃう如件、

けんち（建治）三年十二月廿三日　浄院在判

この史料によれば、尼浄院が「梵行の僧」を支援するために、長楽寺へ田三丁と在家一宇を寄進した。しかしこの領地は、故田中氏が地頭得分をすると寄進状に記述してあったといわれる場所である。ただし詳細については、実際の寄進状が残っていないため、不明である。ただし尼浄院は、明らかに、今後この所領や在家に対する妨げを防ごうと試みていたのである。また尼浄院は、地頭得分の件を明確にするため奮闘し、史料の結びで、いつの世も相違すべきではないと記述しているのである。この史料により、長楽寺の所領権を保護したのは明らかである。けれどもこの

史料には、何故寄進をするに至ったかは記されていない。この問題については、次の史料を分析することにより分かる。

【史料五】(31)

奉寄進　上野国世良田長楽寺　同国世良田庄南女塚村内田在家事

壱宇　大宮前弥四郎跡田・在家

壱宇　窪田南塚居在家

右、為亡夫参河前司入道忌日湯木、奉寄進同庄上江田村内林之処、於于今者無林而成作地天依為得分地、就南女塚御寺御分為便宜地之間、相博彼所、所寄進也、仍状如件、

元亨二年十一月廿日　浄院在判

確かに先祖供養は、寺院の基本的宗教行事である。だがこれらを行うには、僧侶の参加が不可欠であると同時に財力も必要となる。また行事に参加した僧侶は、僧衣・米・金銭などの布施を供養を行うごとに受け取ることが慣例であった。先祖供養を定期的に行えるようにするには、寺院が一定収入を保つことが大切であった。浄院の寄進状には、この内容が詳しく記載されているのが分かる。ここには、浄院が定期的に「忌日」のための先祖供養の行事を行えるようにし、供養に必要な「湯木」を所領と在家を寄進したことで得たことが記されているのである。上記の【史料四】と【史料五】から、具体的な記述がなくとも氏寺へ所領寄進する事で先祖供養やその他の年中行事を今後も行ってもらえるようにしていたことが理解できる。

蒙古襲来以降、武士の相続の仕方が変化した。【史料六】と【史料七】はこの傾向を明らかにするものである。

【史料六】(32)

一、神事・仏事の御くうし事、をちきりといふとも、おの田・さいけとんにハかくへからす、かうふんにこのさいけとんのくうしをハしいれらるへし、このさいけとんハ一ふんもよけす、女ハういちこのゝちハねをい御せ

しかるによりて、御くうし事とんをさためをハりぬ、かミくたんお事とんてう〳〵一ふんもそむかん、ことも・まこひこしゝそん〳〵にをきてハ、おや・おほちのめいをそんく物にて、ふけふの人たるへし、時成かあとをちきやうすへからす、かミの御はからひとしてた人のりやうたるへし、仍のちのせうもんのためにゆつりしやう如件、

建治二年ひのへね十月一日

源時成（花押）

この譲状を要約すると、鳥山時成が相伝の所領を条件付きで妻「念空」に譲ると書かれている。そしてこの条件とは、一期の後、時成の孫「ねをい御せん」（慈円）へ所領を譲らねばならないというものであった。

時成の最初の譲状は、文永十一年（一二七四）における蒙古襲来の二年後に書かれており、次の譲状は、弘安四年（一二八二）の蒙古襲来の翌年に書かれた。おそらくこれは偶然ではなく、時成が幕府や他の武士と同様に三度目の蒙古襲来を予測し、妻に跡を残そうとしたためではないかと考えられる。時成の妻から孫への遺産相続における条件で二点ばかり不明瞭な事柄がある。まず、何故時成が譲状二枚ともに同じ条件を記述したのかという点である。そして次に、時成が跡を子ではなく孫へ直接渡るよう記した理由についてである。明解な説明はどの史料にも記されていないため理由については推測をする以外方法はないのだが、おそらくこの二点とも、時成の子が原因不明の死を遂げたことと深く関わっているのではないかと推定できる。つまり時成にとって唯一残された親族は、妻と孫だったわけである。それゆえ時成は、既婚・未婚に関わらず孫に跡を残したかったのではないだろうか。また時成は、この所領の所有権を他人が要求することを恐れ未然に防ごうとしたのかもしれない。当時は、多くの武士が蒙古軍と戦った見返りを求め、逆に幕府は分配できる領地に限りがあったのである。時成はその現状を見極め譲状を作成することで自らの所領を守らない限り、妻と孫の遺産相続は極めて難しいという結論にいたったのであろう。

【史料七】(33)

せらたのちやうらくしの御てらへよせまいらするさいけの事
ところはゑちこのくに、ハたきのしやうのうち、ふかみのうち、へいこんのかみかさいけ一う、又なかむかみのとうさうしかあと、このにけんのさいけにハ、た・はたけ一うんをよけへからす、おのうへにかいかハあり、やなきのした、こせのかわをそへたり、
みきくたんのた・さいけにをきてハ、ゑいたいをかきて、御てらへよせまいらをハぬ、たのさまたけあるへからす、もしいらんをもいたさん人にをきてハ、あましゑんかをゝちのさためをくいましめのしやうにまかせて、上の御ハらひたるへし、たゝし、こかね井殿ゝ一このうちなり、よんてしやうくたんのことし、
ゑいにん五ねんひのとのとり六月十一日
しゑん在判
ねくう在判

【史料七】によると時成の死後、具体的には時成が二通目の譲状を書いてから十五年後、尼慈円と念空が越後国波多岐荘深見郷内にある平権守の在家二軒を長楽寺に寄進したことが記述されている。在家と所領を永久に寄進したのは、何故であろうか。慈円と念空には子孫もなく鳥山家の先祖・時成、及び自らの供養を行うことを保証するためだと考えられる。本稿には載せていないが、二通目の寄進状には、慈円と念空が時成より譲り受けた在家と所領を寄進したことが記述されている。二通の寄進状は、共に永仁五年（一二九七）六月十一日に作成されていることから慈円と念空両者が共にこの結論を出した事が伺える。この結果長楽寺は、鳥山家の供養を執り行う上で必要となる費用より遥かに多大な財産を得ることとなったのである。これは、氏寺の経済基盤を拡大するための所領寄進の典型的な例となった。

奥田真啓氏は、武士が小規模な寺院と氏寺を合併させるために利用したと指摘している。【史料八】と【史料九】に

は、いかに長楽寺が今井郷における御堂と所領を永久に寄進したかが記されている。これは、いかに氏寺が、庄園の小規模な寺院の所領と所有権を寄進される事で経済基盤を広げていったかを示す例の一つなのではないだろうか。

【史料八[34]】

長楽寺　寄進　今井堀内御堂地、

右、至二子ゝ孫ゝ未来際一、奉二寄進状一如レ件

弘安三年庚辰二月二日

源輔村在判

【史料九[35]】

上今井内、道忍跡屋敷堀内、奉レ寄二進世良田長楽寺一畢、仍状如レ件

弘安十年十一月三日

源資村在判

源輔村は、新田庄・今井郷の堂地は地元の御堂がいかに大規模な氏寺の一部となっていったかを示している。【史料八】には、御堂とはおそらく小規模な菩提寺を指すものであろうと説明されている。また【史料九】には、道忍という僧侶が亡くなり屋敷を残したと記されている。御堂は今井郷にあり道忍の屋敷は上今井であったが、この僧は御堂の者であったにほぼ間違いはない。また源資村は、道忍が屋敷にいた時に御堂を初めて寄進しており、この七年後には屋敷も寄進したのである。いずれにせよ長楽寺がこれらの寄進で何を行ったのかは不明であるが、所有物の寄進自体が収入とならなくともそれを売ることで、長楽寺は利益を得ることが可能だったのではないだろうか。

2　海外貿易

高麗や宋との貿易は、平安時代以前から始まっており、十一世紀を境に唐物の輸入が増加した。鎌倉幕府成立前ま

で輸入は、朝廷や貴族により規制されていたが、幕府成立後は鎌倉で独自に貿易がなされるようになった。その結果、鎌倉時代に空前の唐貿易が公武の二重構造で行われるようになったのである。海道記には、由比が浜に数百艘の船が停泊し、無数の商人が取引を行っている状況が記されている[36]。他の史料にも関東・西国間の海洋貿易は通例であり、数多くの船が行き来していたと記載されている。そして鎌倉・淡路・博多を結ぶ航路が商品を輸送するのに好まれた。

朝幕は、建長年間から蒙古襲来までの間、それまで以上に対外貿易に力を入れ、宋と高麗から主に仏典や仏像、貨幣、贅沢品（唐絹・唐綾等）を輸入していた。鎌倉時代には、関東の氏寺で唐の仏典が人気を博しており、青銅貨や南挺もそれに劣らなかった。なぜなら鎌倉経済では、米より扱い勝手の良い貨幣が重宝されたからである。史料の記述こそ少ないが、発掘調査によって、上記輸入品目以外に陶磁器が好まれたことは明白である。

鎌倉時代前期には、ほとんど貿易制限はみられなかった。ところが幕府は、鎌倉中期になると、経済・政治分野における変化によって、貿易規制に乗り出したのであった。幕府の貿易規制の記録には、唐貿易や唐物の人気の高さ、また幕府がいかに対外貿易を尊重していたかが詳しく記載されている。建長六年（一二五四）に発令された規制により鎌倉に入港できる唐船の数が制限されたことで、康元元年（一二五六）から正嘉二年（一二五八）にかけて一段と貿易の無法化が進んだ。幕府は、その対策として、弘長元年（一二六一）九月二十五日に海洋貿易に年貢をかける布告を出したのである[37]。幕府は、文永元年（一二六四）には鎌倉へ寄港する船の博多への寄港を禁じ、鎮西からの酒の輸送を禁止した[38]。これらの布告からも、いかに唐貿易が重要な位置を占めていたかが伺い知られるのではないだろうか。

さて、対外貿易や輸入品の分配と同等に欠くことのできないものは、関東武士の氏寺であった。これらの氏寺は、海外貿易や地域市場についてどのような役割を持っていたのだろうか。この点については、北条金沢貞顕の書状を検討すると明らかになる。称名寺方丈宛書状は、貞顕の個人的な希望を詳しく示すだけではなく、唐船・唐物・鎌倉市場の雰囲気等についても明らかにしている。以下にあげる貞顕書状は、その様相を端的に示している。

【史料一〇[39]】

明日評定以降、可㆑参之由思給候、唐物等被㆑開候へかし、拝見仕候はむと存候、明日、若御指合候者、明後日夕方まては候はんすれは、明後日までもひらかれ候者、本意候、盗人もをそれ覺候、怱御さた候へかしと存候、又　極楽寺物者、何様御沙汰候哉、可㆑被㆑市立之由聞候しは、一定候乎、可㆑承候、猶〱、明日、明後日之間、被㆑開候者、悦入候、引返し、可㆑承候、恐惶謹言、

正月廿四日　　　貞顕

方丈

唐船は、鎌倉由比が浜の極楽寺近辺で唐物等の荷下ろしをした。この書状のみでは、唐船が由比が浜だけに来たのか、またここが望ましい場所であったのか伺い知ることは難しい。だが、貞顕が唐物を購入する時には鎌倉の極楽寺

市場を訪れたことを物語っている。唐船が直接称名寺へ持っていった可能性は低いと考えられる。そのかわり称名寺へは、極楽寺へ唐物が運ばれた後、陸路または海路を使って運ばれた。なぜ貞顕は、唐物が称名寺へ運ばれるにも関わらず、直接極楽寺市場へ赴いたのだろう。これを解く鍵が下記の鎌倉における唐物について書かれた貞顕の書状の中にある。

【史料一二[40]】

一狼藉事、唐船物ともつき候て、いさゝかさやうに
候覧、返々歎存候、厳密の御沙汰候へく候、
鎌倉中狼藉事、無申計候、あなかしく
三月廿三日

上記二点の史料によると貞顕は、展示前の唐物でさえ盗難に遭いかねないと警戒している。また唐船が鎌倉に到着するたびに起こる騒動や狼藉も強調されていることから、これは極楽寺市場ではごく一般的な現象であり町や市場で甘受されていた行為だと考えられる。「狼藉」という表現は「下文」「下知状」などでは無法な武士を指すため、この書状の言う「狼藉」は庶民の盗賊だったのか武士だったのか明確には分からない。だが極楽寺市場は、唐物の種類の豊富さと高価さから多くの人々を引き付けたことは言うまでもない。

このほかに重要な二点について触れておきたい。まず貞顕が極楽寺市場での展示に関する問題点を予測できたということは、言い換えれば唐船が定期的に鎌倉へ寄港していたという事実を示しているのではないだろうか。次に権力者である貞顕が極楽寺の僧に対し「恐惶謹言」「あなかしく」等の尊敬の念を表す表現を使用し、僧に伺いを立てていたことから、極楽寺の地位が向上していたことがわかる。極楽寺の例から、氏寺が対外貿易において非常に重要な役割を果たし、氏寺市場が地域経済の中心となることで経済発展に寄与したと言えるのである。同時に氏寺における経

済活動は、武士に収入を与えると共に地域武士に領内の貿易を制限監視させたのであった。

おわりに

本稿の要点をまとめると、①鎌倉初期には、関東武士の氏寺は数少なく、ほとんどの氏寺は将軍家によって建立されていた。同時に、権力のある関東武士は、堀之内或いは館内に先祖供養のための持仏堂や菩提寺を創建した。だが鎌倉中期には、菩提寺や持仏堂が徐々に寺院に発展し氏寺となった。さらに鎌倉後期になると、これら武士の氏寺は、所領を増やし僧の数も増加したため、武士に頼ることなく機能できるようになっていった。

②関東武士は、禅宗・浄土宗・念仏に興味があったが、基本的には幕府に従い真言宗や天台宗、顕密仏教を選んだのであった。その結果、幾つかの氏寺は真言律宗になり西大寺流の末寺となり、他の氏寺はその他の西国の権門寺院と関わりを持つようになった。

③氏寺は、地域経済の中心となった。一方、市場は、商人や旅人等を引き付けた。これにより氏寺は、武士にとって地域経済を支配するための重要な要素となった。そのうえ氏寺は、高麗や宋との貿易を潤滑にする役割も担ったのであった。

鎌倉時代の関東武士の氏寺について、幕府との関係や商品の流通における役割等、まだ多くの研究課題が残されている。また氏寺が、足利氏や新田氏などの関東武士にいかに権力を持たせ、幕府の滅亡後を乗り切り、室町時代に繁栄することとなったか、についても後日検討する必要があるのではないだろうか。

注

(1) Martin Collcutt 氏は、北条得宗家と宋僧の関係について、*Five Mountains: The Rinzai Monastic Institution in Medieval Japan,* (Cambridge: Council on East Adian Studies, Harvard University, 1981) に詳しく述べている。北条氏の分家については、細川重男氏『鎌倉政権得宗専制論』(吉川弘文館、二〇〇〇年、二五一―五二頁) に詳しく述べている。

(2) 奥田真啓『中世武士団と信仰』(柏書房、一九八〇年、二八九頁)

(3) 現在は、両寺院とも臨済宗に属しているが、当時はそのような事実はなかった (『鎌倉市史』寺社編)。

(4) 奥田真啓『中世武士団と信仰』(二九五―二九八頁)

(5) 「政治」『考古学による日本歴史五』(雄山閣出版、一九九六年、七八―八〇頁)。進行中の発掘調査により、永福寺の見取り図と所在地が解明した。

(6) 石井進・石母田正他「中世政治社会思想　上」(『日本思想大系』21、岩波書店、一九七二年)。

(7) 叡尊『関東往還記』。

(8) 『鑁阿寺縁起』。

(9) 『沙石集』(『日本古典文学大系』85、岩波書店、一九六六年、二六九頁)。

(10) 『沙石集』四五四頁。

(11) Collcutt, Martin. *Five Mountains,* 40.

(12) 『極楽寺略縁起』。

(13) 『極楽寺略縁起』によれば、毎年二月二十三日から二十五日にかけ、北条氏や将軍家が供養に参加した。

(14) Ruppert, Brian. *Jewel in the Ashes: Buddha Relics and Power in Early Medieval Japan,* (Cambride: Harvard University Press: 2000), 230-260.

(15) 『猪隈関白記』によれば、頼朝は「飲水」病におかされていた。この病は、いくつかの病気を指すが、いずれにしろ淋病を引き起こすものである。頼朝が戒律を誓った日時は、『北条九代記』にも記されている。『北条九代記』には、出家が一月十一日に行われて十三日に亡くなったと記されている。

(16) 多くの武士の子息は、寺院で弟子となり、後に鎌倉へ戻り鶴岡八幡宮寺やその他の寺院の僧となった。詳しくは、小松和彦・都出比呂志編『日本古代の葬制と社会関係の基礎的研究』(大阪大学文学部発行、一九九五年、九三―一一七頁) 所収の平雅行「鎌倉幕府の宗教と政策について」を参照のこと。
(17)『吾妻鏡』には、鎌倉の伝染病の猛威と武士の反応が詳細に記述されている。具体的な説明は、建長八年八月、九月、十月、十一月の項目を参照のこと。
(18)時頼と道隆禅師の関係については、Collcutt, Martin. *Five Mountains: The Rinzai Zen Monastic Institution in Medieval Japan*, (Cambridge: Council on East Asian Studies, Harvard University, 1981), 65-58.
(19)『吾妻鏡』康元元年十一月二十三日。
(20)奥富敬之氏も、たびたび襲う伝染病の猛威が多くの武士を出家に導いたと説明している。詳しくは『時頼と時宗』一三九―一四六頁を参照のこと。
(21)『鑁阿寺文書』史料一、建長三年三月八日足利泰氏置文。
(22)『鑁阿寺文書』史料一。
(23)これは、奥田真啓氏が主張する氏寺の役割、すなわち他の寺から僧を呼び寄せるためとは異なっている。奥田真啓『中性の武士団と信仰』を参照。
(24)貞氏は、鑁阿寺の堂々の他に、「十二御坊」(東光院・普賢院・不動院・六寺院・浄土院・宝珠院・威徳院・延命院・千手院・金剛乗院・龍福院・安養院を含む)を創建した。
(25)『鑁阿寺文書』史料七二。
(26)来王御前という名は、「御前」が女性を示し、「来王」の「王」が男性を示す。それ故この人物がいかなる者なのかは分かりづらい。尾崎喜左雄『上野国長楽寺の研究』二三一―二四〇頁と、『新田荘と新田氏』七九―八四、一一六、一二三、一二四頁には、世良田義季(義重の四男)のことだとしている。
(27)『長楽寺文書』史料一二二。
(28)『長楽寺文書』史料四七。
(29)「種子」については、中村元著『仏教語大辞典』(東京書籍、一九八一年、六三三頁)を参照のこと。
(30)『長楽寺文書』史料四八。
(31)『長楽寺文書』史料五一。
(32)『長楽寺文書』史料九八。

(33)『長楽寺文書』史料五二。
(34)『長楽寺文書』史料四九。
(35)『長楽寺文書』史料五〇。
(36)『海道記』貞応二年四月十七、十八日。鎌倉と近江国の活気ある大津浦港を比較し、多くの船と商人でにぎわっている貿易港として共通点を述べている。
(37) この布告では、今後五年間に山城国に寄港し金剛山へ建築資材を下ろす船は、十貫文を年貢として納めることとされている。
(38)『鎌倉幕府追加法』文永元年四月日。
(39)『金沢文庫』史料一五七。
(40)『金沢文庫』史料四三五。

〈キーワード〉氏寺　鎌倉　鎌倉幕府　武士　極楽寺　称名寺　長楽寺　鑁阿寺　唐

荘園社会における武士の宗教的位置
——陸奥国好島荘における寺社の基礎的考察——

苅米一志

序——研究の指針

荘園内部の宗教秩序というものを想定した場合、領家の経営による荘鎮守と集落単位の寺堂・小社、それに付随する僧侶・神主職という基本要素が存在する。荘鎮守は本末制などの形で寺堂・小社の上位に位置し、荘官・名主百姓らの共同参加による修法・祭祀が行われる一方、寺堂は早期から集落の墓所、小社も早期から集落の農耕神としての性格をもっていたと考えられる(1)。

しかし右とは別個の体系を形成していたと思われるのが、いわゆる在地領主層による系統である。特に地頭御家人は、制度的保障と経済的基盤を以て、荘園内部に氏神・氏寺を建立し得る存在であった。この問題については一九三〇年代以降、奥田真啓による一連の論考があり(2)、史料の博捜を含め、その性格付けや形態分類については、これを大きく越える論考は存在しないと言ってよい(3)。しかし、その一方で在地社会における氏神・氏寺の意義については、当初からその内面的意義が重視されたため、現在までほとんど明らかにされてこなかった。近年、武士の氏神・氏寺についての研究は停滞し、いわゆる武士論においても、こうした要素が取り上げられることは少ない(4)。在地社会における氏寺の宗教的・社会的意義を考察した川岡勉、高橋修の成果は挙げられるものの(5)、荘園公領における氏神・氏寺の位置および他主体との関連については、実態分析を含め、いまだ多くの問題を残していると言えよう。

右の問題意識に則り、本稿では在地領主制研究の成果を念頭に置きつつ、地頭御家人と在地寺社との関係を氏神・氏寺を含め具体的・体系的に明らかにし、それを在地社会における宗教構造に位置付ける一助としたい。素材としては陸奥国好島荘をとりあげ、荘鎮守、武士の氏神・氏寺および在地寺社との関係について考察することとする。まず、考察の前提となる一般条件の確認から始めたい。

一　考察の諸前提

1　武士における信仰の基本的特質

武士の思想については津田左右吉以来、その特徴として、Ⅰ「武家の習」すなわち武芸修練の尊重、Ⅱ家系・家名・武功の重視、Ⅲ利己主義の克服（自己放擲による無我の実現）、Ⅳ絶対他力への傾倒による禅・念仏との接点、等の事項が指摘されてきた(6)。ここでは、既に読解されている「浄土寺文書」嘉元四年（一三〇六）十月十八日定證起請文をとりあげ(7)、右の各事項が信仰の次元に如何に反映しているかを簡略に検討しておく。起請文は、備後尾道浄土寺が西大寺末寺として落慶供養を終えた直後、同寺長老の深教房定證によって記されたものである。定證自身の前半生も述べられており、彼は紀伊国の武家の惣領であったという。起請文は、武士がその心情を直截に吐露している点で、稀有な史料と考えられる。

（一）（前略）而弟子生縁南海紀州也、当国風俗多好㆓狩猟㆒、一家重代皆携㆓弓馬㆒、朝夕殺生為㆑事、屡経㆓三十余年㆒

畢、爰文永十年之秋、清風朗月之夜、良友数輩廻飲、当座詠二三首題一、於二彼誑言綺語之席一、忽発二一念菩提之心一、是最初発心之起也、明年之春出洛之時、於二六波羅一侍二見諸人出仕一、其中或司馬殊越二傍輩一、眷属囲遶英雄抜群、是則継二先祖名将之家風一、富二後胤重代之潤屋一之故也、于レ時予竊憶、勇士戦陣之時、皆雖下替二命号一留上レ名、其人臨終之剋、更無下替二名号一留上レ命、勲功之賞伝レ家、永致二子孫之繁昌一、闘殺之罪随レ身、独受二泥梨之苦果一、多二妻子眷属一之者、不レ随二中有之路一、誇二官位福禄一之者、不レ備二後生之要一、唯戒及施二不放逸一、今世・後世為二伴侶一文、不レ如下戒為二究竟一伴過中生死険道上、出家受戒之志、是時弥□催、是第二度発心也

紀伊国の武家[8]に生まれた定證は、「先祖」と「後胤」をつなぎ、武家としての存続を可能にするのが、「一家重代」の職能＝「弓馬」であると意識し、一方でそれを個人における「殺生」「闘殺之罪」と考えていた。これが彼の出家の契機となるのだが、定證は右のような状況を克服すべく「戒」「不放逸」を想起している。ここでは、武士における殺生観とそれ故の戒律への飢渇が指摘できる。また、個人の往生という観点から、自身の職能に対する疑念が生まれている点も特記すべきであろう。

（二）（承前）帰国之後、漸送二旬月一、九夏徒過、三烋(秋)将暮、不レ図値二善知識之汲引一、得二聞出離之要一、即参二詣長谷寺一、終夜侍二宝前一、行二三千三百三十三遍礼拝一、祈請曰、南無大慈大悲観自在尊、今生必得二発菩提心一云々、礼拝既畢、殊抽二寸府一凝二懇志一之処、非レ夢非レ寤、感二不思議妙瑞一、愚情丹棘之信水、自通二大悲願海之内一、薩埵青蓮之慈眼、忝照二一心称念之底一、感応道交、霊験指掌、哀乎貴乎

出家・受戒の志を抱いた定證は、「善知識之汲引」により長谷寺に参籠し、「発菩提心」を得ることを祈念する。その前提として、①定證が所領の近隣に位置する粉河寺の観音に参詣していたであろうこと[9]、②長谷寺も粉河寺も、平安末には三十三所巡礼の観音道場として組織化されていたこと[10]、等の事情が推測される。尾道浄土寺金堂の本尊として、長谷寺の十一面観音を模刻するなど、定證においては出家の後も観音への信仰が卓越している。観音は刀杖や諸

魔の退散などの霊験を持ち、地蔵と並んで武士に信仰されやすい性格を有するが、(11) 右の例は、武家における護持仏の形成過程を示すものとして注目される。

(三)　(中略) 同年十一月廿七日、辞二本国一赴二南都一、詣二西大寺一、奉レ拝二興正菩薩一、瞻二仰尊顔一、目不二暫捨一、憐愍教化之音、深銘二心肝一、信受歓喜之涙、難レ禁二眼泉一、定證申云、年来存二出家受戒之志一、然而為レ父下愚一人之外、依レ無二男子一、為レ継二家業一不レ許レ之、背二彼命一者、可レ為二不孝一否、欲レ蒙二御許可一矣 (後略)

定證は文永十一年 (一二七四) 十一月下旬に南都へ赴き、西大寺叡尊に対面して出家の意志を告白する。定證にとっての難問は、父に彼以外の男子が無いため、これを振り切って出家するのが「不孝」となるか否か、ということだった。御家人身分の放擲には言及されない一方、父親への孝不孝は彼にとっての最重要事として意識されていたことになる。定證の苦悩の背景には、①武家における孝養報恩が、家業の継承という観念によって補強されていたこと、②親権の内容には、父母自身に対する報恩孝養の保障が含まれ、既に相続における法慣習としても「孝養」が機能していたこと、などの事態が考えられる。(12)

ここでは三点に整理したが、先に掲げたIについては、それに見合う護持仏が形成される可能性、IIについては、特に孝養報恩の問題が、家系・家業への意識と相俟って信仰の基盤を形成している点を指摘した。しかし、後者については仏法との接触を通じて疑念を呈されており、個人の往生は家業の継承と明らかな相克を見せている。この点で、IIIの日常における自己放擲が、信仰上の「無我」に移行するわけではないことも確認しておこう。武士の信仰上の苦悩はまず以てここに存し、最近言われているような「兵の家」の名誉意識や殺生仏果観によっては、(13) 克服し得なかったと見るべきだろう。次にIVの点については、さらに検討の余地がある。定證の信仰は絶対他力とは言えず、また只管打坐・選択本願念仏など新仏教的な行に向かわない点にも注意すべきである。家業に対する殺生観および生活規範との共通性からしても、(14) 武士における苦悩の克服にはむしろ、戒律を一義とする真言律や臨済禅が希求されるのが一般的であると考えられる。この点は、後章でも問題となる点なので、特に注意をしておきたい。

2　武士と在地寺社の基本的関係

右に見たような信仰は、多く在地の寺社という場において具現化されると考えられる。そこで次に、武士と在地寺社の基本的関係について、いくつか簡略に整理しておきたい。

一　庄内諸社

八幡宮　大歳

件二社者、於二庄官百姓等之経営一、恒例神事勤行云々、者守二御配分之旨一、両方寄合可レ令レ勤二行之一

崇道天皇

件社者、堀内鎮守云々、仍両方寄合、有限神事任二御配分之旨一、可レ令勤二行之一

新宮　今宮　山田別所

件三ヶ所、一向可レ為二時直沙汰一也、者若王子宮、一向可レ為二資直沙汰一也者[15]

安芸国三入荘に関する周知の史料であるが、これによると、地頭が「堀内鎮守」として「崇道天皇」を祀り、「新宮」「今宮」「山田別所」「若王子宮」を把握している。また「八幡宮」「大歳社」の神事は「庄官百姓等之経営」であり、地頭の側からも「勤行」への参加が義務付けられていた。地頭による修法・祭祀には、①屋敷地、②氏神・氏寺、③荘鎮守の次元が存在したことになる。以下、三者の次元を簡略に検討していこう。

①においては、初住者による地鎮捧賽が行われた可能性が指摘されるが、[16]そこは守護神・守護霊の鎮座する空間であり、一族結集の精神的紐帯であった。[17]なお、②の氏寺は①における墓所堂・持仏堂が発展したものであり、原初的には父母の遺言により庶子を僧侶に当てる形態が一般的であったと思われる。[18]

次に氏神については、従来のように単なる血縁的祭祀の範疇に収まるものとしては理解できないように思われる。それは特に、神祇と農耕との関係から予測される事態である。例えば上野国新田荘においては、既に平安末期、新田氏の田畠在家目録に、多くの神社の神田が見えている。[19]そのうち熊野社は早川水系、赤城・生品社は湧水地域の用水神であったと思われ、新田氏が神田を把握していることから、祭祀も同氏が行っていたと考えられる。

開発者たる武士が、その地の祭祀を司る「長者」＝神主の性格を持っていたとする伝承は多い。[20]中世初期における開発は、民衆の最も基本的な願望である一方、技術の未発達に見合う形で、自然改変への盲目的な畏怖も存在した。[21]開発領主はこうした意識面での制約に向き合わねばならず、この点で地頭の氏神が地域における農耕祭祀と連鎖する可能性が存すると思われる。

ここに挙げた地頭の氏神・氏寺については、「地頭門田畠内寺社者、可為地頭沙汰」すなわち領家の干渉を受けない、という原則が存在していた。[22]下地中分の際も、領家・地頭の寺社が各領内に移動され、この原則は厳密に遵守されている。[23]氏寺・氏神に付属する職は地頭の補任にかかり、[24]地頭は寺社をめぐる職を再生産していたことになる。一方、荘園内部には名主百姓層の建立による寺社も存在するが、領家の検注を経た上で免田が給付され、僧侶・神主職は政所の補任にかかる。[25]職をめぐる地頭の優位は明白であり、こうした職の保障は、荘園内部において武士が宗教的主導を握り得る基盤を提供する。

③荘鎮守と地頭との関わりについては、当面その関係が従来言われるほど険悪なものではなかった点を指摘しておこう。播磨国伊河上荘の太山寺においては、鎌倉期を通じて領家・預所・地頭の寄進地が集積しており、地頭側の所願には荘園および領家の安穏を祈るものが多い。[26]また、近江国大原荘においても、荘園の立券当初から鎮守における領家・地頭の協力体制が観察できる。[27]荘鎮守における祭祀・修法は、荘官・地頭・名主百姓の参加によって行われるのが一般的であり、地頭が荘鎮守の乗っ取りを企てるような事態は、むしろ特殊なものではなかろうか。[28]

以上、武士と在地寺社との関係を、荘園制との関連でさらってみた。それには①屋敷地、②氏神・氏寺、③荘鎮守の三つの次元があり、①②については職の保障が大きな影響をもたらすこと、氏神については地域的な農耕神に展開する可能性のあること、③については、地頭が決して荘鎮守と敵対的な関係になかったことを指摘した。以上を念頭に置きつつ、次章以下では、一荘園における武士と在地寺社の関係を具体的に検討していきたい。

二　陸奥国好島荘の成立と寺社

好島荘は名目上「石清水八幡宮御領」と言われるが、(29)預所の補任権は幕府が掌握し、実質は幕府が領家の立場にある関東御領と考えられている。飯野八幡宮縁起注進状案には、

注進　陸奥国岩城郡
　八幡宮　縁起事
文治二年丙午七月十日、自㆓本社㆒捧㆓御正体㆒
　預所　　治一年
　矢藤五武者頼広　同御使者源貞次、八月十日好島郷仁下著畢
御社所赤目崎見物岡仁卜建立了
　神官人等定了
（中略）
元久元年甲子始㆓造営㆒、同三年造営了
建永元年丙寅八月廿五日御遷宮了

図1　鎌倉期好島荘の主要集落
（囲み文字は東荘、二重下線は西荘。
その他は、室町期以降に見える地名）

卍　下小川長福寺
閼伽井岳
卍　大折寺？
今新田
小谷佐子
川中子
仏崎
北目
好嶋田
浦田
八幡宮
拾五丁目
新田
小嶋
矢河
小川町
西小川
好間町
高野町
白水町
内郷
高坂町
御台境町
御厩町
明治団地

承元三年巳経蔵造立了

建暦元年四年十五日八幡宮御浜出

（後略）

とあり、好島荘は文治二年（一一八六）には立荘され、この年の八月に石清水八幡宮から「御正体」が赤目崎見物岡に勧請された。建永元年（一二〇六）八月には、飯野平に遷宮されている。幕府は、荘園の宗教支配を八幡宮に肩代わりさせたのである。

一方、荘域には立券以前から、①鎌倉明神、②塩明神、③大折寺が存在した。[30] ①鎌倉明神および②塩明神は、所在地に基づく神名で、前者が北神谷字鎌倉、後者は塩字塩向のあたりに存在したと思われる。①鎌倉は、東荘政所の置かれた衣谷の東方一キロに位置し、同地域の条里地割を耕する集落との結びつきが推測される。②塩明神は、潮風を防ぐ神性を持つと推測され、[31] 祭祀主体としては塩地域西方の条里地割を耕する集落が想定される。③大折寺は、現・大利の山岳寺院であったようだが、系譜する寺院は見当らない。右の寺社には免田が与えられたが、大折寺の大般若講を除いて、祭祀・修法の具体的内容を明らかにできない。[32]

これらの寺社は、好間川・夏井川と仁井田川沿岸の条里区域に分布し、[33] 立券以前の集落の存在を暗示している。しかし、荘の東方には「常々荒野」が広がっており、[34] 概して集落の存在は薄いものであった。この前提の上に荘鎮守が勧請・建立されることになるが、これについては若干の注意が必要である。

第一に、飯野八幡宮の重要度。[35] 八幡宮は、源頼義が置いた「五里八幡」を頼朝が再興したもので、奥州遠征の祈禱を目的としていたと言われる。同宮には神宮寺が置かれ、構成員としては、大般若講衆、仁王講衆、東西の執行を中心に、職名のある者で総勢五十八名にのぼる。[36] 神宮寺を置く点や、大般若講・仁王講衆を中枢に据える点では、頼朝の意向や鶴岡八幡宮の構成を考えたもので、飯野八幡宮は当初から将軍祈禱所としての性格を持っていたとされる。[37]

しかし、これについては、次のような疑問も存する。

まず、文治二年（一一八六）の勧請について、一方で多くの寺社への奉幣・寄進を記録する『吾妻鏡』に何の記述もなく、その後も八幡宮に対する奉幣・祈禱令等の記事が見えない。頼朝が八幡を氏神と意識したことを考えると不自然な事態であり、将軍祈禱所としての性格にも疑義をもたらす。また当初、出自の明らかでない御家人が預所に補任されているように、幕府は荘経営についても決して積極的ではなかったと思われる。文治五年（一一八九）に到って、奥州遠征の「海道大将軍」である千葉介常胤が預所に補任されるが、実際にはこの時点で奥州藤原氏への与同勢力が駆逐・没官され、荘経営の転換が行われたのではないだろうか。(38) 当初、幕府における好島荘・飯野八幡宮の重要性は低いものであり、その後も積極的な介入が見られない点を指摘しておこう。

第二に八幡宮のイデオロギー性。文治二年、八幡の勧請と同時に「神官人等」が定められたが、預所（千葉氏）により実際の組織が確定されたのは、堂社の造営が始まった元久元年（一二〇四）のことである。特記すべきは、八幡宮の別当と荘の預所が並立して荘園の支配に当たっていることであり、好島荘はあたかも八幡宮の境内郷であるかのような観念的擬制がほどこされている。また、この時点で荘の東西に立行事が設定され、東二郷・西一郷に諸役賦課を伝達することが決められた。飯野八幡宮の組織は、各集落における一分地頭への賦課を直接の基盤とすることになったのである。立行事は建長五年（一二五三）の「大行事」のことと思われ、次元は異なるものの、「政所」すなわち預所の職務と未分化のまま、先の別当職とともに西荘預所に吸収されていくと見られる。(39) 預所神主としての伊賀氏の権能はここに起源を持つが、この段階で既にいくつかの問題が胚胎している。

第一は、八幡宮の基盤が一分地頭への賦課に据えられた点であり、進展する開発地への賦課は、ほぼ預所の意志に委ねられることになる。第二は、地域により預所が地頭職を兼帯する点であり、預所もまた一分地頭と同様、荒野開発を進める主体となったことである。預所と一分地頭との対立は必至であり、それは第一の点では祭礼役の拒否、第二の点では荒野開発における相論となって現れる。一分地頭は八幡宮の経済基盤を担い、また祭祀・修法の実質的参加者であるが[40]、右の対立の点で、八幡放生会を通した御家人の統率というイデオロギー性も歪んだものにならざるを得ないだろう[41]。

以上、預所の存在により、他の八幡宮に比して地頭御家人における精神的紐帯や、彼らに対するイデオロギー性が不完全なものであったことを指摘した。右の所論からは、一分地頭についての考察が必須となるが、次章では、各集落における一分地頭の氏神・氏寺を中心に考察していくこととする。

三　好島荘における武士団と寺社

好島荘は、承元二年（一二〇八）に東・西荘に分かれ、元久元年（一二〇四）の段階で、入道殿（岩城清隆）、新田太郎（岩城師隆）、好島三郎（岩城高宗?・）、深沢三郎、千倉三郎、片寄三郎、大森三郎、戸田三郎（富田行隆?・）、田戸（田富）次郎、大高三郎の地頭給が確認される[42]。西荘には預所・地頭兼帯の地が多いため、ここでは東荘を素材として、武士団と寺社の関係を探ってみたい。

東荘では、文永年間までに、大野・奈木・紙谷・片寄・衣谷・田富・富田・比佐・末次に一分地頭の存在が確認され、これらは当初、惣地頭・岩城氏の支配下にあった[43]。次の岩城氏系図（図2）は、研究史を参照しつつ、「国魂系図」「磐城系図」を基本に、文書による知見を加えたものである[44]。関係部分のみを掲げたものだが、岩城氏が飯野や好島の他、白土・富田・絹谷（衣谷）・神谷（紙谷）・塩に定着していく過程はうかがえよう。

東荘にも預所が存在し、承元二年（一二〇八）大須賀通信が補任されて以来、職は通信―信泰―宗常と伝えられた[45]。東荘の政所は衣谷郷に存在し、大須賀氏はここを拠点として、「承久御下文」の権利に基づき「常々荒野」の開発を進

図2　岩城氏関係系図

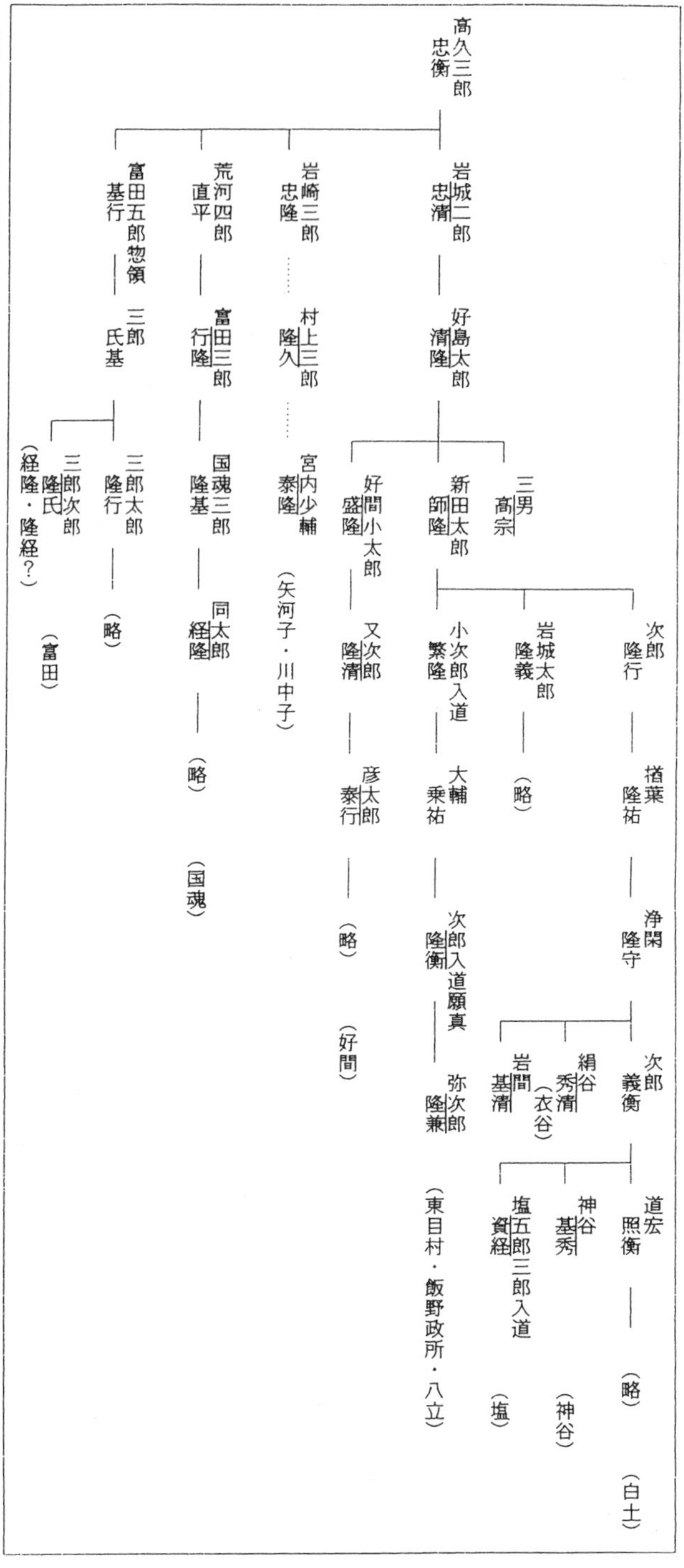

（註）「岩城系図」（『続群書類従』五・上）、「岩城国魂系図」（『いわき市史』第八巻）、「岩城系図并雑記」（秋田県立公文書館蔵）などに拠る。
傍線のある名は他資料にも現われるもの、点線は系譜関係が確定的でないことを示す。後尾の括弧内に、その所領と思われるものを記した。

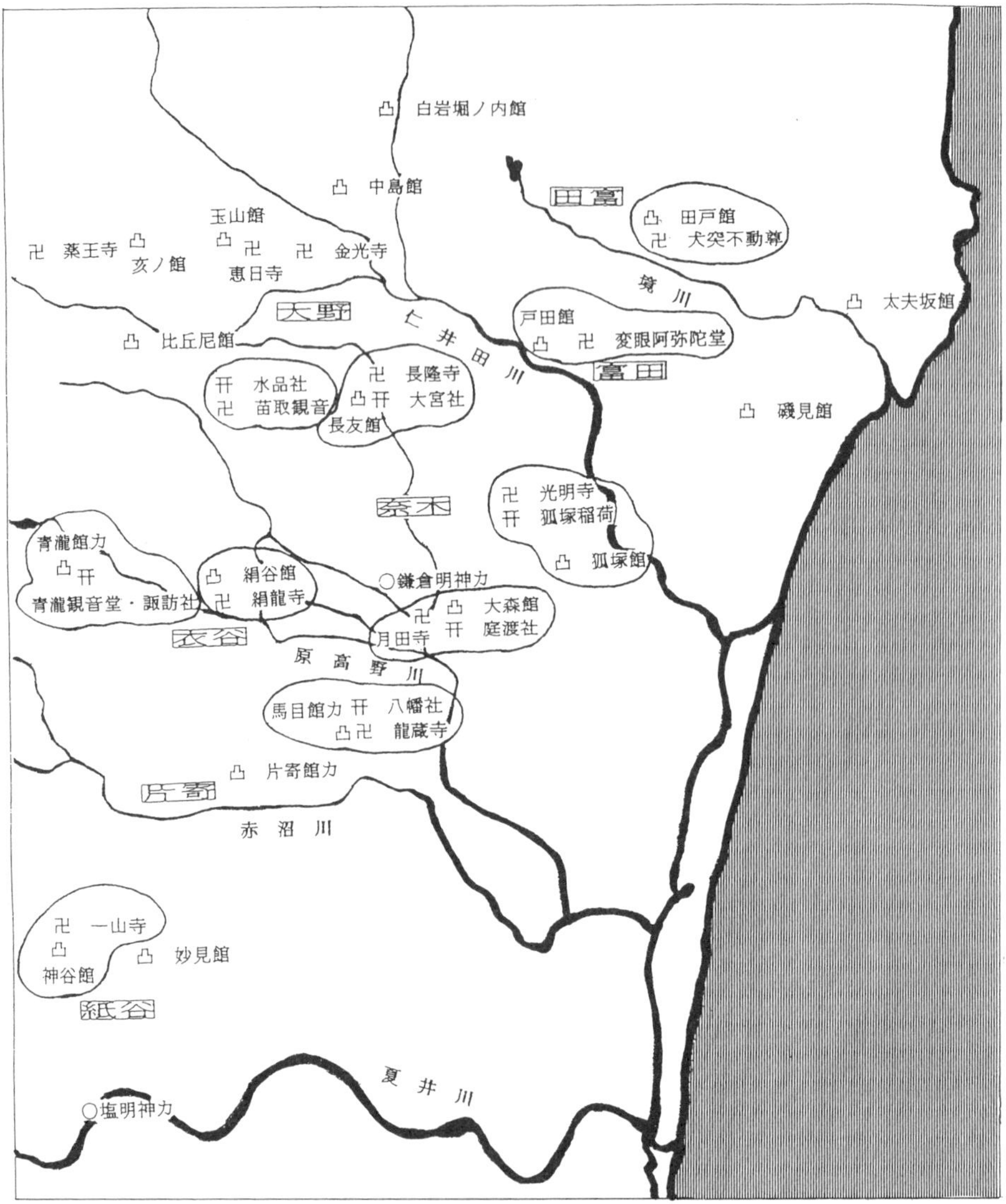

図3　好島東荘における館と寺社
（一部、室町期以降のものも含む）

めていった。[46]同氏は弘長以来、紙谷郷地頭職を通信―胤氏―時朝―宗朝と相伝させているが、[47]これは右の開発によるものであろう。以上を前提として、東荘における寺社の存在形態を考えてみよう。

第一に、先述の鎌倉明神は衣谷の東方、塩明神は紙谷の南方に位置することに注意されたい。前者は東荘政所、後者は預所の開発地に当たっている。旧来の寺社は、一般的に領家の管轄にかかり、この場合も供料田の管理とともに、預所がその祭祀に関与した可能性が高い。当然、近隣の集落にも、その影響は及ぶであろう。

第二に、鎌倉期に形成される寺社であるが、それがほぼ全て、一分地頭の館と一体の氏神・氏寺として建立された点に注目したい。伝承の上でも「神谷の妙見社は、承久の頃、千葉六党の一たる神谷運隆が氏神として勧請した」、「塩字宮前の熊野社は、正応頃に勧請されたもので、塩野五郎義綱もしくは白土隆信の守護神であった」などと言われる。[48]前述のように大須賀氏（千葉氏）が紙谷（神谷）郷地頭職を有していた事実、「白土殿」など岩城氏一族が熊野の檀那として現れる事実等を考慮に入れると、[49]こうした伝承の信憑性も高まるのではないだろうか。以下、武士の館の所在に即して、右の問題を考察してみよう。好島荘域には多数の館跡が残存し、近世以来「磐城四十八館」と言われるが、東荘に関係する範囲では、図3のようなものが挙げられる。

絹谷の場合を考えてみよう。絹谷は、東荘政所の存在する衣谷に当たるが、「館下」の付近に「一町田」や「大苗代」「庄司作」の地名が残る他、創建は不明ながら、青龍山絹龍寺が存在する。この地が、ほぼ衣谷政所として比定されるであろう。さらに谷奥の諏訪作には諏訪社が存在し、同社境内の青瀧観音堂は鎌倉初期と伝える木造千手観音像を蔵する。これは「青瀧寺」と称されたらしく、修理棟札には「元亨二年二月十八日　平朝臣左馬助隆久」と記されていたという。[50]同寺の供養塔には「嘉暦三年十月五日」の銘が刻まれており、[51]鎌倉末まではその存在を遡らせることができる。衣谷郷においては、預所のほかに一分地頭も館を構え、それぞれ氏神・氏寺を所有していた状況が推測される。

館に随伴する氏神・氏寺という点は、他地域でも指摘できる。①長友館の付近には「古屋敷」「一町田」の地名を残し、長隆寺と鎮守の大宮神社が存在する。長隆寺の木造地蔵菩薩立像は鎌倉期のものと推察され、また境内の供養塔銘のうち、最も古いものは正和二年（一三一三）の銘である。[52]②狐塚館には、狐塚稲荷と真言律宗の光明寺（創建不明）があり、稲荷社は正治元年に岩城小太郎成衡が館内に勧請したものという。[53]③田戸には白山館があり、明治二十九年（一八九五）「犬突不動尊実記」には「当時ハ淳和天皇ノ御宇、天長年中ヨリ乾ニ当リ、往古白山館アリ、館主田戸修理大夫、当寺ヲ創建セラレ、成遵僧都ヲ以テ開山トス」と記されている。[54]伝承の当否は別として、氏神・氏寺が館を中心として建立された点は、従来の見方と合わせて一般化できる。供養塔が残る点で、氏寺は一族の墓所として機能していたと思われるが、一方の氏神の機能については、家系への自己認識を促すほか、次のような事例から推測される点がある。平水品における水品神社の伝承を挙げておこう。

万治四年（一六六一）の「三宝荒神略記」には、以下のような伝承が記されている。[55]永仁三年四月に雹が降り、田畑が被害を受けた際、深夜山中に光を発する稲積みのようなものが現われ、苗を持ち帰って植えるようにとの神託が下った。これにより人々は凶作を免れたが、「郡主」岩城氏はさらに神社を創建し、鎌倉の僧恵善を招請して、荒林寺（苗取観音）を

・地字と武士の館・氏神・氏寺

図4　衣谷（絹谷）における地形

建立したという。荒神は荒野開発にまつわる救荒的な神性を持ち、それが開発領主により利用された事実が推測される。氏神が、勧農に果たす役割は瞭然であろう。

この点で重要なのは、館の立地条件である。東荘の館跡に関しては、ほぼ例外なく山地・丘陵の中腹に存在し、山腹からの湧水や谷筋の川水を扼する位置にある。先の絹谷の例で言うと、谷中央を流れる原高野川は厳密には灌漑用水ではなく、むしろ南北の谷筋から流れ出る湧水の排水路としての性格が強い。先の絹龍寺と青瀧寺もまた、背後の山腹からの湧水を押さえているのであり、この点で勧農との関連を考えることは可能である。近年、館の堀が農業用水としての意義を持つ、とする説は否定されつつあるが、(56) 平地の館ではなく、右のような例を想定した場合には、館と農業用水との関連はなお有効性を持つ概念であろう。右に見た伝承は、こうした条件を基盤とした上で、氏神が地域的農耕神として機能する可能性を示しているのではないだろうか。

以上、荘鎮守たる八幡宮の祭祀は、惣荘の次元で勧農や御家人の連帯という機能を担うが、個別の地域に即しては、武士の氏寺・氏神が独自の修法・祭祀を生み出していたことになる。東荘においては、在家農民による寺社建立の検出は困難であり、また現在に至るまで右の氏神・氏寺が村社・村堂として機能している点に、武士が在地の宗教的主導を握っていた事態が推測される。

四　東荘における寺院の建立と武士団の動向

1　氏寺における信仰の受容

前掲した館主の多くは岩城氏であったが、これらの館をめぐっては、ある宗教的紐帯および潮流が形成されていたと思われる。

宝暦八年（一七五八）三月の「至玉山金光寺縁起(57)」には、次のような伝承が記されている。天平十五年（七四三）、河内国から地蔵房応一という僧侶が下向し、大野の八ヶ所に地蔵尊像を安置した。「其の一は当処初一の堂、其の二は山田村の伽羅橋、其の三は柳生村の二ツ堂、其の四は長友村の霞堂、其の五は狐塚の古市堂、其の六は戸田の堰上堂、其の七は名木村の二岐堂、其の八は新田村の内城堂、是なり」という。金光寺自体は「建長壬子中に江州竹生島の僧理満蜜法師」がこの地に下向した際、「海東冠者左近衛の貞衡公、当国山田小湊の城に住して厚く理（満）蜜法師に帰して」建立したものという。金光寺も一分地頭の館に建立された寺院であり、他国からの僧侶が開山となるという伝承を有した。さらにその寺院は、東荘内部の各集落に何らかの影響を持ったと推測されるのである。

関連する伝承は、長友・戸田・狐塚においても確認される。長友の長隆寺の地蔵尊をめぐっては、次のような伝承が存在する。長隆寺は、貞和三年（一三四七）に岩城朝義が建立し、その子長隆が僧恵哲を開山としたが、本尊の木造地蔵菩薩立像は安阿弥陀仏の作で、円覚寺長老から贈られたものという。この地蔵尊をめぐっては、一方で建久年間に長友の領主が円覚寺に入って快慶に刻ませ、狐塚の稲荷、戸田の阿弥陀とともに筏にして、由比ヶ浜から仁井田浦まで運ばせたとする伝承が存在する。狐塚稲荷は岩城成衡の建立、戸田の変眼阿弥陀堂は岩城常隆の護身仏という伝承を残す点に注意されたい。

鎌倉からの僧侶の招請という点では、荘域外ながら下小川の佐竹氏の事例が注目される。佐竹氏は鎌倉末期、衣谷郷の一分地頭であったことが確認されるが、(58)下小川にも所領を有し、その氏寺は長福寺であった。これは明らかに西大寺末寺であり、(59)同寺には木造叡尊坐像も伝存している。天保六年（一八三五）の「小川山宝幢院長福寺縁起」(60)によると、元亨二年（一三二二）に将軍から死罪を受けた佐竹義綱（小河入道）が、刑の直前に極楽寺長老から五戒を受け、「信州諏訪大明神御戸之役」を果たさず死ぬのは無念と訴えたため、長老がこれを将軍に伝え、罪一等を減じられた。義綱は諏訪社を小川に勧請する一方、極楽寺地蔵院の「慈雲和尚」を招請し、長福寺を建立したという。以上から推測されるのは、一分地頭としての館主が鎌倉の寺院と関係を有し、そこから僧侶を招請した上で、禅律など新たな信仰を荘内に伝播していった状況である。あくまで伝承のレベルであるが、傾向として臨済禅および真言律の寺院との結びつきが強いことに注意されたい。ここからは、一章に述べた武士の基層的信仰との一致が看取されるのではないだろうか。

2　薬王寺をめぐる東荘預所と武士団の動向

以上の例は伝承資料に拠ったが、より確実なものとしては、八茎の薬王寺の例が挙げられる。既に荻野三七彦・福島金治によって考証されているので、関連する範囲でその概要を述べておく。(61)

金沢文庫本『宝寿抄』巻一の巻頭には、

此抄、広沢為レ本、云二当流一也、□□□交載タリ、故両流ノ書也、於二□州岩城郡薬王寺宝寿院一、禅弁〈改名禅意〉大徳口筆也、真源於二座下一記レ之、故名二宝寿抄一也、仰云付法若写瓶之仁ニ非ラスハ、不レ可二輙授ヨ与之一云々、後葉可レ存二

此旨一也、永仁三年三月始伝二授之一

とある。すなわち、『宝寿抄』は永仁三年（一二九五）三月、「岩城郡薬王寺宝寿院」において「禅意」が「真源」に伝授し、「真源」が編集した密教事相書である。この禅意は正一房を名乗り、東密諸流の法脈を受けた僧侶であり、忍性の建立した鎌倉極楽寺真言院の長老であった。一方の真源（円定房）は、下総大須賀保大慈恩寺の開山であり、文保元年（一三一七）八月晦日、同寺において先師たる「禅意大阿闍梨十三之報恩」の表白を行なったことが知られる。この大慈恩寺の開基は、大須賀胤氏であった。

ここから、次のような事情が推定される。永仁三年以前に薬王寺は律院化しており、鎌倉からの下向僧が住持をつとめ、真言の道場としても機能していた。真源は大須賀保の領主・大須賀胤氏が建立した大慈恩寺の開山であり、胤氏が紙谷郷地頭職を保持した点、同氏の系統が東荘預所であった点を考えれば、薬王寺にこれら真言律僧を招請したのは大須賀氏と考えてよい。

ただ、薬王寺を含む地域が大須賀氏の所領であり、同寺がその氏寺であったかについては、多分に疑問も存する。一つは、大須賀氏の所領に八茎地域が見られないことによるが、もう一つは薬王寺の寺院としての性格にある。同寺は境内に多数の板碑群を残し、その年記は鎌倉後期に集中している[62]。板碑は源・平姓の在俗および師僧の追善を目的とするものが多く、この時期に特定の一族が集中して死没したとは考えられない。また、板碑はかつて近辺に散在していたと言われ、薬王寺の奥院とされる八茎寺付近にも同工の板碑が残存するが、これは薬王寺の規模を示すであろう。

つまり、薬王寺は特定の武家の氏寺ではなく、相当の規模と経済基盤を持つ寺院として存在し、近辺の領主の信仰を集めていたと考えられるのである。そこに大須賀氏が鎌倉における真言律を持ち込んだのであるが、これは多分に東荘預所の権威を梃子とした行為であると思われる。氏寺化を企図したかどうかは不明にしても、同氏はこの後、薬王寺に深く関わっていくことになろう。その結果として、鎌倉からの僧侶の招請という潮流の上に、惣荘レベルでの氏寺の律院化という現象が予測される。先の地蔵伝承は、この事実を前提として形成されたものであろう。そして、こうした事態は二つの点で、荘園社会に影響をもたらすと考えられる。

第一に、寺院の組織原理の転換。武士の氏寺が、西大寺末寺という名目によって編成されれば、惣領との結びつきは否定され、本寺独自の僧伽原理に基づいて長老職が補任される。(63) 氏寺は新たな僧伽原理を在地に持ち込む結節点となるが、それ自体が異質な職の体系を在地に導入する機能を果たすことになる。

第二に、荘鎮守に対する影響。飯野八幡宮が西荘預所の存在により、イデオロギー的に不完全なものになることは既に指摘した。八幡宮からの離脱は一分地頭により既に模索されており、右の事態はそれと平行して展開していたことになる。東荘の一分地頭は、預所および薬王寺を中核として結束を強めており、荘鎮守とは異なる真言律による集結が行われている。武士は、独自の地縁・血縁を基盤として、領家の意向とは別個に新たな宗教秩序を形成し得たのであり、(64) これにより荘鎮守の支配から離脱していく道筋が想定される。一方、武士の氏寺・氏神が集落単位で果たす役割も無視できぬものであり、荘鎮守を通した領家のイデオロギー支配というものも、かなりの程度、割り引いて考えざるを得ないことになろう。

小結

好島荘の特殊性は、①荘官名主層の存在と機能が、一分地頭に代替されていること、②領家が幕府であり、預所も御家人であること、の二点に要約される。①の点では、荘官や名主百姓層による寺社の経営が観察できず、②の点では、荘園制的イデオロギー支配が順当に観察できないことになる。素材としてはなお問題を残すのであるが、それでもいくつかの課題は見えてきたように思う。

(1)武士は父祖への「報恩孝養」を基盤として、参詣や上番などにより中央大寺社の信仰に触れ、氏寺の末寺化を進めるが、その過程で氏寺は異質の僧伽原理を獲得し、在地における公共性を高めていく。それは同時に、荘園制的な職の体系の変革をもたらすものであった。これが氏寺の禅律化の実態であるが、近年言われているような得宗権力への追随[65]が見出せない点には注意が必要である。結果として、それが得宗権力への追随であったとしても、禅律化の契機としては、武士における基層的信仰との合致、あるいは鎌倉という場における武士と僧侶との対話など、内的な動機を重視すべきではないだろうか。(2)ここでは、武士の氏神が在地における農耕神事と関連する道筋を想定した。これは勧農の具体相を示すものであり[66]、領主支配の浸透を別な方向から考える糸口となるのではないかと思う。(3)荘鎮守の祭祀・修法に対して、武士の参加が基本的であるものの、そこからの離脱については様々な路線が模索されている。祭祀・修法の分割という道筋も考えられるが、好島東荘に見られるような独自の宗教的紐帯の形成も無視できない。荘鎮守によるイデオロギー支配は、さらに再考の余地があると思われる。

以上、地頭御家人の宗教的な独立傾向を強調したが、一般的に事態はさらに複雑であろう。領家の権力が強大である場合、惣村の存在を無視できぬ場合など、種々の様態を想定できるであろうが、それらは全て今後の課題となる。

注

(1)　苅米「荘園村落における寺社と宗教構造」(『年報日本史叢』一九九三年)、同「荘園公領における僧侶・神主職について」(『信濃』四六―一〇、一九九四年)、同「在地社会における経塚造営の意義」(『金沢文庫研究』三〇〇、一九九八年)。

(2)　『中世武士団と信仰』(柏書房、一九八〇年)に所収。初出は、一九三七―四一。

(3)　その他、清水三男「日本中世の村落」(日本評論社、一九四二年)、豊田武『武士団と村落』(吉川弘文館、一九六三年)、河合正治『中世武家社会の研究』(吉川弘文館、一九七三年)等。

(4)　例えば、在地における地頭の館を中心とする空間構造を扱う海津一朗の論考でも、氏神・氏寺の問題はほとんど言及されていない。海津「『武家の習』と在地領主制」(『民衆史研究』二六、一九八六年)、同「中世在地社会における秩序と暴力」(『歴史学研究』五九九、一九八九年)。

(5) 川岡「南北朝期の在地領主・氏寺と地域社会」(『ヒストリア』一四二、一九九四年)は伊予国新居荘観念寺、高橋「中世前期における武士居館と寺院」(『城(和歌山城郭調査研究会結成一〇周年記念誌)』一九九八年)は紀伊国保田荘星尾寺。

(6) 津田『文学に現はれたる我が国民思想の研究』武士文学の時代(洛陽堂、一九一七年)、藤直幹『中世武家社会の構造』(目黒書店、一九四四年)、桃裕行『北条重時の家訓』(養徳社、一九四七年)、辻善之助『日本文化史』Ⅲ(春秋社、一九四九年)、家永三郎『中世仏教思想史研究』(法蔵館、一九四七年)、同『日本道徳思想史』(岩波書店、一九五四年)、和辻哲郎『日本倫理思想史』上(岩波書店、一九五二年)、筧泰彦『中世武家家訓の研究』(風間書房、一九六七年)等。

(7) 『広島県史』古代中世資料編Ⅳ。同史料については、中尾堯「備州における勧進聖の系譜」(『瀬戸内海地域の宗教と文化』雄山閣出版、一九七六年)参照。

(8) 起請文には「弘安七年十月比、為訪故郷恩愛於紀伊国建金剛寺」とあり、所領内に金剛寺が建立されているが、『紀伊国名所図会』那賀郡には、粉河寺の西の中三谷の集落に「俵藤太墓」の五輪石塔と村堂規模の「金剛寺」が描かれている。この地を所領とした武家としては、池田尾藤氏を挙げることができる(『吾妻鏡』元暦元年二月二十一日条、『尊卑分脈』二)。

(9) 「粉河寺縁起」二二(『続群書類従』二八)、『撰集抄』三五の藤原泰成(奉成)の例を参照。

(10) 辻村泰善「西国三十三所と観音信仰」、吉井敏幸「西国三十三所の成立と巡礼寺院の庶民化」(『西国三十三所霊場寺院の総合的研究』中央公論美術出版、一九九〇年)。

(11) 武士の地蔵信仰については、『今昔物語集』巻一七ノ三、等参照。

(12) 上横手雅敬「中世的倫理と法」(『講座日本文化史』三、三一書房、一九六三年)、鈴木鋭彦「中世寄進状における『不孝之仁』文言と『氏寺』付記について」(『愛知学院大学文学部紀要』一六、一九八六年)、西谷地晴美「中世的土地所有をめぐる文書主義と法慣習」(『日本史研究』三二〇、一九八九年)等参照。

(13) 前掲海津・注(4)、中澤克昭「狩猟神事と殺生観の展開」(『金沢文庫研究』二九七、一九九六年)。

(14) 速水侑「鎌倉武士と信仰」(『鎌倉時代文化伝播の研究』吉川弘文館、一九九三年)。

(15) 「熊谷家文書」嘉禎元年十一月十二日安芸国三入荘地頭得分田畠等配分注文(『鎌倉遺文』七・四八四九。以下『鎌』)。「堀内鎮守」として見える崇道天皇については、牛山佳幸「早良親王御霊その後」(『荘園制と中世社会』東京堂出版、一九八四年）参照。
(16) 橋口定志「中世東国の居館とその周辺」（『日本史研究』三三〇、一九九〇年）。
(17) 峰岸純夫「中世社会の『家』と女性」（『講座日本歴史』三、中世一、東京大学出版会、一九八四年）。
(18) 「志賀文書」弘長三年七月二日志賀泰朝・深妙連署譲状案（『鎌』一二・八九六九年）等。
(19) 峰岸純夫「東国武士の基盤」（『中世の東国』東京大学出版会、一九八九年）等参照。
(20) 『今昔物語集』二六ノ八、「忽那島開発記」（『続々群書類従』六）、鈴木国弘紹介の「熊谷家伝記」（「東国山間村落の開発と『縁者』の世界」〈『日本大学人文科学研究所研究紀要』三八、一九八九年〉）。長者については、石母田正「辺境の長者（一）（二）（三）」（『歴史評論』九二・九五・九六、一九五八年）、河音能平「畿内在地領主の長者職について」（『中世封建社会の首都と農村』東京大学出版会、一九八四年）等参照。
(21) 戸田芳実「中世文化形成の前提」（『日本領主制成立史の研究』岩波書店、一九六七年）。
(22) 「宝簡集」八、正安三年六月二十一日備後国太田荘桑原方地頭太田貞宗所務和与状案（『鎌』二七・二〇八〇八）。
(23) 「伊作文書」正中二年十月七日関東下知状案（『鎌』三八・二九二二八）。
(24) 「大友文書」文保二年十二月十二日関東下知状案（『鎌』三五・二六八八八）。
(25) 苅米・前掲注(1)。
(26) 「太山寺文書」『兵庫県史』史料編・中世二。鎌倉初期には、地頭（梶原氏）が預所を兼帯する時期もあるが、基本的に地頭と預所は別個であるのが原則である。
(27) 『史料纂集』大原観音寺文書。なお、湯浅治久「日本中世の在地社会における寄進行為と諸階層」（『歴史学研究』七三七、二〇〇〇年）参照。
(28) 海津・前掲注(4)。
(29) 『史料纂集』飯野八幡宮文書（以下「飯野」と略記）年月日未詳飯野八幡宮縁起注進状案。この史料は以下、縁起注進状と略記。好島荘については、永原慶二「領主制支配における二つの道」（『日本中世社会構造の研究』岩波書店、一九七三年）のほか、山崎勇「好島荘」（『講座日本荘園史』五、吉川弘文館、一九九五年）の文献目録を参照。
(30) 「飯野」元久元年九月十日好島荘田地目録注進状案。同史料は以下、田地目録注進状と略記。「飯野」正和三年浦田検注目録・好島田検注目録。

(31) 志賀伝吉『神谷村誌』一九七二年。
(32) 田地目録注進状。
(33) 『いわきの条里制遺構調査報告書』(いわき市教育委員会、一九八四年)。
(34) 「飯野」文永六年十二月十二日関東下知状案。
(35) 佐々木慶市「陸奥国好島荘」(『文化』三—一二、一九三六年)、同「陸奥国好島庄補考」(『東北文化研究所紀要』二、一九七〇年)、松井茂「鎌倉時代の陸奥国好島庄」(『歴史』四八、一九七六年)。
(36) 田地目録注進状。現在、「ミョウブ田」「ネギ作」などの地字が荘域に広く分布することから、命婦・禰宜などの神官層は荘内に広くその経営基盤を保持していたと見られる。
(37) 庄司吉之助・松井茂「好島荘の支配体制」(『いわき市史』六、一章二節、一九八六年)。なお、元亨三年八月三日関東下知状案には、飯野八幡宮の十二口供僧職が預所の進退にかかることを記した「建久三年八月三日」の将軍の「ほうしょ(奉書)」があると言われているが、文書そのものは伝わらず、鎌倉後期における相論過程で謀作された可能性が高い。仮に文書が実在したとしても、内容はあくまで十二口供僧の進退権が預所にあることを示すに過ぎず、これを以て将軍の強い介入があったかどうかは直接には判断できない。
(38) 田地目録注進状。また、入間田宣夫「鎌倉幕府と奥羽両国」(『中世奥羽の世界』東京大学出版会、一九七八年)、大石直正「治承・寿永内乱期南奥の政治的情勢」(『日本中世の政治と文化』吉川弘文館、一九八〇年)参照。
(39) 「飯野」同年七月十日政所差文案。ただし、東荘預所である大須賀氏との兼ね合いについては不明。
(40) 祭礼の中核となる放生会の際には、境内に竈殿・舞殿・庁屋が設けられ、流鏑馬・相撲が各地頭の役として配分されている。「飯野」永徳四年八月日東庄放生会祭礼役注文。
(41) 伊藤清郎「中世国家と八幡宮放生会」(『文化』四一—一・二、一九七八年)。
(42) 田地目録注進状。
(43) 「飯野」建長五年七月十日政所差文案、文永六年十二月九日鳥居造立配分状。
(44) 佐藤隆美・岩松富士男「岩城氏系譜の検討」(『いわき地方史研究』五、一九六八年)、佐々木慶市「岩城惣領系譜考」(『東北学院大学論集(歴史学・地理学)』二、一九七一年)、木田一「岩城氏系譜の検討」(『福島史学研究』三五・三六、一九八〇年)等参照。

(45)　縁起注進状、「飯野」元亨元年十二月七日関東下知状。
(46)　「飯野」文永六年十二月十二日関東下知状案。
(47)　「円覚寺文書」延慶元年十二月二十五日関東下知状。
(48)　諸根樟一『磐城誌料叢書全冊』（勿来文庫、一九三二年）等。
(49)　「色川本岩城文書抄出」暦応二年三月一日権少僧都隆賢旦那譲状（『いわき市史』八）。
(50)　『いわき市史』八。
(51)　同右。
(52)　同右。
(53)　諸根樟一『石城郡町村史』（歴史図書社、一九七七年）。
(54)　『四倉郷土史資料集成』三（一九五六年）。
(55)　注(53)に同じ。
(56)　近年の館研究の動向については、中澤克昭「中世城館研究と調査結果」（『大庭御厨の景観』藤沢市教育委員会、一九九八年）参照。
(57)　前掲注(54)。
(58)　「飯野」建武元年九月七日八幡宮造営注文。
(59)　西大寺末寺帳。善本は、松尾剛次「奈良西大寺末寺帳考」（『三浦古文化』五一、一九九二年）。
(60)　三山進「福島県長福寺縁起と興正菩薩像」（『金沢文庫研究』一一―三、一九六五年）の紹介による。
(61)　荻野「磐城の薬王寺と金沢称名寺」（『金沢文庫研究』一〇―三、一九六四年）、同「磐城の薬王寺(1)(2)」（『金沢文庫研究』一一―一〇～一二、一九六五年）、福島「鎌倉極楽寺真言院長老禅意とその教学」（『民衆信仰の構造と系譜』雄山閣出版、一九九五年）等参照。
(62)　『いわき市史』八。
(63)　上川通夫「中世西大寺流の宗教構造」（『立命館文学』五二一、一九九一年）参照。
(64)　同様な事態は、川岡・前掲注(5)参照。
(65)　平雅行「鎌倉仏教論」（『岩波講座日本通史』八、中世二、一九九四年）。

(66) 戸田芳実「中世の封建領主制」(『岩波講座日本歴史』六、中世二、一九六三年)も、この点に言及している。

〈キーワード〉陸奥国好島荘　武士と信仰　在地寺社　氏神・氏寺　荘鎮守

一向一揆と古河公方

阿部能久

はじめに

戦国期に隆盛を極めた一向一揆と、これに対峙した戦国大名権力との関係について論じた研究は、加賀一向一揆や石山合戦を扱ったものをはじめとして枚挙に暇がない。しかしながら舞台を関東に限ってみると、一向一揆が発生した徴証がほとんどみられないことや一向宗関係の残存史料が僅少なこともあって、これを扱った研究はあまり多くはない。

その中で先駆的な業績として、後北条氏が一向宗に対して行なった抑圧的施策について触れた渡辺世祐氏の「後北条氏と一向宗」(1)や、一向宗と古河公方の関係に触れた萩原龍夫氏の「中世下総地方の一向宗」(2)などの研究がみられる。また後北条氏と一向宗の関係について、長らく後北条領国下においては一向宗が禁教状態にあったとされてきたが、近年神田千里氏(3)や鳥居和郎氏(4)によってこのことへの疑義が呈されている。更に神田氏は一向一揆の中心にあった本願寺教団について、宗主一族の家長を推戴する武家的一揆であり、戦国大名権力と比較してさほど異質な存在ではなく、決して共存不可能な存在ではないとの指摘をされている[5]。このような視点から、一向一揆と後北条氏の関係を再検討してみることも必要であろう。

本稿ではこれらの先行研究の成果に導かれ、室町期以来、東国の宗教勢力に強い影響力をもった関東足利氏（古河公方）と一向一揆、そして古河公方権力を吸収していくことになる後北条氏が、如何なる関係にあったかを論じていくことにする。

一　古河公方と勝願寺

1　勝願寺について

古河公方と一向一揆の関係を考える上で、見落としてはならないのが勝願寺の活動である。以下勝願寺の来歴について簡単に述べることにする[6]。

勝願寺は下総国幸島郡磯部にあった一向宗寺院であり、親鸞高弟の善性が開山とされる。後に善性が信濃国水内郡太田荘に移ったこともあって（善性は信濃の武士である井上氏の出身とされる）、勝願寺の教線は信濃方面に伸展していくことになる。そして室町期までには「磯部六ヶ寺」（光蓮寺・西厳寺・勝善寺・普願寺・願生寺・本誓寺）と呼ばれる勝願寺門下の有力寺院が、水内郡に成立している。勝願寺は戦国期には大坊と称されており、かなりの規模を誇っていたことが窺われる。一向宗寺院で「御房」あるいは「大坊」と呼ばれるのは有力な大寺院だからである。また勝願寺は本願寺との関係も深く、石山合戦の際には石山に籠城し大いに活躍したとされている。

2　足利高基と勝願寺

ところで勝願寺に伝わる『下総国葛飾郡郡山郷鷲高山勝願寺縁起』(7)（以下『勝願寺縁起』と略記）と題された記録によると、大永三年（一五二三）の六月から十一月にかけて、古河公方足利高基と山科本願寺実如との間で贈答がなされていたことがわかる。

〔史料1〕『勝願寺縁起』

下総国葛飾郡郡山郷鷲高山勝願寺
　縁記

（中略）

一、大永三未年於山科、実如上人無余儀御頼ニ付、関東公方様江御使僧被仰付、同年六月廿四日ニ山科ヲ立、同八月
四日当着ス、御献上、
公方様江御太刀・御腹巻肩紫紅白・御甲、
簗田中務大輔殿江太刀一腰・虎皮一枚、
上杉殿江太刀・赤地金監一端・赤地挂青盆一枚、
長尾新五郎殿江太刀一腰、
同年従公方様、就御返事御申、十月十六日古河罷立テ、霜月十九日山科江参付候事、御進物、
公方様ヨリ御太刀作墓羨・御馬二匹月毛黒毛、簗田殿ヨリ御太刀作一文字・馬、上杉殿ヨリ御太刀・盆・香箱金技、長尾殿ヨリ太刀
相州之住政広、善賢越年致山科江罷上候処、実如上人大坂江御下向ニ付、大坂江遂参上、御目見江仕候由、大永年中善賢
筆記有之、
（後略）

これによると、善賢なる僧が山科本願寺の実如の使者として、大永三年の六月二十四日に山科を出発し、八月四日に古河に到着、公方高基・関東管領上杉憲房・古河公方家宿老簗田高助(8)・上杉家家宰長尾景長(9)に対して進物を行なっている。そして高基らから実如への贈答品を携えて十月十六日に古河を出発、十一月十九日に山科へ到着している。この善賢とは何者なのであろうか。『勝願寺縁起』中に「一、善賢住寺之節、合戦在之、公方之御馬寺中ニ立置候ニ付、御感悦之御書今ニ在之」との記述があり、彼が勝願寺の住持であったことがわかる。またこの記述からは合戦の際、古河公方が勝願寺に駐留したことが窺われるが、それを裏付けるのが次の史料であると考えられる。

〔史料2〕　足利高基感状写（楓軒文書纂(10)）

長々被（マ立当寺於御馬候之処マ）、懇走廻之条、感悦候、謹言、

八月八日　（高基）（花押影）

善賢法橋御房

このように高基の代までには古河公方と勝願寺の間に良好な関係が形成されていたのである。また『勝願寺縁起』には「文亀年中ノ頃ヨリ善祐息善賢上京シ、実如上人江常随、昵近シ玉フ」とあり、文亀年間（一五〇一―一五〇四）に善賢が実如に近侍していたことがわかる。つまり古河公方・山科本願寺双方と深い繋がりを有する勝願寺を仲介役として、公方と本願寺の間に連絡がとられた訳である。この大永三年の古河公方・山科本願寺間の贈答儀礼は、〔史料1〕中の記述にみられる如く、善賢の活躍によって滞りなく遂行されたようである。そして同年の十月十二日には勝願寺に宛てて高基の禁制(11)が出されている。

〔史料3〕　足利高基禁制（勝願寺文書）

禁制

磯辺郷之内大坊

一、軍勢甲乙人等濫妨狼藉事、
一、号公用、細事等申付族之事、
一、遁世者等強々仁所望之事、
右条々有違犯之輩者、可被罪科之状、依仰下知如件、
太（大）永三年十月十二日　（清原）式部大夫（花押）

〔史料3〕は古河公方家の奉行人である清原式部大夫が、公方高基の意を受けて発給したものである。文中の「大坊」とは勝願寺を指すものと考えられる。前述のように一向宗寺院で「御房」あるいは「大坊」と呼ばれるのは有力な大寺院である場合が多い。〔史料3〕は善賢が古河を出発して山科へ向かう十月十六日の直前に出されており、この禁制が贈答儀礼における善賢の仲介に対しての「褒美」であった可能性も考えられるのではないか。いずれにせよ、一向宗寺院である勝願寺は古河公方と親密な関係にあり、公方と本願寺を結び付ける役割を果していたのである。

3　古河公方と一向宗寺院

それではこのような古河公方と勝願寺の関係はどのようにして生じたのであろうか。

この両者の関係が初めて史料上に現われるのは、前節でみた大永三年の贈答儀礼に際してのものであり、それ以前に関してははっきりとわからない。しかしながら、勝願寺のあった幸島郡磯部（辺）と古河が至近の距離にあること、鎌倉府段階では勝願寺をはじめとする東国の一向宗寺院と公方との繋がりをほとんど見出せないこと等を考慮すると、享徳の乱の勃発により公方が本拠地を古河に移したことから、関係が生じたとみて間違いないのではないだろうか。次にこのような関係が持たれるに至った背景について、勝願寺と古河公方それに山科本願寺の、それぞれの立場から考察していくことにする。

まず勝願寺についてであるが、これは〔史料3〕にみられる如く、寺に対する外護を公方に求めていたとみてよいであろう。鎌倉府段階に比べて弱体化が進行していると評価されることの多い古河公方政権であるが、密教寺院や禅宗寺院等の寺院勢力への保護という点ではいまだ強い影響力を維持していた。[12] 一向宗寺院である勝願寺もそこに期待したのではなかろうか。[13] 特に勝願寺の場合、先ほども触れたように、公方の本拠地である古河から極めて近い場所に在った点も、公方に外護を求める大きな要因であったと考えられる。

逆に古河公方側が勝願寺に求めたものについては、はっきりとわからない点が多いが、前節でみた対本願寺交渉における仲介役というのが、期待された役割としてあげられるのではなかろうか。後に五代古河公方義氏の時にも、勝願寺を使者として加賀の一向一揆の蜂起を要求している事例[14]があり、本願寺をはじめとする一向一揆勢力との連絡に引き続き勝願寺が当たっていたことが窺われる。

最後に古河公方と本願寺の関係についてであるが、古河公方は京都との交渉ルート確保を目論んで、本願寺に接近しようとしたのではないだろうか。古河公方と幕府の対立が解消された文明の都鄙和睦の後も、公方と幕府・朝廷を結ぶルートは上杉氏を通すもの以外はほとんどなかったと考えられ、上杉氏との関係が緊張を孕んだものである以上、新たな交渉ルートの確保が模索されたのではないだろうか。一方本願寺は幕府や京都の公家と密接な関係にあり、彼らから加賀国主として認知された存在であった。[15] 公方はこのような存在であった本願寺に期待し、本願寺と強いつながりを持つ勝願寺を媒介にこれと交渉を行なったと推測されるのである。

二　後北条氏と一向宗

1　後北条氏の一向宗禁圧

冒頭でも述べたように、これまでは後北条領国下において一向宗が禁教状態にあったとされてきた。その根拠とされたのが次の史料である。

〔史料4〕　北条家朱印状（善福寺文書(16)）

掟

一、去今両年、一向宗対他宗、度々宗師問答出来、自今以後被停止了、既一向宗被絶以来及六十年由候処、以古之筋目、至于探題他宗者、公事不可有際限、造意基也、一人成共就招入他宗者、可為罪科事、

一、庚申歳（永禄三年）長尾景虎出張、依之大坂へ度々如頼入者、越国へ加賀衆就乱入者、分国中一向宗改先規可建立旨申届処、彼行一円無之候、誠無曲次第候、雖然申合上者、当国対一向宗不可有異儀事、

右、門徒中へ此趣為申聞、可被存其旨状如件、

（虎朱印）
永禄九年丙寅十月二日

阿佐布

宛所の「阿佐布」とは、この時期後北条領国下の一向宗門徒を統括する立場にあった武蔵国麻布善福寺のことである。この〔史料4〕中の「既一向宗被絶以来及六十年」という文言から、それまで六十年に及ぶ後北条領国内での一

向宗禁止が想定されてきたのである。

また次の史料も後北条氏の一向宗禁止を示すとされてきたものである。

〔史料5〕　北条為昌朱印状（光明寺文書）[17]

三浦郡南北一向衆之檀那、悉鎌倉光明寺之可参檀那者也、仍如件、

享禄五壬辰七月廿三日（朱印、印文「新」）

光明寺

この朱印状の発給者である北条為昌は玉縄城主であり、その支配下にある三浦郡内の「一向衆之檀那」に対し、鎌倉光明寺（浄土宗）の檀那となることを命じたものである。

ほかにも一時的に一向宗に対して制裁が加えられたと思われる事例が幾つかあるが、[18]主にこの二点の史料から、後北条氏による一向宗の禁教が行なわれたとされてきた。しかしながら、禁教が行なわれたとされる時期の後北条領国下において、一向宗寺院や門徒の活動を確認できる史料もまた、存在する。[19]次にそれらについてみていくことにする。

蓮如の第二十七子である順興寺実従の日記『私心記』[20]には、天文二年（一五三三）七月から翌三年四月までの石山本願寺における麻布善福寺の動向が記されている。[21]また本願寺十世証如の日記である『天文日記』[22]の記述には、善福寺のほか、最宝寺・正念寺・正念寺弟明善などの、相模国内の一向宗寺院や僧侶の活動がみられる。[23]これらの記述がみられる時期は、前節でみた後北条氏が一向宗を禁止していたとされる期間に含まれており、ここから後北条氏による一向宗禁圧がそれほど徹底したものでないことが窺える。

やはり一向宗が弾圧されたとされる越前においても、在俗の門末が在国していたことが確認されており、[24]このような一見不徹底とも思える後北条氏のケースは、決して特異なものではないと考えられる。

2　後北条氏と本願寺

それでは後北条氏による一向宗禁圧が不徹底にならざるを得なかった理由は奈辺にあるのか。永禄九年（一五六六）に出された〔史料4〕中の「既一向宗被絶以来及六十年」という文言から、ここで後北条氏の述べている一向宗禁止状態が、永正三年（一五〇六）に始まったことが想定される。「東寺過去帳」によると、永正三年に「於越前・越中・能登・美濃・近江・伊豆・駿河・山城・丹後等、諸国一向宗并其外大和軍陣乱逆喧嘩等、死亡輩数万人」との記載があり、後北条領国内の伊豆でも一向宗の関係した争乱があったことが窺える。[25]また後北条氏の祖伊勢宗瑞（北条早雲）は、足利義澄・細川政元と密接だった明応の政変以来の関係を、明応八年（一四九九）末以降永正元年までに改め、この時期には足利義稙と通じるに至っている。[26]同じ時期に本願寺は義澄・政元の与党として、各地の門徒に一揆蜂起を呼びかけている。つまり義稙方であった後北条氏の領国内でも一揆が発生した可能性が高いのである。[27]

〔史料4〕で一向宗禁止の開始が永正三年とされているのは、おそらくこの争乱によるものであろう。つまり後北条氏の一向宗禁圧策は中央の政治動向を受けての報復措置的なものであり、宗教的な意味合いは少ないと考えられる。そうであるならば政治的対立が解消されれば解禁へと向かう余地があり、必ずしも徹底した禁圧策である必要はなかったと考えられる。後北条氏にとっての一向宗禁圧策は、対本願寺交渉における切り札の一つだったのではなかろうか。

三　古河公方と一向一揆

1　足利義氏の一揆蜂起要求

永禄四年（一五六一）八月、古河公方足利義氏は加賀松任の本誓寺に対し、勝願寺を使者として次のような書状[28]を送っている。

〔史料6〕　足利義氏書状（本誓寺文書）

態為使節被遣勝願寺候、抑長尾弾正少弼（上杉謙信）去申年（永禄三年）致越山已来、関東干戈無止事候、雖然北条氏康父子防戦堅固故、過半令静謐候、然者、当秋重而可致越山段、被聞召及候、此砌越国騒乱之儀、廻行馳走頼思召候、不乗景虎計策、可被励忠節儀、関東由緒無拠候歟、此度之謀略肝要候、安養寺・瑞泉寺能々可有談合候、至于御本意者、門徒興隆之儀可被加御下知候、尚勝願寺舌頭被仰含候、仍而御腰物兼元作、被遣之候、謹言、

（永禄四年）八月三日　（足利）義氏（花押）

本誓寺

この書状が出された前年の永禄三年、越後の長尾景虎（上杉謙信）が関東に進出し、翌年三月には小田原城を包囲するほどの勢いを示した。当時外戚である後北条氏の庇護の下、下総関宿城にあった義氏も、謙信の攻撃にさらされている。謙信は六月には越後へ帰国したが、秋に再び関東進出との風聞が流れたため、それへの対抗策として出されたのが〔史料6〕である。謙信の関東進出を妨げるため、加賀の有力な一向宗寺院である本誓寺に対し、越後方面での一揆蜂起を要求している。そしてその要求が受け入れられたならば、「門徒興隆之儀」について取り計らうことを約しているのである。ここにみられる義氏の意向は、先ほども触れたように、義氏が後北条氏の庇護下にあったことを考

慮すると、後北条氏の対上杉氏策を受けて打ち出されたとみるのが妥当であろう。このことは前章でみた北条家朱印状〔史料4〕中に、「庚申歳長尾景虎出張、依之大坂へ度々如頼入者、越国へ加賀衆就乱入者、分国中一向宗改先規可建立旨申届処」とあることからも裏付けられる。

またここで使者に立っているのが勝願寺というのも、注目に値しよう。勝願寺は、大永三年（一五二三）の古河公方・山科本願寺間の贈答儀礼に際しても使者役を務めており、永禄段階に至っても引き続き公方と一向一揆勢力の仲介の任に当たっているわけである。次にこの勝願寺と公方義氏との関係についてみていくことにする。

2　足利義氏と勝願寺

永禄十一年（一五六八）、勝願寺に宛てて義氏の過所[29]が出されている。

〔史料7〕　足利義氏過所（勝願寺文書）

幸嶋庄古河太田筋荷留五疋五人、不可有相違者也、仍如件、

（戊）戊辰（永禄十一年）二月十八日（朱印）　奉

芳春院

勝願寺

文中の「太田」とは信濃国水内郡太田荘のことであり、古河から太田荘への荷（馬五疋・人足五人）の通過を、勝願寺に許可する内容になっている。前述した如く、信濃国水内郡には「磯部六ヶ寺」と称される勝願寺門下の寺院が室町期までに成立しており、〔史料7〕からは、永禄年間に至ってもこれら「磯部六ヶ寺」と勝願寺の間に連絡があったことが窺われる。また「磯部六ヶ寺」の教線は、後にこの中から越後へ移転した寺院があることからも窺われるよう

に、越後方面へも伸展していた。このようなルートの存在が、勝願寺を仲介とする、古河公方と加賀一向一揆との交渉を可能にしたのではないだろうか。そのためこの過所にみられるような便宜が、公方から勝願寺へ許われたのであろう。

また天正二年（一五七四）十二月には、古河公方家臣の簗田持助から勝願寺にあてて、次のような判物が出されている。[30]

〔史料8〕簗田持助判物（勝願寺文書）

（包紙ウハ書）「寺中免状　八郎持助」

其方屋敷不入之儀承候、尤任申候、殊延命寺屋敷、今般遣置候、為向後一筆進之候、恐々謹言、

天正二年甲戌

極月五日　八郎（簗田）持助（花押）

勝願寺

簗田氏は古河公方家中で筆頭宿老の地位を占めていたが、後北条氏の影響力が強まってくるとこれに反発、居城の関宿城に拠り、後北条氏に対して繰り返し抵抗を続けた。しかしこれに抗し切れず、天正二年閏十一月に関宿城を開城、かつての本拠地水海に入った。そして以後、後北条氏や公方義氏に対して全く非敵対的な存在に転化し、忠実な足利氏家臣に回帰したのである。[31]この判物は持助の関宿退去後に出されたものであり、この中にみられる「其方屋敷不入之儀」や、「延命寺屋敷」を「遣置」くといったことは、当然義氏やその背後にある後北条氏の意にも叶ったものであったと考えてよいであろう。

このように義氏が公方の時代にも、勝願寺は公方やその家臣から種々の保護を受けていた訳である。そして義氏が後北条氏の庇護下にあった以上、これらの方策は後北条氏の了解の下、採られたものであると考えるべきであろう。

ではこのような施策を行なった後北条氏の狙いは奈辺にあったのか。次に後北条氏と一向一揆の関係についてみていくことにする。

3　後北条氏と一向一揆

〔史料9〕　北条家朱印状（善福寺文書）[32]

成福寺為使、大坂被指上候、然者毎度上洛之時、豆・相・武於三ヶ国、彼門徒中并旦那中致出銭、路銭千疋宛可相渡之、若兎角之族有之者、以遠山可有披露旨、被仰出者也、仍状如件、

永禄五年壬戌
四月十九日（虎朱印）　遠山奉之

善福寺
成福寺

この朱印状は、永禄五年（一五六二）に伊豆成福寺を使者として本願寺に派遣する際、伊豆・相模・武蔵の三ヶ国の門徒・旦那よりその路銭を徴収することを、後北条氏が認めたものである。ここからは成福寺を仲介役とする、後北条氏・本願寺間の交渉の存在が窺われる。またこの朱印状は、後北条氏が領国内における一向宗を解禁したとされる永禄九年より前に出されているが、門徒や旦那の存在が前提とされており、この点からも後北条氏領国内における一向宗が、実質的には既に「解禁」状態であったことが窺われる。[33]またこれと同時期に善福寺を使者として、「越中辺事」について本願寺と交渉を行なっている。[34]この「越中辺事」とは、上杉謙信に対する牽制のため本願寺門徒を越後に侵入させることと考えられる。[35]

〔史料6〕でみたように、永禄四年には上杉勢力の後方攪乱を狙って、古河公方足利義氏が越後での一向一揆蜂起を要求しており、ここで取り上げた後北条氏の本願寺への要求もこれと軌を一にするものではなかろうか。すなわち後北条氏は本願寺との交渉において、領国内の有力一向宗寺院である善福寺や成福寺を通じてのルートのみならず、勝願寺を媒介とした古河公方と本願寺の関係まで利用して、上杉領国内での一揆蜂起を期待していたと考えられるのである。そして実質的には「解禁」状態でありながら、本願寺の支援を期待して、〔史料4〕にみられるように永禄九年の段階で改めて一向宗「解禁」を宣言しているのではないだろうか。

おわりに

以上、古河公方と一向一揆（本願寺）、後北条氏の関係についてみてきた。まず後北条氏と本願寺の関係であるが、神田氏や鳥居氏の指摘する如く、[36] 後北条領国内において一向宗禁教と呼べるほどの情況はなく、あくまでも後北条氏と本願寺の政治的な離合集散の側面から捉えるのが適当であると考えられる。両者が対立した際には、後北条領国内において一向宗に対する抑圧的な情況が生じるものの、それは政治的対立が解消されればともに解除される性格のものであった。後北条領国内において一向宗は、その教義の危険性ゆえに抑圧されたのではないのである。また古河公方と本願寺に関しては、高基の頃までには勝願寺を媒介とする通行ルートが形成されており、それは義氏の時代まで、すなわち戦国期を通じて確保されていた。そしてこのルートは、古河公方を推戴するようになった後北条氏の対本願寺交渉にも利用された。後北条氏は越後の上杉氏と対立関係にある場合が多く、また上杉氏と一向一揆が対立関係にあったことから、一向一揆による上杉氏への攻撃を期待したのである。このように古河公方と本願寺の関係は、後北条氏にとって高い利用価値があり、後北条氏が古河公方を存続させていく一つの要因になり得たのではないだろうか。

注

(1)『史学雑誌』三六編三号（一九二五年）。
(2)川村優編『論集房総史研究』（名著出版、一九八二年）。
(3)「関東南部における本願寺教団の展開」（『講座　蓮如』第六巻、平凡社、一九九八年）。
(4)「後北条氏領国下における一向宗の『禁教』について」（『戦国史研究』三八号、一九九九年）。
(5)「本願寺の行動原理と一向一揆」（『一向一揆と戦国社会』吉川弘文館、一九九八年）。
(6)以下の勝願寺についての記述は、井上勝『勝願寺の歴史』（勝願寺、一九九五年）を参照した。
(7)勝願寺蔵。なおその一部が『史料と伝承』四号（一九八一年）に翻刻されている。
(8)梁田高助については、佐藤博信「梁田氏の研究」（同『古河公方足利氏の研究』校倉書房、一九八九年）参照。
(9)長尾景長については、勝守すみ「長尾氏研究の成果と課題」（同『長尾氏の研究』名著出版、一九七八年）参照。
(10)『古河市史　資料中世編』（以下『古史』と略記）六九九号。
(11)『茨城県史料　中世編III』（以下『茨史』と略記）勝願寺文書一号。
(12)古河公方と密教寺院の関係については、阿部能久「関東足利氏と鶴岡八幡宮・鑁阿寺」（『年報三田中世史研究』六号、一九九九年）参照。
(13)古河公方と禅宗寺院の関係については、阿部能久「古河公方の関東禅院支配——公帖の分析を通して——」（『鎌倉』九一号、二〇〇〇年）。
(14)本稿三—1「足利義氏の一揆蜂起要求」参照。
(15)神田千里「室町幕府と本願寺」（同『一向一揆と戦国社会』所収）。
(16)『戦国遺文　後北条氏編』（以下『戦遺』と略記）第二巻九八四号。
(17)『戦遺』第一巻一〇二号。
(18)注(3)に同じ。
(19)注(4)に同じ。
(20)『真宗史料集成』第三巻所収。
(21)注(4)に同じ。

(22) 注(20)に同じ。
(23) 注(4)に同じ。
(24) 金龍静「禁止・抑圧下の戦国期一向衆」(平松令三先生古稀記念会編『日本の宗教と文化』同朋舎出版、一九八九年)。
(25) 注(3)に同じ。
(26) 家永遵嗣「明応二年の政変と伊勢宗瑞(北条早雲)の人脈」(『成蹊大学短期大学部紀要』二七号、一九九六年)。
(27) 注(3)に同じ。
(28) 『古史』一〇七八号。
(29) 『茨史』勝願寺文書二号。
(30) 『茨史』勝願寺文書三号。
(31) 注(8)に同じ。
(32) 『戦遺』第一巻七六〇号。
(33) 注(4)に同じ。
(34) (永禄五年)七月五日付下間頼充書状写(箱根神社文書『改訂新編相州古文書』第一巻)。
(35) 注(4)に同じ。
(36) 注(3)(4)に同じ。

付記　勝願寺文書の閲覧に際し、勝願寺住職井上証氏ならびに前住職井上勝氏のご高配を賜った。ここに記して感謝の意を表す次第である。

〈キーワード〉古河公方　一向一揆　後北条氏　勝願寺　本願寺

III　中世人の心の深奥

天狗と中世における〈悪の問題〉

若林晴子

天狗と中世における〈悪の問題〉

はじめに

天変地異や戦乱が頻発した中世は、天狗跳梁の時代であったとも言われる。文学や絵画のみならず、貴族の日記や僧侶の記録・随筆類にも天狗に関する記述が多く見られる。これらの天狗は何を意味するのであろうか。本稿では、中世の天狗と仏教の魔の概念とのかかわりを論じる。中世には魔以外のものを象徴する天狗もあれば、天狗以外にも魔のシンボルとして認識されたものもある。しかし、ここでは敢えて天狗と魔の関連に注目した上で、その視点をさらに広げ、天狗をより普遍的な〈宗教と"evil"(悪)の問題〉という枠組みのなかで捉えることを試みる。その理由は次の三点にある。第一に、中世日本にもっとも多く見られるのが仏教的な魔の具象化としての天狗である。よって、中世の天狗を理解するには、魔が持つ意味を考える必要がある。第二に、仏教は中世の宗教、文化、社会、そして政治において大きな役割を演じていた。魔と天狗を分析することによって、仏教に限らず、中世の世界観の理解を深めることができる。そして第三に、〈悪の問題〉を考えることで、中世社会の様々な問題に仏教がどう対応したかを検討することが可能となる。以上三点を踏まえた上で、中世社会において天狗が象徴した〈悪〉とは何であったのかを探る。

一　宗教と〈悪の問題〉

なぜ、この世には貧困や飢餓が存在するのだろうか。なぜ、多くの罪のない人々が地震などの災害によって苦しまなければならないのか。なぜ、彼のような善人が無残な死に方をしたのだろうか。そして死後、我々の善行・悪行は報いられるのであろうか。

このような疑問は、いつの時代にも、どの社会にも存在する。そして、人々を苦しめるこれらの〈悪〉にどう対応するかは、宗教が立ち向かうべき大きな課題の一つである。ここで論じる〈悪〉とは善の対語としての道徳的な悪ではなく、痛みや苦悩であったり、不幸や災害であったり、社会的秩序の崩壊などを指す。また、苦難や幸福の不平等な分配（例えば、なぜ道徳的に悪である人間が、神に罰せられることもなく裕福な生活を続けられるのか等）も含まれる。原始宗教においては、これらの苦難の原因は、超自然的な力によるものであり、魔術・呪術・シャーマニズムなどによってこの力を制することで問題が解決されるとみなされた。すなわち、これらの〈悪〉の根源である悪霊や荒ぶれる神などを特殊な能力を持つ人間が退散させることで、問題を解決できると考えたのである。しかし、宗教が体系的に、そして思想的により複雑になってくると、「何故そのような問題が存在するのか」という新たな疑問が起こり、〈悪〉の合理的な説明とその解決策が求められるようになる。

全知全能の神を信じるキリスト教徒にとっては、無実の人間が受ける悪や苦難の存在そのものが、ともすれば神への挑戦にもつながる問題となる。ジョン・ヒック曰く、「神が完全に愛ならば、神は悪を全廃したいと望まれるに相違ない。そして神が全能であれば、神は悪を全廃することができるに相違ない。ところが悪が存在する。それゆえ、神は全能であると同時に完全に愛であることができない」[1]。宗教哲学・宗教社会学などの分野では、この矛盾を〈悪の問題〉(the problem of evil) として論じる[2]。この問題は、西洋の哲学・神学において伝統的に一つのジレンマとして議論されてきた。いわゆる「神義論」、「弁神論」(theodicy) である。

一方、〈悪の問題〉は、一神教に限定されたものではない。最初にこの可能性を提示したのはマックス・ウェーバーである。彼は神義論を「ある宗教世界観における、苦悩や悪の存在の矛盾を説明・解釈しようとする宗教の思想的展開」と再定義することで、仏教のような多神教にも〈悪の問題〉が存在することを示唆した[3]。近年では、ガナナート・オベーセーカラがスリランカの仏教の研究を通して、「宗教がその信仰体系を通じて合理的に苦難や幸福を説明し得ないとき、神義論は存在する」とし、神義論があらゆる宗教に共通する問題意識を示すとした[4]。

ウェーバーは、もっとも首尾一貫して論理的にこの〈悪の問題〉を解決した例として、インドの〈業〉の教説を挙げている[5]。この教説によれば、来世あるいは現世の苦難は、現世もしくは前世の人間の行為による因果であり、それは再生・再死の無限なる輪廻の過程において働いている。そこには、全能神の存在は不要である。この思想は仏教に受け継がれ、中国や日本にも伝えられた。

確かに〈業〉の思想は苦難をあきらめ、受け入れることを可能とする。しかし、人々は本当にそれを苦難の理由として受けとめ、それで納得することができたのであろうか。そこで、仏教思想における〈魔〉の存在に注目したい。〈魔〉とは、超越的な力によって人の善行を妨害するものである。これは、もともとインドの民間信仰にある悪神マーラを仏教のコスモロジーに取り入れたものである。マーラは、人間に災いをもたらす悪神としての性格を維持しつつ、同時に仏道を妨害する〈魔〉として発展していった。〈魔〉は、〈業〉とは別に、仏教によって解決されるべき悪や苦難の外因として定着していったのである。

さて、中世日本の仏教において〈悪の問題〉はどう展開したのだろうか。そして、それは、中世の社会や思想をどう反映しているのだろうか。以下に、まず仏教の悪のシンボルである〈魔〉を定義し、次に中世日本における〈悪〉の象徴ともいえる天狗と魔のかかわり、そしてそれによる魔の日本的展開を取り上げる。最後に、仏教が提示した〈悪の問題〉の解決策をみることによって、仏教のおかれた社会的位置を考える。

二　仏教における〈魔〉の思想

〈魔〉・〈魔羅〉は、死あるいは殺すことを意味するサンスクリット語の Māra から来たものである。そこから次第に宗教的な意味付けがなされ、「人の生命を奪い、仏道修行などもろもろの善事に妨害をなすもの」と認識されるようになった[6]。

魔は、様々に分類される。『大智度論』、『摩訶止観』などは、(1)蘊（あるいは陰）魔、(2)煩悩魔、(3)死魔、(4)天子魔、の四種を挙げる。蘊魔とはすなわち、人間の肉体と精神を構成する五蘊（色蘊・受蘊・想蘊・行蘊・識蘊）である。煩悩魔は、心を乱し、迷いを生じさせる百八の煩悩を指す。これら五蘊や煩悩は、内面から起こる精神的な迷い、あるいはそのような迷いの原因である人間の肉体や感覚を象徴的にあらわす。(3)の死魔は死そのもののことである。

上記三種の魔は人を内面から悩ます魔である。それらに対して、第四の魔、天子魔（天魔・魔王とも呼ばれる）は欲界の第六天である「他化自在天」と呼ばれる魔界を支配する一種の神としての魔である。天子魔は、自らの娘・息子・眷属らを駆使し、様々な手法を凝らして修行者を外界より妨害し、誘惑しようとする。経典には、たびたび魔羅が現れ、悟りを開こうとする釈迦の妨害をする。例えば『サンユッタ・ニカーヤ』によれば、釈迦が夜の暗闇の中で戸外で露地に坐していると、悪魔・悪しき者が象王や蛇王の姿をして現れ、髪の毛がよだつような恐怖をおこさせようとする。[7] しかし、釈迦はそれに対し、「私は悪魔の縛めから解き放たれています。そなたは打ち負かされたのだ。破滅をなす者」と言い放つ。すると、悪魔はその場で消え失せる。また、悪魔は三人の娘、〈愛執〉、〈不快〉、〈快楽〉を釈迦のもとへ送り、誘惑させるが、彼女らもまた、追い払われてしまう。同じように、釈迦の弟子や修行者も仏道修行中、しばしば魔羅やその眷属の挑戦を受ける。このように、修行者の心に迷いや煩悩、恐怖を起こさせる天子魔は、精神的な迷いや肉体的な妨げ（すなわち煩悩・五蘊・死など）を擬人化したものとも考えることができる。

仏道修行者の究極の目的は、解脱、すなわち煩悩や束縛から解放され、迷いの世界を抜け出ることである。上記の四種の魔は、この目的を達する過程で直面し、克服しなければならない様々な障害を指す。これらの誘惑や妨害をすべて克服してはじめて、修道者は解脱に達することができるのである。

さて、このような教義的な意味合いを持つ一方、魔は度々偽りの教義を説くなどして、人々を邪道に導く者としても現れる。前述の『サンユッタ・ニカーヤ』には、ある尼僧が休息をしているところに、悪魔が現れ、「あなたは誰の教派を喜んで奉じておられるのか」と聞く。そして尼が自分はいかなる教派をも奉じていないと答えると、「それではどうして愚かにもこんなことを実行するのか」と問い詰める。そこで、尼はこう答える。

この〔仏教の〕外の教派の者どもは、誤った見解を、喜んで信じています。わたしは、かれらの教えを喜んでいません。かれらは、真理の教えに通じていません。シャカ族に、ブッダがお生まれになりました。比類のない方です。あらゆるものに打ち勝ち、悪魔を払い、いかなる事柄についても敗れることなく、あらゆることについて解脱しておられ、依存することなく、眼をもち、一切をみそなわす。一切の業の破壊を達成し、生存の素因を滅ぼして解脱しておられます。その尊師こそ、わたしの師なのです。その教えを、わたしは喜んで奉じているのです。[8]

すると悪魔は打ち萎れ、憂いに沈み、その場で消えうせる。

上記の魔は、修行者の精神的な弱さを象徴するだけではなく、釈迦の教えに疑問をもち、仏教以外の教義を勧める者を指す。魔は、修行者や仏教そのものに敵対する様々な外的障害も表しているのである。魔のこのような側面は、仏教の社会的・組織的側面を考察する際、特に重要である。魔の定義は宗教的・教義的な意味合いとともに、仏教に敵対する思想や組織を非難する装置をも備えているのである。

さて、ここまで見たところ、魔はあくまでも宗教的な概念であり、前述した普遍的な〈悪・苦難〉との関係は稀薄であるように思われる。しかし、中世日本における魔の展開を追っていくと、その定義が多様に変化し、より普遍的な苦難の意味をもつようになることが明らかになる。

三　〈魔〉としての天狗の成立

1　世俗的〈悪〉としての天狗と魔

古代・中世の日本にも、〈悪〉は存在した。科学や医療が十分発達していない時代の病や疫病、そして『方丈記』にも記されているような火災、大風、地震、飢饉などの自然災害は多くの死者を出し、人々を苦しめた。また、戦も世の常であった。この時代の人々は、これらの〈悪〉に様々な意味づけをした(9)。その原因は、業であったり、天誅であったり、末法であった。そうした解釈の一つに物の怪や怨霊など超自然的なものの仕業であるという観念があり、天狗は、その一類として捉えられていた(10)。

天狗の日本での初見は『日本書紀』の舒明天皇九年（六三七）二月条であるといわれている。それによれば、「丙辰の朔戊寅に、大きなる星、東より西に流る。便ち音ありて雷に似たり。時の人曰はく、『流星の音なり』といふ。亦は曰はく『地雷なり』といふ。是に、僧旻が曰はく、『流星に非ず。是天狗なり。其の吠ゆる声雷に似たらくのみ』といふ」とある。ここに現れる天狗は、アマキツネと読まれ、すなわち流星を指す。これは、中国から直接輸入された天狗のイメージである。天狗はもともと中国に存在した空想物であり、『漢書』の「天文志」には「天鼓有音、如雷非雷、天狗、状如大流星」とあり、兵乱を予兆する流星として現れる。『山海経』では山中に住む猫のような動物とされている。日本の天狗はこれら中国から取り入れられたものに、さらに新しいイメージを加えたものである。

平安時代の物語文学において天狗は、山に棲み、しばしば人に憑くもののけのようなものとして現れる。『源氏物語』「夢浮橋」では、横川の僧都を訪問し、浮舟の消息を尋ねた薫に、僧都は浮舟が救助された時の状況を「天狗・木霊などやうの物の、〔浮橋を〕あざむき率てたてまつりたりけるにや〔ありけん〕」と説明する。また『うつほ物語』「俊蔭」には、帝の北野御幸に随行した際、山のあたりから琴のような音を聞いた右大将兼雅とその兄の会話に、「かく遙かなる山に、誰か物の音しらべて、遊びいたらむ。天狗のするにこそあらめ」とある。これらの例から、平安時代には、天狗が山などに住み、人をたぶらかすと信じられていたことがわかる。後に、「天狗倒し」、「天狗礫」、「天狗笑い」など自然界の不可思議な現象を天狗の仕業になぞらえるのも、このようなイメージに関連するものだろう。

この時代、病の原因としての天狗が頻出する。『大鏡』には、三条院の眼病を山の天狗の仕業かという人もいたという記述が見られる。(11) 三条院の病については、『小右記』にも邪気によるものとの霊託があり、加持祈禱が行われたという記述がある。(12)『大鏡』には、桓算供奉に物のけが現れ、「〔三条院の〕御くびにのりゐて、さゆうのはねをうちおほいまうしたるに、うちはぶきうごかすおりに、すこし語御らんずるなり」と言ったという。この時期から、天狗は鳶に姿を変え、人間界に現れるようになる。

染殿后・藤原明子も天狗に悩まされた一人である。(13) 染殿后は、摂政藤原良房の娘であり、文徳天皇の後宮に入り、後の清和天皇を産んだ。しかし、染殿后を有名にしたのは、ほかでもない、数々のモノ憑きの逸話である。その中に、天狗となった僧真済に悩まされる話がある。真済は、染殿后の子である惟仁親王と紀名虎の娘の子、惟喬親王が文徳天皇の死後皇位を争った時に惟喬につき、争いに敗れた後失意のうちに没したと伝えられる。その真済が天狗（あるいは天狐）となって染殿后に憑き、悩ませたという逸話は『相応和尚伝』、『拾遺往生伝』、『明匠略伝』、『古事談』などに見られる。

また、往生伝に現れる天狗説話は、天狗の視点から語られているという点で興味深い。(14)『続本朝往生伝』遍照の項では、北山に住む天狗が人に託き、語るところによると、その天狗は、貞観の頃に鳶になり、樵夫の持つ革の嚢に入り込んだという。右大臣の家に着いたところで、嚢から出て、寝殿に到り、右大臣の胸を足で踏むと、屋敷の人々は、右大臣の急な発病に大騒ぎとなる。そして天狗が足を挙げ足を下ろすたびに右大臣は活きたり死んだりするのである。そこで僧正遍照が召される。すぐさま護摩壇が築かれ、七日にわたって修法が行われた結果、病は平癒するが、天狗は完全に調伏されることはない。そこで、鉄の網に天狗を入れ、護摩壇の火の中に置き、天狗を灰になるまで焼いてしまう。

同じような説話は、『拾遺往生伝』長慶の項にも見られる。民部大輔中原忠長の娘が邪気を煩ったため有験の僧を請じたところ、邪鬼が託き、自分が天狗であることを明かす。さらに、往時を語り始める。その天狗の言うには、后が病気になった際、北山の長慶上人が召され、不動火界呪を以って加持を行ったところ、童子らが杖をもって追い打ってきた。さらに、四方上下にみな鉄網を張り、鉄網を被せた天狗を火炎の中に置き、焼いてしまった。天狗はこれによって自分の過ちを悔い改め、かろうじて命は取り留めた。

このように、平安時代には、天狗は物の気・邪気の一つとして、病や死の原因として人々に認識されていたのである。

天狗は、一個人に憑き、苦しませるだけではなく、場合によっては社会全体の秩序を乱す災害や兵乱の元凶であるとも考えられた。なかでも有名なのが「大天狗」になったことで知られる崇徳院である。崇徳は、保安四年（一一二三）

に天皇になったが、父の鳥羽天皇の圧力によって弟の近衛に譲位する。保元元年（一一五六）に左大臣藤原頼長と結び保元の乱を起こすが、弟の後白河天皇方に敗北、四国の讃岐に流され、長寛二年（一一六四）にそこで没す。『保元物語』によれば、配流の地、讃岐において、三年かけた自筆の五部大乗経を納めたいという申し出を拒否されたことから、その後は、髪も爪も切らず、行きながら天狗の姿となった、とある。「日本国の大魔縁となり、皇を取って民となし、民を皇となさん」と、自分の舌をくい切り、その血で大乗経の奥に呪詛の誓文を書きつけ、海の底に沈めたといわれる崇徳の怨念は凄まじいものであった。安元三年（一一七七）四月の大火の際には、崇徳院の祟りではないかとの噂が流れ、寿永年間（一一八二―一一八四）の旱魃・飢饉・戦乱もまた崇徳院の怨霊の仕業だとの考えがかなり広く流布していたことが、『玉葉』の記載などから察せられる。(15)

そして時代は降るが、『太平記』に現れる崇徳院は、金の大鳶となり、魔王の頭領として天下を乱す評定を仕切っている。(16)この評定に同席している天狗や魔王は、他に同じく保元の乱で敗北した源為朝、天平宝字八年（七六四）の藤原仲麻呂の乱後廃位され淡路に送られた淳仁天皇、承久の乱で隠岐に流された後鳥羽天皇、足利尊氏に追われ、吉野で没した後醍醐天皇、などそうそうたるメンバーである。彼らは政争に敗れ、失意の末に配流先などで死んだ者たちである。また列席している僧侶ら――玄昉、真済、寛朝、慈恵、頼豪、仁海、尊雲――もやはり政治に深くかかわった人々である。彼らが天狗・魔王となり世を乱す企てを計るという構図は怨霊・御霊のイメージとも重なる。こうした〈天狗評定〉は、鎌倉後期に制作された絵巻『天狗草紙』などにも見られる光景である。(17)

以上の天狗は、中世社会に存在する二種の悪を象徴する。一つは、死や病に起因する個人的な苦悩や痛みであり、もう一つは、自然災害、戦争、疫病など、より広範囲に及ぶカオスや社会の無秩序である。古代・中世の人々は、これらの苦難の原因を天狗や死者の怨霊といった超自然的な力に求めたのである。

仏教の発展もまた天狗の位置付けに合わせて読み直すことができる。密教の伝来とともに、悪や苦難の原因である天狗などの物の怪を退散・調伏することが仏教の大きな社会的役割の一つとして確立していった。先述の染殿后に憑いた真済天狗は、相応和尚が不動明王から伝授された方法にてその正体を明かされ、調伏される。また往生伝の天狗も、不動法など密教の加持祈禱によって調伏されている。このように、病や死の原因とされる天狗は、加持祈禱によって調伏される対象となる。ここに、天狗が仏教における〈魔〉と同義化される要因の一つがある。

本来修行者の妨害をする〈魔〉を調伏する手段であった密教の修法は、貴族たちの間で物の怪や怨霊を退治し、政敵を呪詛し、心や体の病を治療する方法として広く用いられた。(18) このことは、鎌倉中期成立の台密の修法作法と図像の集成書である『阿娑縛抄』の五壇法の項を見ても明らかである。(19) 五壇法とは、不動・降三世・軍荼利・大威徳・金剛夜叉の五大明王を五壇に安置し、経文を誦し、護摩を焚いて祈禱する密教の修法のことをいう。『阿娑縛抄』巻第一二〇にある「五壇法日記」には、応和元年（九六一）以降五壇法が用いられた事例を記載している。そこには、病（発気、御悩、病悩、疱瘡）、御産のほか、寺院間の騒動、天変地異、謀反、追討、立太子など五壇法が修された様々な理由が挙げられている。また、先述した文徳天皇譲位の時に惟仁のために恵亮が修したのは大威徳法であり、真済が惟高のために修したのは金剛夜叉法であったという。密教の修法は、政敵を倒すためにも使われたのである。同じく平安末期から鎌倉初期にかけて真言僧覚禅によって編集された『覚禅鈔』の大威徳についての項には、「疫病並びに旱魃火災を止める」だけではなく「夫婦令相離」、「調伏怨家」、「兵革勝負」、などそれぞれについて、修法の詳細な方法が記されている。(20)

これらの事項を見ると、密教の修法によって調伏される対象が宗教的な悪＝魔のみならず、個人的な苦悩や、政治、戦争、天変地異などカオスの解決にもつながるものとして認識されていたことがわかる。仏教は、天狗のように本来仏教とは直接かかわりのないものを、〈魔〉としてそのコスモロジーの中に取り込みながら、社会に存在する〈悪〉を解決し、国家を護る宗教として確立していったのである。こうして、仏教の〈魔〉は、中世日本の人々の意識に共有される、より普遍的な〈悪〉を象徴するようになる。

2　宗教的〈悪〉＝魔としての天狗

さて、〈魔〉として調伏される天狗は、山中を横行し、人々に憑く物の怪の類から、次第に仏教の魔を象徴するものとしてその仏教的なイメージの展開を繰り広げる。

天狗の〈魔化〉の早い例として挙げられるのが、『今昔物語集』本朝部の第二十巻、第一―十二話である。[21] ここでは、仏法のアンチテーゼとして天狗＝魔が位置付けられている。それは、仏法に挑もうと試み、高僧と術競べをし、仏教以外の外術・外法を使って人々を惑わせ、あるいは女に化けたり阿弥陀の来迎を装って修行僧をたぶらかす天狗、すなわち魔である。これらの天狗説話は、鬼や狐を含む世俗部ではなく、仏法部に入れられている。つまり、天狗は魔として、他の物の怪類と明らかに区別され、仏教の構造のうちに位置付けられているのである。

この反仏教的なイメージに、外術・外法を用いる〈外道〉も含まれていることに注目したい。魔は、もともと修行者や仏教そのものに敵対する様々な外的障害も表していることは、すでに述べた。仏教と対立する組織は、しばしば異教を説き、人々を邪道に導く魔と同一視されてきた。これは、日本中世の仏教にも見られる現象で、例えば貞慶は『興福寺奏状』で法然を「一門に偏執し、八宗を都滅す。天魔の所為、仏神痛むべし」と批判し、明恵も同じように『摧邪輪』において法然を「汝が邪言によって、所化をして菩提心を捨離せしむ。汝はあに悪魔の使にあらざらんや」とする。[22] このように、異端派を魔として位置付けることにより、顕密仏教寺院は彼らを虐げ、自らを正統化することが可能であった。天狗が魔と同一化するに従って、新興宗派の教団もまた〈外道〉として天狗化される。その代表的なものが『天狗草紙』に描かれる一遍と放下僧自然居士である。[23]

また、天狗の〈魔化〉に欠かせないのが、源信以降に見られる浄土信仰の発達である。臨終、すなわち往生を遂げ浄土に往く瞬間が重要視されるようになり、そのときの障害になる魔をどのように乗り越えるかが人々の注目するところになった。そのような魔の形象化されたものが天狗であり、また天魔・鬼神などである。天狗は、修行者の臨終の邪魔をしたり、外法を説いたり、仏に化けて修行者をだましたりなどして、本来仏教の修法によって調伏される魔のイメージを形象する。これらの天狗は『サンユッタ・ニカーヤ』に現れる、釈迦やその弟子を誘惑したり、その修行を妨げる魔に共通するものである。中世日本の浄土思想の発達に大きな影響を与えた源信の『往生要集』にも臨終の際、魔があらゆる手段や様々な形で正念を妨げにやってくることを指摘している。[24]このような苦難に対して源信は念仏を唱え信心深くあれば、正念を保つことができるのみならず仏や菩薩の護持を得ることができ、魔や鬼神もそれを破ることは叶わない、という。先述した『続本朝往生伝』の天狗は、遍照によって調伏されたが、その後蘇生し、遍照の臨終の妨げを計る。しかし、僧正は現れるたびに護法童子五六人に守護されていて、終に隙をえることが出来ずに、僧正は往生を遂げてしまう。『拾遺往生伝』の長慶の項に見られる天狗も同じように、長慶の臨終を妨げようとするが、失敗する。往生伝の天狗説話は、天狗に語らせることによって、本来目に見えない護法童子や毘沙門天を描き、それらの守護により僧侶が往生を遂げる様子を記している。修行中の僧侶を攻撃しようとする天狗と、彼を守護する毘沙門天は、『地獄草紙』にも絵画化されている。[25]

このように仏教に敵対する魔としての天狗のイメージは、平安後期までには確立されていたと言える。

さて、末法ともなり、往生もままならぬ世になると、魔の障害が、避けきれない悪として修行者に立ちはだかる。そこで成立するのが〈魔道〉である。魔道とは、魔の障害を避けられなかったり、死の瞬間に迷いがあったり、執着心があったりして、往生を遂げることができなかった修行者が、三悪道〔地獄・餓鬼・畜生道〕とは別に墜ちる道である。明恵は、『却廃忘記』に、「三業の中に身語二業に神呪等の行あれば、たちまちに地獄等の極苦をうけずと云とも、意業に菩提心無きが故に魔道に赴く」と書いている。[26]すなわち修行を積めば、神呪などの効用により、地獄に墜ちることはないが、菩提心が欠落していれば、往生を遂げることなく、魔道に墜ちるというのだ。魔道・魔界については、無住の『沙石集』や貞慶の「魔界回向法語」などにも記されている。[27]魔道の発達とともに、同義語としての〈天狗道〉も現れる。仏道を修行したにもかかわらず、「驕慢ノ心、執着ノ心深ノ者」が死後墜ちるとされ、この道に墜ちた者は、天狗となり他の修行者の邪魔をするか、あるいは修行を続け解脱する。

天狗道についての詳細な解説で知られるのが、『比良山古人霊託』である。[28]これは、延応元年（一二三九）に九条道家が発病した際、西山法花寺の慶政が邸内の女房に憑いた比良山の天狗と問答をした内容を記録したものである。その天狗によれば、天狗は肉など不浄のものを食し、妻子を持つ。そしてそのもっとも恐れるものは、五壇法や不動明王である。まさに「反仏教」を象徴するものであるが、同時に般若経や法華経や仏教の戒律をありがたがる一面も持つ。さらに、天狗道に墜ちた者は、僻事を行うたびに鉄の三角が自然に口に入る。これが骨髄に通りどうしようもなくつらいので、僻事を避けるようにするとも語る。慶政の「いかなる意の人の、天狗道には来るや」という問いには「驕慢心、執着心の深き者、この道に来るなり」と答え、天狗道に墜ちた者として、余慶、増誉、慈円をはじめとする多くの高僧と、九条兼実、近衛基通、後白川院、崇徳院などを挙げる。貞慶や明恵について慶政が聞くと、貞慶は知らず、明恵に関しては、近頃珍しく真実に出離得脱し、都卒の内院に上生したと答える。法然ら専修念仏衆は、正法を誹謗した罪で地獄や畜生道などの悪道に墜ちたという。

天狗道についての興味深い記述をもう一つ挙げよう。『沙石集』巻第七の「天狗ノ人に真言教たる事」という説話である。[29]ある修行者が、山中の天狗が住むという古堂に泊まることになる。恐ろしさに隠形の印を結んで息を潜めていると、太った僧と小法師二、三十人が堂に入ってくる。すると太った僧が小法師どもを庭に出し、修行者に話しかける。「御房の隠形の印の結び様の違て、見ゆるぞ。おわしませ。教へ申さん」と。この僧こそが天狗であった。修行者に印の正しい結び方を伝授したところで、僧は小法師らを呼び入れ、天狗共は、堂の中で遊び、山へ帰っていく。

この説話には、さらに「天狗と云事は……」で始まる天狗についての解説が続く。それによれば、真実の智慧なくして、執心偏執、我相驕慢等ある者、または虚妄の修行による徳を持つ者が、天狗道に入るという。天狗を大きく分けると、善天狗・悪天狗の二種類がある。悪天狗は、一向驕慢偏執のみあり、仏法に信なき物である。そのため、諸善行を妨げ、出離もしない。対する善天狗は、仏道に志もあり、智慧行徳もありながら、執心を捨て去ることができず、虚妄の智の働きに妨げられ、天狗となってしまったが、天狗道においても仏道を行じ、他人が修行をするのも邪魔をしない。悪天狗が妨げようとすると、それを制して仏法を守る。この種の天狗は、いずれ出離する。修行者に隠形印の結び方を教えた天狗は善天狗だったのである。

以上をまとめると、天狗道は魔道とほぼ同義であり、三悪道とは明らかに区別されるものである。そこは、仏道修行はしたものの、真実の智慧を得られず、驕慢になってしまったり、執着心を捨てきれなかった者が墜ちる場所である。そのため、場合によっては『沙石集』の天狗のように、現役の修行者よりも仏教の知識は豊富である。また、天狗には二種類あり、善い天狗は、修行を続け出離し、悪い天狗は他人が修行する邪魔をする。この分類は、前述した反仏教的な天狗と仏道修行をしたにもかかわらず天狗道に墜ちてしまった天狗の双方を矛盾なく包括する。

こうして鎌倉期には、仏教の〈魔〉を象徴する天狗のイメージが二通り成立する。一つは、仏法に敵対する反仏教的な魔としての天狗、そしてもう一つは、そのような魔・天狗の障害を克服しきれなかった修行者が墜ちる魔道・天狗道と、またそうして天狗になってしまった彼らを指す。

四　末法の時代における天狗と中世仏教の〈悪の問題〉

第三節でみてきたように、平安後期から鎌倉期にかけての天狗は仏教でいう〈魔〉と同義化し、世俗的・宗教的〈悪〉を象徴するものとして発展した。これらの〈悪〉は、単に業の教説では説明しきれない、外的要素に起因する〈悪〉として認識された。本節では、これまでみてきた天狗像が第一節で述べた〈悪の問題〉とどうかかわってくるのかを検討する。

天狗が仏教と結びつき活躍するこの時期は、古代から中世社会への転換期であり、南都焼討を伴った治承・寿永の内乱、数々の天変地異、武家の台頭、寺社による強訴や寺社間の抗争など、まさに「天下大乱」の世であった。その中、顕密寺院勢力もまた経済・政治など様々な変動に直面していた。そのような時代を背景に広まったのが、〈末法思想〉であり、〈王法仏法相依論〉である。(30) 「鎮護国家」を唱え、王朝の平安を脅かす数々の悪を克服してきた仏教であったが、この時代、〈悪〉はより複雑化し、さらなる説明と解決策を要する概念に発展したのである。

末法をもたらす魔・天狗と末法ゆえに魔道・天狗道に墜ちた僧侶たちの二つの天狗像は、この変動期に大きな展開を遂げる。これらの天狗と中世社会の世界観を考える上でとくに注目したいのは、それぞれの天狗像に、顕密寺院を批判する視点とそれを正当化する視点との両者を見て取ることができることである。天狗を調伏する仏教と天狗そのものになってしまった仏教。この矛盾こそが、この時代に顕密仏教が直面した〈悪の問題〉を反映している。

王法・仏法の衰微をもたらす天狗・天魔のイメージは、末法の思想が王法仏法相依論と結び付けられることで、魔との関連をさらに深める。仏法と王法が密接に影響しあう中、末法にともなう仏法の衰滅は世俗社会も影響し、魔や天狗は、仏教に障害を与えるだけではなく、社会秩序の崩壊も促すと考えられた。貴族の日記などには、「天狗の所為」・「天魔の所為」の記載が目立つようになり、主体としての魔や天狗が様々な災害を起こすという考え方が顕著にあらわれる。(31)

この「天狗・天魔の所為」という表現には三つのパターンがある。『玉葉』を例に見てみよう。一つは、寺院に対する世俗勢力の横暴を批判する場合である。これは、しばしば寺社の経済基盤を保護するために用いられたイデオロギーであった。[32] この考え方は公家の間にも流布していたもので、例えば平重衡の南都焼討のような仏法をないがしろにする行為に際し、九条兼実は「今乱逆の世に当り、忽に魔滅の期を顕すか」と嘆き、この仏法の破滅が内乱の起因であると考えている。[33]

二つ目は、「天狗・天魔」がより普遍的な悪を引き起こすとされる場合である。平清盛によって遂行された治承四年（一一八〇）六月の福原遷都について、兼実は「希代の勝事」といい、「只天魔朝家を滅ぼさんと謀る。悲しむべし悲しむべし」と批判する。[34] そして王法の衰退を促す〈魔〉を克服するには、顕密仏教の力に頼るしかないと考えられた。例えば、『玉葉』治承五年二月八日に記載されている前日七日の宣旨は、頻発する災異と兵乱が魔によってもたらされていると認識し、その解決策として、魔を調伏する仏力、具体的には不動明王や尊勝陀羅尼、造像といった儀礼の遂行を命じる。

三つ目に、「天狗・天魔の所為」と称される事件の多くが顕密寺院の強訴や寺院間の争いなど、寺院勢力の横暴を示唆する出来事であることにも注目したい。[35] この場合〈悪〉は、体制としての顕密寺院を指すため、寺社側としては完全に否定できない〈悪〉である。この問題の解決策は後に述べる「魔仏一如」の概念ともかかわってくる。

次に天狗道・魔道の観念であるが、これもまた仏教を批判する視点と擁護する視点とにわけられる。『比良山古人霊託』や『天狗草紙』を見る限り、実に多くの高僧が天狗になったとされている。『比良山古人霊託』に名を連ねる天狗は、余慶・隆明・増誉・慈円など歴代の天台座主や僧正・大僧正クラスの僧侶であり、『天狗草紙』では、興福寺、東大寺、延暦寺を含む南都北嶺の諸大寺の僧侶が天狗として描かれている。本来仏法を護持すべき僧侶が仏法を妨げる天狗となってしまったとは、どういうことであろう。

天狗が否定的な意味を持っていたことは、明確である。『天狗草紙』は、あきらかに当時の顕密寺院の名誉や利益への執着、そして繰り返される強訴、対抗勢力との軍事的対立などを仏道修行者らしからぬ行為として天狗になぞらえて描いている。[36] また、『天狗草紙』や後の『太平記』に見られる山中の天狗評定では、僧侶の姿をした天狗が、世を乱すための策略を練る。『太平記』の天狗評定に出席した高僧天狗の中でも有名なのが、慈恵大師良源である。彼は、『宝物集』、『比良山古人霊託』、『寺門高僧記』、『天狗草紙』など数々の文献に天狗として登場する。叡山中興の祖といわれる慈恵大師良源が天狗にされてしまう背景には、山門・寺門の対立や先に述べた寺社勢力に対する批判的視点がおおいに含まれていると考えていいだろう。[37]

一方で、末法の世においては、仏教の教えを真に理解し実行することは大変困難であり、修行を続けたところで、天狗道や魔道に墜ちることはほぼ必然的であるとの認識もあった。末法の世であるがために修行僧の菩提心は欠落し、また末世だからこそ多くの僧侶は魔道に墜ちると考えられていたことは、『沙石集』や貞慶の「魔界回向法語」などからも明らかである。『沙石集』は、末代であるがために仏法修行の儀も廃れ、真実の智慧や道心のある者は稀になり、名利や栄華に執着するものが多い、と繰り返し述べている。そして「魔界回向法語」も、昔は行徳を以て魔軍を降伏せしめた顕密修学の人々も、いまではその伴党になり、昔は智力を持って法の城を守った人々も、今はそれを妨げるものとなってしまっていると嘆く。

このような時代に仏道修行をする意義があるのだろうか。この問いに対する答えはこうである。末法の世である人間界は、修行者にとって悟りを得たり、往生を遂げるためには決して理想的な場所ではないが、深い信仰心があれば仏や菩薩の加護が必ずある。[38] それは、魔道に墜ちたとしても同じことで、地蔵菩薩などの助けをかりて、最終的には出離できるのである。そういう意味で、魔道とはすなわち、生前仏教の修行をしたものに特別に与えられた、出離得脱へのもう一つの道でもあった。[39]

それでは、天狗道に墜ちたところで実際にどうすれば、そこから脱することができるのだろうか。この問いに対する答えを提示しているのが、『天狗草紙』である。永仁四年（一二九六）に制作されたこの絵巻は、南都北嶺の諸大寺の僧侶と、当時の新興宗教の中でも際立って反体制的と見なされていた一遍率いる時宗と放下僧らを天狗になぞらえて風刺した作品である。『天狗草紙』の批判的視点については、別稿にて論じたので、ここでは、『天狗草紙』が提示する〈悪の解決策〉を検討する。

『天狗草紙』の最終巻は、顕密諸宗を代表する天狗が集まる場面から始まる。詞書は、各天狗がそれぞれの教義を述べることから始まり、それらにならい、得脱することを目的に修行道場を建立する、とある。

それでは、天狗道に墜ちた天狗らが得脱するにはどうすればよいのか。ここに、詞書の作者は〈魔仏一如〉の理論を展開させる。第一に、「魔界種々なりといへとも十界を不出、十界具足方名円仏なれは、魔界則仏界の一徳にあらすや」と説く。十界とは、地獄界・餓鬼界・畜生界・阿修羅界・人間界・天上界・声聞界・縁覚界・菩薩界・仏界のことを指す。天台教学では、これら十界のそれぞれが相互に他の諸界を備えていると主張する。これを〈十界具足〉という。つまり、仏界以外の諸界にも仏は備わっており、いかなる衆生もその世界にいながらにして成仏できるのである。〈魔界〉や〈天狗道〉は十界のうちではないが、この解釈は、魔界に墜ちたことで成仏が否定されないことを提示する。魔界にも仏界は存在するのである。

第二に、「魔の外に無仏、仏外に無魔といへり」、つまり魔界と仏界は一如（絶対的に同一）であると説く。〈魔仏一如〉は、天台大師智顗の『摩訶止観』に説かれているものである。そしてそれは、源信の『往生要集』大文第五「助念の方法」の中の「対治魔事」の項に引かれている。魔による正念・正道の障害に対し、どのように応じるべきかとの問いに、源信は、事・理の念仏方法を提示する。事とは、仏を念ずることで、法の威力によって、仏・菩薩があらゆる魔事から護ってくれるということ、そして理の念とは、魔仏一如を悟ることであるとして、『摩訶止観』巻第八を引く。曰く、

> 魔界の如と仏界の如とは、一如にして二如なく、平等一相なりと知り、魔を以って憂いとなすことも、仏を以って欣となすこともなく、これを実際に安く。〈乃至〉魔界は即ち仏界なるに、しかも衆生は知らずして仏界に迷ひて、横に魔界を起し、菩提の中に於いて、しかも煩悩を生ず。この故に悲を起して、衆生をして魔界に於て仏界に即し、煩悩に於て菩提に即せしめんと欲す。この故に慈悲を起す。(40)

魔界と仏界は一如である。従って、魔だといって憂いをなすことも、仏だといって喜ぶことはない。その真実に気付かないでいると、仏界にいても魔界を起こし、菩提の中にいても、煩悩を生じてしまう。逆に、それに気付き、慈悲の心を起こせば、魔界に於いて仏界に即することも、煩悩に於いて菩提に即することも可能となる。

中世の天台を中心に広まった〈本覚思想〉は、現実世界を上記の不二・絶対の現れとして肯定するものである。(41)『天狗草紙』もやはり、この理論を天狗に即して展開させる。天は光明の義、自在の義、すなわち仏界を表し、狗は癡闇の義、不自在の義、生界を示す。ここに生仏不二の故に天狗という。また天は天曼荼羅、すなわち金剛界を指し、狗とは、地曼荼羅、すなわち胎蔵界を指す。両部不二であるから、天狗という。つまり、〈天狗〉という言葉自体が〈魔仏一如〉をあらわしているのである。『天狗草紙』にある天狗=魔となってしまった顕密諸宗の僧侶は、このような顕密の教えによって天狗道から成仏得脱する。

宗教的な〈悪の問題〉を解消した魔仏一如の思想は、世俗的〈悪〉にも対応される。慈円作とされる慈恵大師講式には、

> 入仏道不嫌栄花、非戒律、又専僧礼、乗以車駕、著以綾羅、或受官位、或領田園等、併譲名利於菩薩戒、示迷悟之不二(42)

とある。栄華を嫌わず、車駕に乗り、綾羅を着て、官位を受け、田園を領するといった行為も、迷いと悟りの一如によって肯定されるのである。本覚思想のように、現状としての魔をも肯定しうる思想こそ、中世仏教が抱えた宗教的

な〈悪の問題〉と世俗的側面に対する批判への対応を可能とした。

むすび

仏法の荒廃が王法の衰退と密接に関わると信じられていた時代は、仏法と王法の衰微が現実として受け止められていた時代でもあった。仏教は、〈悪〉を退治する組織であると同時に、〈悪〉そのものでもあった。仏教世界における悪は、王法の崩壊をも招く。このような危機意識が、天狗や魔を飛躍させ、魔を解消する必要性にもつながったと考える。そして、この矛盾を解決することは、顕密仏教の正当性を維持することにもかかわる大きな〈悪の問題〉だったと考えられる。

注

（1）John Hick, *Philosophy of Religion* (Prentice-Hall, 1963)［哲学の世界11『宗教の哲学』間瀬啓允訳（培風館、一九六八年）、六〇頁］。

（2）〈悪の問題〉については、「悪」［中村元監修・峰島旭雄責任編集『比較思想事典』（東京書籍、二〇〇〇年）］、仏教思想研究会編『仏教思想2　悪』（平楽寺書店、一九七六年）、Max Weber, *The Sociology of Religion* (English translation by Beacon Press, 1963), Wendy Doniger O'Flaherty, *The Origins of Evil in Hindu Mythology* (University of California Press, 1976), Michael L. Peterson, ed., *The Problem of Evil: selected readings* (University of Notre Dame Press, 1992), Ranjini Obeyesekere and Gananath Obeyesekere, "The Tale of Demoness Kali: A Discourse on Evil" in *History of Religions*, vol. 29 no. 4 (1990), pp. 319–334, などを参照した。

（3）Weber, *The Sociology of Religion*, pp. 138–150. ウェーバーの神義論については、井上博二「M・ウェーバーの「宗教社会学」の意味とアジア諸宗教の位置――アジアへの一つの視座――」（『東洋研究』四一、一九七五年）、二五―五八頁、横田理博「ウェーバーにおける「神義論」の意義」(『倫理学年報』四〇、一九九一年、一三八—一四八頁)、などを参照した。

(4) Obeysekere, Gananath, "Theodicy, Sin and Salvation in a Sociology of Buddhism," in Leach, Edmund R., ed., *Dialectic in Practical Religion* (Cambridge Papers in Social Anthropology), no. 5, pp. 7-40.

(5) Weber, *The Sociology of Religion*, p. 145.

(6) 仏教の魔の定義については、中村元『仏教語大辞典』(東京書籍)、ブッダ(中村元訳)『悪魔との対話——サンユッタ・ニカーヤII』(岩波書店、一九八六年)、『摩訶止観』第七章第五節「魔事を覩ぜよ」(関口真大校注『摩訶止観』全二冊 岩波書店、一九六六年)、T. O. Ling, *Buddhism and the Mythology of Evil: A Study in Theravāda Buddhism* (London: George Allen & Unwin, 1962); James W. Boyd, "Symbols of Evil in Buddhism," in *Journal of Asian Studies*, vol. 31, issue 1 (November 1971), pp. 63-75; James W. Boyd, *Satan and Māra: Christian and Buddhist Symbols of Evil* (Leiden: E. J. Brill, 1975); 中村薫「華厳経に於ける魔について」(『印度学仏教学研究』二七—一、一九七八年、一二四—一二五頁)、阿部泰郎「天狗——“魔”の精神史」(『国文学 解釈と教材の研究』四四—八、一九九九年、六一—六七頁)などを参照した。

(7) ブッダ『悪魔との対話』第IV篇第一章、二三—二五頁。

(8) 同第V篇第七章、七七—七八頁。

(9) こうした意味付けについては、拙稿「天変地異の解釈学——『玉葉』に見る中世の災害意識」(増尾伸一郎・工藤健一・北條勝貴編『環境と心性の文化史』勉誠出版 近刊)で論じた。

(10) 中世の天狗については、岡見正雄「天狗説話展望——「天狗草紙」の周辺——」(『日本絵巻物全集』二七、一九七八年)、森正人『今昔物語の生成』(和泉書院、一九八六年)、小峯和明『説話の森』(大修館書店、一九九一年)、村山修一『修験の世界』(人文書院、一九九二年)、原田正俊「『天狗草紙』にみる鎌倉後期の仏法」(『仏教史学研究』三七—一、一九九四年(同著『日本中世の禅宗と社会』吉川弘文館、一九九八年所収))、若林晴子「『天狗草紙』に見る鎌倉仏教の魔と天狗」(五味文彦・藤原良章編『絵巻に中世を読む』吉川弘文館、一九九五年所収)などの研究がある。

(11) 『大鏡』第一巻、六十七代三条院。

(12) 『小右記』長和四年五月二日、四日条など。

(13) 田中貴子『〈悪女〉論』(紀伊国屋書店、一九九二年)第二章。

(14) 以下に挙げる『続本朝往生伝』『拾遺往生伝』は、ともに日本思想大系7『往生伝・法華験記』に所収。

(15)　崇徳院の怨霊については、山田雄司「崇徳院怨霊の発動」(『神道史研究』四六—一、一九九八年)、同稿「院政期の怨霊・天狗——崇徳院怨霊との関係から——」(『神道史研究』四八—二、二〇〇〇年)。
(16)　『太平記』巻第二十七「雲景未来記事」。
(17)　『天狗草紙』三井寺巻A(続日本絵巻大成19)。
(18)　平安貴族社会における秘密修法の成立と展開については、速水侑の研究によって知られている〔『平安貴族社会と仏教』(吉川弘文館、一九七五年)、『呪術宗教の世界』(塙書房、一九八七年)など〕。また修法の社会機能的な側面の研究としては、田中文英「中世顕密寺院における修法の一考察」(中世寺院史研究会編『中世寺院史の研究』上、法蔵館、一九八八年)が参考となった。
(19)　『阿娑縛抄』(大日本仏教全書39)。
(20)　『覚禅抄』(大日本仏教全書49)。
(21)　森正人「天狗と仏法」(同著前掲『今昔物語の生成』所収)。
(22)　『興福寺奏状』『摧邪輪』ともに、日本思想大系15『鎌倉旧仏教』所収。
(23)　『天狗草紙』三井寺巻A。
(24)　源信『往生要集』大文第五「助念の法」第六「退治魔事」。
(25)　『地獄草紙』毘沙門天王(益田家乙本)には、山林で行者が修行をしていると、悪鬼(天狗)がやってきてこれを悩まそうとするところを、毘沙門天が現れ矢を射てこれを退治する場面が描かれている。
(26)　『却廃忘記』は、日本思想大系15『鎌倉旧仏教』所収。
(27)　『魔界回向法語』(『渓嵐拾葉集』第六十七「怖魔事」)。『魔界回向法語』については、清水宥聖「貞慶の魔界意識をめぐって」(斎藤昭俊教授還暦記念論文集『宗教と文化』こびあん書房、一九九〇年所収)がある。また、『沙石集』には、巻第一(7)、巻第四(7)(9)、巻第十本(10)、巻第十末(1)など、魔道に墜ちた者の話がいくつか含まれている。
(28)　『比良山古人霊託』(新日本古典文学大系40)。
(29)　『沙石集』巻第七第二十話。
(30)　平雅行「末法・末代観の歴史的意義」(同著『日本中世の社会と仏教』塙書房、一九九二年所収)。
(31)　小峯和明「『明月記』の怪異・異類——覚書として——」(『明月記研究』二、一九九七年)。

(32) 平雅行「末法・末代観の歴史的意義」。
(33)『玉葉』(治承五年正月一日条)。
(34)『玉葉』(治承四年六月二日条)。
(35) 例えば『玉葉』治承四年三月十七日条には、園城寺・延暦寺・興福寺の衆徒が法皇及び上皇宮に参じ、両主を「盗出」する計画を立てているという流言に対し、「此事偏天狗之所為也、仏法王法滅尽了歟」とある。
(36)『天狗草紙』の顕密仏教批判については、前掲原田論文と若林論文(「『天狗草紙』にみる鎌倉仏教の魔と天狗」)を参照。
(37) 慈恵大師良源と天狗・魔については、若林晴子「中世における慈恵大師信仰――魔のイメージを中心に――」(五味文彦編『芸能の中世』吉川弘文館、二〇〇〇年所収)。
(38) 例えば、『沙石集』巻第一第六話には、貞慶の弟子障円が魔道に墜ちたが、毎朝地蔵菩薩が水を一滴口にいれてくれることにより、しばらくの間は苦患から解かれ、大乗経や陀羅尼を唱えることができる、という。同じ説話は、『春日権現験記絵』巻第十六にも見られる。
(39) この点、ジャック ル・ゴフの語るキリスト教の「煉獄」に通じる(『煉獄の誕生』渡辺香根夫・内田洋訳、法政大学出版局、一九八八年)。
(40)『往生要集』大文第五「助念の法」第六「退治魔事」。
(41) 本覚思想については、黒田俊雄「顕密体制の特質」(同著『日本中世の国家と宗教』岩波書店、一九七五年所収)、田村芳朗「天台本覚思想概説」(日本思想大系6『天台本覚思想』所収)、同「善悪一如」(仏教思想2『悪』平楽寺書店、一九七六年所収)、末木文美士「中世天台と本覚思想」(同著『日本仏教思想史論考』大蔵出版、一九九三年所収)などを参照した。
(42)『大日本史料』第一編之二十二、二三一―二三六頁。

〈キーワード〉天狗　魔　悪　天狗道　魔仏一如

末法の世における穢れとその克服

――童子信仰の成立――

小山聡子

はじめに

平安時代中期から後期は、末法が最も強烈に意識された時代である。[1]仏教では、末法の世には人間の悟りに達する能力が著しく衰え、もはや戒律を守って修行に勤しむ僧侶などはいなくなってしまうとされていた。当時の人々は、自分が救済される道が閉ざされてしまうのではないかという行き場のない恐怖にとらわれていたのであった。

末法到来の具体的な時期については、宗派によって諸説があったものの、天台宗の永承七年（一〇五二）到来説が一般的だったようである。人々の末法の世への不安は、永承七年の末法到来が近づけば近づくほど高まり、数々の天変地異が起こるたびに痛切なものとなっていったのであった。

ただ、末法を痛切に意識していた人々は、諦感や絶望感を心に抱いていた一方で、なんとかしてこの状況から脱出しよう、自分たちが救われる方法はないものだろうか、と自らが救済されることができる道を模索していた。その結果として、末法思想を背景に末法克服のための多様な信仰が展開し、実際には仏教は衰微するどころか興隆に赴いたのであった。まさに平安中期から平安後期は、日本宗教史上きわめて重要な時代なのである。

さて、現在まで、末法の世における救済についての研究は多くなされてきた。ただしそれらの研究には、経典などに記されている記載を、あたかも当時の人々がそのまま受け入れていたかのように解釈しているものも多い。たとえば、阿弥陀仏の来迎については、一般的に以下のようなイメージで捉えられてきたと言えよう。

臨終しようとする者は、正念の念仏を行なって五色の糸の片方の端を仏の手に結びつけ、もう片方の端を自らの手に握りしめる。そのまましばらくすると、光り輝く阿弥陀仏をはじめとする観音・勢至両菩薩や歌舞の菩薩たちが、うっとりするような音楽とともに異香を漂わせながら、飛雲に乗って臨終の床に来迎する。そして正念していた者は、阿弥陀仏の導きによってめでたく極楽往生するというものである。

しかし当時の人々は、経典に記されたこのような形のままで自らが往生できると考えていたのであろうか。阿弥陀仏は、衆生が臨終正念さえしていれば間違いなく来迎する絶対的救済力をもつ仏だとされていたであろうか。もちろん中には、阿弥陀仏が確実に来迎することを信じて疑わなかった者もいたであろう。だが、はたして一般的にはそのように認識されていたのであろうか。おそらく多くの者は、そうではなかったのではないかと考えられるのである。

なぜならば、末法の世では、源信（九四二―一〇一七）の『往生要集』（九八五成立）の影響によって、人間はおぞましいばかりの不浄に満ちたものであり、人間が住むこの世の中も穢土だと認識されていたからである。そもそも我が国では、穢身と穢土が説かれる以前から、死穢や血穢をはじめとする様々な穢れが意識されており、特に穢れが神仏に伝染してしまうことに対して恐れられていたようである。おそらく源信が説いた穢身と穢土の穢れは、それ以前から意識されていた死穢や血穢などと多少混同した上で人々に受け入れられていたのではないかと考えられる。したがって、自らを穢れにまみれた者だと認識していた末法の世の人々は、簡単に阿弥陀仏の来迎を得て往生できる、とは考えていなかったのではないだろうか。

では、穢身や穢土を痛切に感じていた衆生は、いかなるものに救いを感じ、どのような救済を望んだのであろうか。末法が強烈に意識されると、仏菩薩の使者で童子の姿をしたものへの信仰が盛んに行なわれるようになった。注目すべきことに、本来経典には、聖衆来迎に童子が加わるなどとは記されていない。それにもかかわらず、しばしば来迎図には童子が描きこまれ、迎講においても童子が加わる例が多く出てくるのである。末法の世では、阿弥陀仏に限らず多くの仏菩薩に童子が侍るようになる。これらの現象は、説話集や絵画史料にも顕著に表われているところである。なぜ童子は、末法の世の救済に必要とされたのであろうか。

以上によって本稿では、まず源信が説いた穢身と穢土の穢れが、それ以前から意識されていた死穢などの穢れとどのように関連して受けとめられ、往生にいかなる障害をもたらすものとして認識されていたのか、ということについて明らかにしたいと思う。さらに、この時代に仏の使者として童子の姿をしたものが盛んに語られるようになることに着目し、童子と穢れとの関係を通して、末法の世における救済について検討していきたい。

一　『往生要集』による新たな穢れの観念の形成

平安期における穢れの規準は、一様ではなく、人間の安定した社会生活の秩序を撹乱するものが穢れと見なされていたようである。(2) 死穢をはじめとする穢れについては、十世紀以降の貴族の日記や寺社の記録などに頻繁に見られるようになり、次から次へと伝染する特徴を持つものとして捉えられていた。具体的に言うと、甲乙丙丁の順に穢れが伝染していくと考えられていたようである。まず、一番最初に穢れに触れてしまった人物が甲穢となる。甲穢が最も重い穢れであった。穢れは、甲穢の人に接触したら乙穢に、乙穢の人に触れれば丙穢、丙穢に触れたら丁穢といった具合に伝染していくのである。とりあえず、丁の穢れは最も軽い穢れであり、丁の人に触れてもそれ以上は伝染しないと考えられていた。穢れに触れてしまった人々は、穢れの度合いによって定められた一定の服忌を経た後に、潔斎のために河川などで清らかな流水に身をさらす必要がある。そうすることによって初めて、穢れが完全に祓われて清浄も回復し、日常生活に復帰することができるというのである。

当時の貴族たちは、穢れが特に神仏や天皇に伝染することを恐れていた。なぜならば、神仏に穢れが及ぶと天変地異が引き起こされ、天皇に穢れが及べば天皇の健康が損なわれるとされていたからであった。このようなことから、社寺の敷地や内裏は、決して穢れが及ぶことがないように神経質すぎるほどにまで警戒されていたのである。

さて、横井清氏や安田夕希子氏は、源信の説いた穢れ観によってそれまでの穢れ観は大きく変わり、人々の意識が外なる穢れから内なる穢れへと変化したと指摘している。(3) 確かに源信の説いた穢れは、外部から伝染するものではなく、娑婆世界や肉体そのものの穢れを凝視するものであった。しかし横井氏と安田氏はともに、源信の穢れ観念について『往生要集』を引用するにとどまり、源信の穢れが当時どのようなものとして受け入れられたのかという点や、それ以前の穢れとどのような関係を持つものとして認識されていたのか、という具体的なことについては一切触れていない。後述するように、死穢や血穢、産穢などは、源信の穢れ観が浄土教信者を中心として流布していった後も、あいかわらず第一級の穢れとして認識され続けていた。したがって、穢身や穢土の穢れと死穢などの穢れを同一の次元で捉えて良いのかどうか、という点についても考慮する必要があるであろう。

このようなことからまず、源信が『往生要集』で説いた末法の世の穢れについて検討していくことにする。『往生要集』は、「厭離穢土」と「欣求浄土」の二章からはじまっている。『往生要集』を読んだ人々は、「厭離穢土」にある酸鼻をきわめた六道の様子を目の当たりにし、「欣求浄土」にある極楽の有様を感じ取り、あらためて極楽への思いをひしひしと抱いたことであろう。人間の穢れについては、「厭離穢土」の「人道」の項にある「不浄」という箇所にまとめて記されている。

具体的に見ていくと、『往生要集』では、人間の骨や内臓からはじまり、さらには分泌物や排斥物に至るまで、いかにけがらわしいものであるかという点を事細かに述べ連ねているのである。以下の箇所は、源信の説く穢れが最も端的に表現されている部分である。源信は、『大智度論』十九や『摩訶止観』七上にある記載を論理的な根拠として、次のように述べている。

縦食二上膳衆味一、経レ宿之間、皆為二不浄一、譬如二糞穢大小具臭一、此身亦尓、従レ若至レ老、唯是不浄、傾二海水一洗、不レ可レ令二浄潔一、外雖レ施二端厳相一、内唯裹二諸不浄一、猶如三画瓶而盛二糞穢一(4)

源信によれば、たとえ上等な料理を食べても一晩経ったら全て不浄のものとなり、これは糞などの汚いものが多少に関わらず臭いのと同じである、ということである。人間の肉体もこのことと同様であるという。人間の肉体は、生まれた時から死ぬまでとにかく不浄であり、もし海水を傾けておのれの体を洗い流したとしても、清浄にすることはできないのである。外見をいくら美しく装っても、内にはただ多くの不浄を内包しており、これはきれいな彩色をした瓶に糞などの汚いものを詰め込んだようなものである、ということである。

さらに源信は、以下のように続ける。

当知、此身始終不浄、所レ愛男女皆亦如レ是(5)

すなわち、人間の肉体が生まれてから死ぬまで不浄であることを知るべきである。それぞれの人間が愛する男や女も、全てこれと同じように不浄にまみれたものなのだ、ということである。

このように源信の説いた穢身とは、単なる物質的なものにとどまらず、人間の心の内部にある煩悩の穢れをも含めたものだと考えられる。おそらく当時の人々は、『往生要集』の「人道」の項を読んで身の毛がよだつ思いがしたことであろう。

前述したように、そもそもの穢れは、一定期間の服忌を経てから流水で体を洗えば解消するものだと考えられていた。つまり一度穢れた者でも、正しい手順を踏めば再び清浄な体に戻ることができたのである。一方、源信の言うところの穢れは、海水ほどの大量の水をもってしても到底落とすことができず、体の内部にはびこるような性質をもつ穢れであった。つまり源信の説く穢れは、人間や人間界が常時にわたって穢れているとする点で、それ以前の穢れをはるかに超越したものであったと言えよう。なぜならばそれ以前の穢れは、人間や動物が死んだ時やお産があった時など、特定の限られた時と場所に発生するものだったからである。

しかし、日常生活において発生する死穢や産穢などの穢れは、穢身や穢土が社会的に大きな影響を与える問題となった時期においても、あいかわらず排除されることはなく、深刻なものだったのである。

たとえば『今昔物語集』二十九―十七には、摂津国の小屋寺（昆陽寺）の鐘堂において死穢が発生した話がある。僧侶たちは皆、死体に触れることを穢れに触れるとして嫌がったという。結局、僧侶たちはもちろんのこと、鐘堂を管理する者までもが、死穢が発生してから三十日間は鐘堂に近寄らなかったということである。ちなみに、三十日という期間は、死穢に伝染した場合に服忌すべき謹慎期間であった。

つまり、死穢などの穢れは、穢身や穢土の穢れ観念が流布した後も、あいかわらず意識され続けていたのである。しかしだからといって、源信の穢れ観念が当時の人々に深刻に受け入れられなかったのではない。実は穢身と穢土の穢れは、人々の日常生活に影響を与えたというよりは、特に死後の救済と関わる臨終時に重要な意味を持つ穢れであったと推定できるのである。なぜならば、『往生要集』にある穢身や穢土は、読者に厭離穢土の念を抱かせるために説かれたものであり、あくまでも仏や極楽浄土の清浄と対比するという限定的なものだからである。実際、覚鑁（一〇九五―一一四三）の『阿弥陀秘釈』でも「厭《テ》二娑婆《ヲ》一欣《ビ》二極楽《ヲ》一、悪《デ》二穢身《ヲ》一尊《ブ》二仏身《ヲ》一」[6]とあり、人間と娑婆世界の穢れを仏と浄土の清浄と対比的な形で解釈している。すなわち穢身や穢土は、特に人間と仏との関係の上で恐れられていた穢れであり、日常生活の上で意識されていた穢れとは性質上異なるものであったと言えよう。

ただし源信が説いた穢れは、天台宗の僧侶の間でも、日常生活上において意識されていた穢れと多少混同されて認識されていた部分がある。まず、源信が説いた穢れは、人間自体の穢れであったことから、決して流水では拭うことができないものであった。にもかかわらず、当時の史料には、肉体の穢れを流水によって浄化する例が数多く見られるのである。たとえば『法華験記』(一〇四〇—一〇四四成立)中—四一では、定照僧都の臨終について、「乃至最後沐浴清浄。着二新浄衣一」(7)とされている。

源信の『往生要集』以前においても、人間を不浄なものとして捉える見方はすでにあり、阿弥陀仏の来迎を受けようとする者は、水や香によって自らの身やその周辺を浄めていた。(8)そうすることによって穢れが解消し、身体のみではなく心の中まで清浄になることができると考えられていたのである。結局肉体の穢れを水で浄化することは、源信の思想によって本格的に穢身や穢土の認識が高まった後においても変わることなく行なわれていたと言えよう。当時の人々は、自らの肉体を穢身と認識する一方で、なんとかしてその穢れを水によって拭い去り、心身ともに清浄になろうという努力をし続けていたのであった。

『法華験記』の著者である鎮源は、源信と同じく横川の僧侶であり、源信のとりまきの一人であった。鎮源は、源信の間近で教えを受け、その信仰と教理を受け継いでいたはずである。つまり、源信に通じる信仰を持っていたはずの鎮源でさえも、人間の穢れが水によって祓われ得るものであると考えていたことになるであろう。

このことは、鎮源だけに限ったことではなく、慶滋保胤(?—一〇〇二)にも同様のことが言える。慶滋保胤は、『日本往生極楽記』(九八五—九八七成立)において、水によって清浄になることができると説いているのである。(9)ちなみに慶滋保胤は、源信と一緒に二十五三昧会を結成するなど、源信の側近くに位置していた人物であった。

もちろん僧侶の著作などをはじめとする諸々の史料には、人間の内にはびこる穢身や穢土の穢れが水による浄化では決して祓われることはない、と認識しているものも数多くある。ただ、そのような『往生要集』に沿った形での認識があった一方で、落ちることが決してないという穢れをなんとかして落とそうという努力が行なわれ続けていたのであった。おそらく水で体を清浄にしようとする行為は、日常生活上の穢れ観の影響を受けたものなのであろう。

現在までの先行研究では、源信の説いた穢れ観により、それまでの穢れ観自体が大きく変化したとされてきた。ところが、源信の穢れ観とそれまでの穢れ観は、全く異質なものであったのである。死穢などの穢れは、特定の時と場所において発生し、日常生活に影響を及ぼすものであった。一方、源信が説いた穢れは、浄土と仏の清浄に対するものであり、日常生活の上で意識されたというよりは、仏による救済が重要な問題となる臨終時に深刻視されたものと推定できるのである。ただし、日常生活の上で意識されていた穢れと源信が説いた穢れは、論理上では異質であるものの、実際には混同して捉えられていた一面もあった。したがって、当時における穢身観や穢土観を検討するにあたっては、日常生活における穢れ観の影響についても無視することができないのである。

二　臨終時における穢れと往生の関係

源信が説いた穢身や穢土の穢れは、仏と人間との関係に対して、具体的にどのような影響を及ぼすものと考えられていたのであろうか。このようなことから本章では、源信が説いた臨終における念仏の重要性について概観した上で、当時における穢れと往生の関係について考察していきたい。

源信は、『往生要集』大文第六「別時念仏」の「臨終行儀」の項において、「臨終一念、勝㆓百年業㆒」[10]と述べ、特に臨終時の念仏によって往生の可否が決まるとしている。臨終時に必要とされたのは、心静かに念仏をして終わるという臨終正念であった。臨終正念は、源信の師である良源や先輩の禅瑜、さらに良源と同時期に活躍した千観の段階では、それほど重視はされていなかった。石田瑞麿氏が指摘するように、臨終正念に最も強い関心を示したのは、まさしく源信だったのである。(11)　したがって臨終正念は、源信を起点として重要視されるようになったと考えられる。

源信は、日常に行なう念仏において、特に観想念仏を重要視していた。ただし、平常時において行なうべき観想念仏は、息も絶え絶えになっている者にとっては、はなはだ難解である。そこで源信は、悟りを開く資質の衰えた者でも、臨終時に一心に念仏を十回称えたならば往生できると主張している。これは、『観無量寿経』に五逆・十悪の愚人であっても臨終時に十回念仏を称えれば八十億劫の罪が消えて往生できる、とあることによるものである。

しかし臨終を迎える者は、心が散乱して意識が遠のいてしまっていれば、称名念仏でさえもしそこなってしまうであろう。そこで源信は、「臨終行儀」の項において、病者の心が病の苦しみや死への恐怖によって乱れることがないように、看病する者が病者に対すべき態度を十項目にわたって述べている。往生の可否は、まさに臨終の瞬間にかかっているのだから、看病する者たちも臨終者が心安らかに正念のうちに念仏して息絶えるように最善を尽くさなくてはいけないのである。

往生伝で往生したとされる人々は、苦しむことなく平常心のまま臨終正念してこの世を去った者ばかりである。たとえば、『日本往生極楽記』三十三の高階真人良臣は、亡くなる三日前にいきなり病が平癒したと記されているし、『法華験記』中―五十の法寿法師は、臨終の時まで病を患ってはいたけれども、正念は失わなかったということである。ただし実際には、病悩のうちに臨終を迎えた大多数の者は、あまりの苦しさに呻き声をあげたり意識が朦朧としたりで、臨終正念などままならなかったのではないであろうか。病人は、錯乱状態のまま息を引き取れば、往生できないことになるのである。このようなことから人々の往生への不安は、ますます高まったことであろう。(12)

さて、『楞厳院二十五三昧結衆過去帳』（一〇一三起草。一〇三四頃成立）には、源信の臨終について大変興味深いことが記されている。

自食如レ常。又勧レ人令レ食、了問云、見二我気色一免二十悪死一不、人々答云、身無二苦痛一、容顔如レ常、無二悪死相一、即示云、然也云々、次掃二除住処之塵穢一、洗二浄身衣之垢染一触レ事似レ有二用心一、同十日朝、飲食如レ常、即抜二鼻毛一、浄二身口一了、執二仏手縷一念仏、然後如レ眠、（中略）入滅已了、(13)

これによれば源信は、亡くなる間際になっても平常の時と同じように食事をとっていたという。また、周りの者にも食事をとるように勧めた。源信が周囲の者に「私の顔つきを見てくれ。十五種類の悪死(14)を免れることができただろうか」と聞くと、周囲の者たちは、「体に苦しみも痛みもなく、お顔のご様子もいつもと同じでございます」と答え、源信に悪死の相がないということを説き示すのであった。そこで次に源信は、住居の塵を掃除し、自分の体や衣についた垢を洗い浄めた。これは、往生のために用心には用心を重ねた行ないである。六月十日の朝、源信はいつものように食事をし、その後すぐに鼻毛を抜き、身と口を浄めた。源信は、阿弥陀仏像の手に結びつけた糸の片端を手にとり念仏をした後、まるで眠りに落ちたかのようであった。源信は入滅したのである。

このように『楞厳院二十五三昧結衆過去帳』によると源信は、臨終する前に病が完全に平癒したという。同過去帳では、源信が苦しむこともなく臨終正念を行なうことができる状態になり得たことを強調しているのである。ただし源信は、正念できる状態が整ったものの、用心には用心を重ねて住居の塵を掃除し、自分の体や服についた垢を洗い流したという。つまり確実に往生するためには、身の周りや自らの体を浄めなくてはいけなかったことになろう。そうしなくては、いくら臨終正念を行なったとしても往生できるかどうかは危ぶまれたのである。

それでは、穢れは、どのような理由で往生に支障をもたらすものとされたのであろうか。『拾遺往生伝』（一一三二成立）下―十一には、強盗に妻子を殺されて出家した、ある入道上人の話がある。この入道上人は、二十年余りにわたって念仏に専念したということである。ある時、供物を持って来た者が入道上人を訪れると、入道上人は手に定印を結び西に向かって座っていた。人々は「上人様は禅定に入られたのであろうか」と言い、棺を作って座っている上人をそのまま土に埋めたのである。すなわち、土中入定の処理を施したのであった。すると、入道上人が師匠の夢に現れて以下のように訴えた。

早払二草穢一。以勿二厚埋一。此処時々天人降臨。聖衆来会。席穢埋居。蒙霧難レ散。故所二示告一。(15)

入道上人は、「早く雑草を払って下さい。私を草の下に深く埋めないで下さい。私がいる場所に時々、天人が降臨したり聖衆が訪れたりしますが、私を極楽浄土へ導いてはくれません。私の居場所が穢らわしく埋まっているので、天人や聖衆は、私のことを見つけることができないのです。それ故、師に事情を告げたのでございます」と自らの師匠に夢告したということである。

「草穢」というのは、けがらわしい雑草のことである。つまり入道上人の棺を埋めた場所には、雑草が生い茂っていたのであった。「蒙霧」とあるように、天人や聖衆には、雑草に埋もれた入道上人が見えず、入道上人も天人や聖衆の姿をはっきりと確認することができなかったのであろう。(16)そのようなことから、入道上人は、天人や聖衆たちに浄土へ連れていってもらえなかったのであった。

前出の『楞厳院二十五三昧結衆過去帳』では、塵を「塵穢」としており、源信は死の床で「塵穢」を掃除している。これらの史料によれば、雑草や塵などは、一種の穢れとして観念されていたことになろう。雑草や塵は、日常生活においては、とりたてて穢れとして扱われてはいない。それがここで穢れとされる理由は、雑草や塵というものが、浄土には存在せず娑婆世界特有のものだ、と考えられていたことによるのであろう。

またこの説話では、雑草を単に「草」ではなく、あえて「草穢」と記している。『拾遺往生伝』の著者である三善為康は、雑草を「穢」として表記することによって、天人や聖衆が入道上人を見つけることができなかっただけではなく、そこに近寄ることができなかったことを暗示したのではないだろうか。

実は、当時の人々は、仏菩薩などは穢れに近づくことができない、と認識していたと推定できるのである。なぜならば、『日本往生極楽記』三十一には、仏菩薩が来迎したものの、臨終者の所に「濁穢」があったことによって帰ってしまった話がある。この説話については、すでに旧稿において論じたところである。[17]さらに菅原孝標女による『更級日記』（一〇五八―一〇六四頃成立）には、孝標女の夢に阿弥陀が出てきたことについて以下のように記されている。

十月十三日の夜の夢に、ゐたる所の屋のつまの庭に、阿弥陀仏たちたまへり。（中略）蓮華の座の、地をあがりたるたかさ三四尺、仏の御丈六尺ばかりにて、金色にひかりかゞやき給て、御手、片つかたをばひろげたるやうに、いま片つかたには印をつくり給たる[18]

この記述によれば、菅原孝標女は、十月十三日の夜の夢で、自分がいる家の軒端の庭に、阿弥陀仏が立っているのを見たということである。阿弥陀仏の蓮華の台座は、地上から三尺から四尺ほど浮き上がっており、阿弥陀仏の高さは六尺ほどであった。阿弥陀仏は金色に光り輝いて、片手は広げているようであり、もう片方の手には印を作っていたという。

この史料において注目すべきことは、阿弥陀仏の台座が地上から三尺から四尺、すなわち一メートルほど浮き上がっていたという点であろう。来迎図に描かれている阿弥陀仏も、地上に完全に降りたっているものは管見の限りない。また、阿弥陀仏が臨終しようとする者に触れている図もないのである。来迎図において衆生に救いの手をさしのべるのは、阿弥陀仏の使者である観音菩薩や勢至菩薩であった。迎講でも、阿弥陀仏像は極楽浄土である本堂に安置されたままで、穢土である娑婆堂には阿弥陀仏の使者である観音・勢至両菩薩をはじめとする聖衆が来迎する形式がとられていた。[19]これらは、阿弥陀仏に穢身や穢土の穢れが伝染すると考えられていたことによるのではないだろうか。

現在までの研究では、末法の世の人々が阿弥陀仏を末法相応の仏であり、絶対的救済力を持つ存在として阿弥陀仏一仏に自らの往生を託していた、と当然のように考えてきた。確かに経典などでは、そのように説かれている。また『往生要集』にも、衆生に穢れがあると救済されない、などとは一切説かれていない。それどころか、『往生要集』において阿弥陀仏は、末法の世に生きる極悪の衆生を救済する末法相応の仏として語られている。源信が説く阿弥陀仏は、念仏行者を最後まで見捨てることは決してないのである。[20]

ところが実際のところ、当時の人々は、経典や僧侶の著作などにおいて末法相応だと主張される阿弥陀仏でさえも、穢れに満ちあふれた自分たちを見捨ててしまうのではないか、と往生への強い不安を抱懐していたのであった。当時の人々が末法に対して抱いていた恐怖は、まさしく穢身や穢土の観念を肥大化させたのである。そのような恐怖から、『日本往生極楽記』では濁穢によって阿弥陀仏が浄土へ帰ってしまう話が語られ、菅原孝標女は、地上から浮き上がって穢土には触れない阿弥陀仏の夢を見たのではないだろうか。

おそらく源信以降の浄土教信者の間で、穢れがあっては仏に救済されない、という観念が形成されたのであろう。これは、日常生活上の穢れ観の影響によるものだと考えられる。すでに言及したように、人々は日常生活の上で神仏に穢れが及ぶと天変地異、つまり罰が下ると信じ、神社と寺院に穢れが及ぶことを大変恐れていたのであった。もしも仏に穢れが伝染してしまえば、仏の救済力が衰えてしまうことになる。前章で明らかにしたように、日常生活の上での穢れと源信が説いた穢れは、論理上異質であったものの、現実には混同して捉えられていた面があったのである。それにより穢身や穢土の穢れは、仏に伝染するものとして捉えられたのであろう。

それでは、穢れを恐れるあまり、病床に一切の穢れがないように細心の注意をはらっていた者たちは、阿弥陀仏によって救済されることができると確信していたのであろうか。論理の上から言えば、彼らは、清浄になり得ると信じていたのであるから、阿弥陀仏の来迎を確信することができたと言えよう。実際、霊験記や往生伝には、完全に清浄になって往生した人々の話が盛んに記されているのである。しかしこれは、多くの人々が臨終時の穢れに大きな不安を感じていたことの表われだと考えられる。なぜならば、臨終を迎えようとする者の中には、病床で吐血する者もいれば、藤原道長のように膿や排斥物にまみれて息を引きとる者もいたのである。[21] このような形で臨終を迎えようとする者や、その看病をする周囲の者たちは、肉体を水で浄化したり病床の周囲を掃き清めたところで、はたして阿弥陀仏が触れても良いほど完全に清浄な状態になったなどと心から信じたであろうか。

『往生要集』大文第一「厭離穢土」の「人道」の項には、人間は産まれて七日にして八万匹もの虫を体内に宿し、それらによって体を食いちぎられていく、と説かれている。源信によれば、この八万匹の虫が病の原因なのだという。つまり、病にかかって苦しんでいる人間自体が、穢れの塊なのである。ちなみに肉体の穢れには、物質的な穢ればかりではなく、心の中の穢れも含まれる。おそらく大多数の人々は、穢れが全くない状態で臨終できるなどとは到底確信できなかったのではないだろうか。

布教者は、信仰の受け手が感じている往生への願いや不安をくみ取りながら説法を行なうものである。おそらく当時の僧侶たちは、源信が説いた往生の思想を通俗化させて説く必要があったのであろう。このようなことから、源信が説いた穢身と穢土の穢れは、末法の世において仏の救済、つまり往生に支障を与えるものとして認識されていったのではないだろうか。

以上のように、穢身や穢土は、単に衆生に厭離穢土の念を起こさせるだけではなく、往生に支障をもたらす原因としても考えられていたのであった。穢れは、具体的には仏による救済を妨げるものとして認識されていた。仏は、決して穢れに触れてはいけない存在だと信じられたことによって、穢土に降り立つことも、穢身の身である衆生に触れることもできないと考えられていたのである。この認識は、阿弥陀仏からの積極的な救済を説く浄土教経典の記載にもかかわらず、仏と衆生との距離をはなはだしく広げさせたことであろう。末法の世への恐怖は、このような認識を一層浸透させたに違いない。

三　童子信仰による穢れの克服

穢土に生きて穢身を持つ人々は、穢れによって救済への道を断たれてしまったかのように感じたことであろう。しかし当時の人々は、絶望感に打ちひしがれるとともに、自らが往生できる道を探したのである。往生への方法が模索されれば、当然新しい信仰が芽生え、人々が心に想い描く救済の構造も変化していくことになる。すでに旧稿で明らかにしたように、末法の世では仏の使者の有無が重視され、それらがいかに能動的な救済活動を行なうかが仏の優劣の分かれ目とされていた。[22] さらに、穢身や穢土の認識が高まった世の中では、単に浄土にいて衆生を見守る存在ではなく、娑婆世界に直接降りてきて、穢れを嫌うことなく救済にあたるものが必要とされたと考えられる。ただ、前述したように、仏は決して穢れに触れてはいけない存在なのである。これでは、末法の世の人々は救われることができない。そこで必要とされたのが、仏の使者だったと考えられる。注目すべきことにこれらの使者は、しばしば童子の姿で表現されるようになる。つまり童子は、末法の世の救済構造になくてはならないものだったことになろう。このようなことから本章では、末法の世に生きた人々が求めた救済について、童子と穢れの問題を通して考察していきたい。

童子が穢れをものともせずに衆生救済にあたったことは、多くの史料によって明らかである。たとえば、平安中期成立の『地蔵菩薩霊験記』[23]には、地蔵は十歳前後の小僧の姿になって穢れた世の中に入り、衆生救済にあたるものとして語られている。ちなみに、本来地蔵菩薩は、経典や儀軌によれば比丘形、すなわち僧侶の姿をとる菩薩のはずであった。

童子が穢れに触れて救済活動にあたることは、来迎図にも描かれているところである。ただし、そもそも経典や儀軌には、童子が阿弥陀仏とともに来迎するなどとは一切記されておらず、阿弥陀仏とともに菩薩衆や比丘衆などが来迎すると説かれているのである。一例をあげると、『往生要集』大文第二「欣求浄土」の「聖衆来迎楽」の項で引用されている『観無量寿経』には、聖衆来迎について「阿弥陀如来与二観世音及大勢至無数化仏百千比丘声聞大衆無量諸天。七宝宮殿一。観世音菩薩執二金剛台一。与二大勢至菩薩一至二行者前一。阿弥陀仏放二大光明一照二行者身一。与二諸菩薩一授レ手迎接」[24]とある。つまり『観無量寿経』によるところの聖衆とは、観音菩薩と勢至菩薩をはじめとする菩薩や僧侶の姿をしたものたちのことなのである。

ところで聖衆たちは、多くの場合、穢土に直接触れることはなく雲の上に乗って来迎する。これは、聖衆たちが穢れに伝染してはいけない存在だと認識されていたことを物語っているであろう。ところが鎌倉時代初期製作の禅林寺蔵『山越阿弥陀図』[25]に描かれた幡を持つ二人の童子は、雲に乗らず明らかに地上に足をつけて立っているのである。『山越阿弥陀図』では、山の彼方に阿弥陀仏が描かれ、その前に観音菩薩と勢至菩薩がたなびく雲の上に乗っている。二人の童子は、それらの仏菩薩を先導する役割を担っていたと考えられる。

来迎の童子が地上に降り立つことは、平安中期の段階でも見られる。たとえば、平安中期成立『楞厳院二十五三昧結衆過去帳』には、源信の弟子である能救が源信の往生する夢を見たことについて、以下のように記されている。

> 夢見、能救到二僧都室一、僧都欲二遠行一、其路左右諸僧陳列、有二四童子一、形服甚美、左右相分、列レ僧而立、大途似二横川迎講儀式一、僧都示云、以二小童一為レ先、以二大童一為レ次云々、依レ命調立已了。向レ西歩行、能救夢中思惟、従レ地歩行、此事恠哉、即時漸上、履レ空而行[26]、

能救は、夢で源信の部屋に行き源信に会ったということである。そのとき源信は、まさに極楽浄土へ旅立とうとしているところであった。源信が歩むべき道の左右には僧侶たちが並んでいた。また、大変美しい四人の童子がおり、左右に二人ずつ分かれて僧侶たちの列に並んで立っているのであった。この様子は、横川で行なわれている迎講に似

ていたということである。源信は、「小さい童子は前に並び、大きい童子はその後に並びなさい」と命じた。すると、この命令によって極楽浄土へと向かう準備が整い、一行は西に向かって歩いて行くのだった。その時、能救は夢の中で「空中に浮かぶことなく地上から歩くというのは神秘的で不思議なことだ」と思った。そうするとすぐに極楽浄土へ向かう行列は、地上から浮き上がり空を歩いて進んで行ったとのことである。

能救は、来迎の聖衆とは空中に浮かんだままでいるものだ、と認識していたようである。それにもかかわらず、源信の往生の場面では、童子や僧侶の姿をしたものが地上に降りてきて源信を迎えたのであった。『楞厳院二十五三昧結衆過去帳』によれば、源信は、臨終時に肉体や住居の穢れを余念なく浄めたということである。阿弥陀仏の使者である童子と僧侶の姿をしたものは、源信が穢れを浄めていたことによって地上に降りたのであろう。ただし、いくら源信が穢れを浄化したところで、阿弥陀仏は来迎しなかったのであった。これは、人々が臨終時に穢れを浄化しようと試み、肉体が清浄になったと信じようとする一方で、完全に穢身や穢土の穢れは浄化していないのではないか、という不安を持っていたことの表われであろう。阿弥陀仏は、穢れが存在する可能性があるような穢土には、決して触れてはいけない存在だったのである。

このように童子は、説話集や絵画史料などにおいて、しばしば穢れに触れて救済にあたるものとされていたのであった[27]。童子は、穢れに関係なく救済にあたる性質を持つことから、あえて聖衆の中に加えられる必要があったのではないだろうか。

ではなぜ、童子ならば穢れに触れても良いとされていたのであろうか。後述するように、信仰上の童子と俗世界の童子とは、重ね合わせて捉えられていた部分が多い。そのようなことから以下に、まず俗世界の童子がいかなるものとして認識されていたかという点について考察していきたい。ここでいう童子とは、元服前の子どもだけではなく、牛飼童や堂童子などといった、大人であるにもかかわらず髪を束ねて烏帽子をかぶらない者たちを含んでいる。

類聚本『江談抄』一—八には、童子と穢れの問題を検討する上で大変興味深いことが記されている。ちなみに『江談抄』は、大江匡房（一〇四一—一一一一）の談を藤原実兼らが筆録したものである。

賀茂祭日、於二桟敷一、隆家卿問二斉信卿一云、放免着二用綾羅錦繍服一、為二検非違使共人一何故乎。戸部答云、非人之故不レ憚二禁忌一也。[28]

賀茂祭の日、桟敷で見物していた藤原隆家が、藤原斉信に対して「なぜ放免は、本来検非違使が取り締まるべき華美な服装をして、検非違使の伴となるのか」と尋ねたという。すると斉信は、「放免は人にあらざるものだから禁忌を憚らないのです」と答えたということである。

放免とは、検非違使に使役されて犯人の追補や捜索、さらには洛中の掃除や死体の処理に携わっていた者である。つまり放免は、穢れとかかわる存在であった。本来ならば、宗教的禁忌を犯すことは穢れとして扱われるべきことである。けれども放免は、人にあらざるものであることから禁忌を憚る必要がない、とされたのであった。つまり放免は、人間ならば忌避しなくてはいけない穢れを、人にあらざるものであることによって忌避しなくても良いとされていたことになる。

さて、童子は、放免と同様に祭などで禁忌を憚ることなく「綾羅錦繍」を着用していた。童子については、『御堂関白記』や『小右記』などの古記録にも、行列で「綾羅錦繍」を着用したことが数多く見えるところである。網野善彦氏らが指摘するように、童子は、放免と同じく人にあらざるものであった。[29]

童子と穢れの問題については、山本幸司氏が示すように、[30]『山槐記』応保元年（一一六一）九月十一日条に「小児夭亡、雖二七歳以前一、厳重神事有二猶予之心一」とあり、通常は七歳以下の子どもの死は、死穢として扱われていなかったと言える。[31] また、室町時代の事例とはなるが、七歳以下の子どもは他人の死を忌む必要がないとする例もある。[32] このように童子は、人にあらざるものであることを理由に、人間の秩序を超越した存在であり、人間ならば忌む必要がある諸々の穢れに接触しても何ら問題ない存在として認識されていたのであった。

俗世界の童子は、仏菩薩の使者である信仰上の童子と重ね合わせて捉えられていた部分が多くあった。この点はすでに、中野千鶴氏の研究によって指摘されている。(33)また土谷恵氏は、信仰上の童子の図像には寺院にいた童子の姿の影響があることを明らかにしている。(34)おそらく両氏が述べるように、信仰上の童子と俗世界の童子とは、多くの部分で重ね合わせて捉えられていたのであろう。

たとえば大江匡房による『江家次第』の巻五には、堂童子が法会において白杖を持って駆行し、「警」と呼ばれていたことが記されている。ちなみに白杖には、邪気や穢れを祓い浄める役割があった。一方、大江匡房著『続本朝往生伝』六には、右大臣源多が天狗のしわざによって病になり、遍照僧正が祈禱に呼ばれた話がある。それによれば、遍照が右大臣邸へ行くよりも先に、みずらを結った二人の童子が白杖を持って天狗を退治したとのことである。このように、信仰上の童子と堂童子などの俗世界の童子とは、重ね合わせて認識されていた部分が多かったのである。

以上のことから、信仰上の童子は、童子を人にあらざるものとする俗界における規準の影響を受けた上で捉えられていたのではないであろうか。つまり信仰上の童子が、穢れを忌避せず救済にあたることは、俗界における童子の姿の投影によるものだと考えられるのである。それだからこそ童子は、経典などによると来迎する聖衆の中に含まれていないものの、実際の信仰上では、聖衆の中に加えられ、穢れを嫌わずに穢土に降り立って救済にあたるものとされたのである。

ところで、穢身を持つ衆生は、どのような理由によって自らが浄土の地を踏むことができると考えていたのであろうか。というのは、衆生は穢れを問題にせず救済にあたる童子によって浄土へ導かれることができる。ただし衆生は、浄土に足を踏み入れるにあたって、穢れていてはいけないのである。もしも浄土に穢身をもって踏み込めば、浄土が穢れ、そこにいる阿弥陀仏までもが穢れてしまうことになるであろう。そうなれば、衆生は救われることなどできなくなってしまうのである。

この点について注目されるのが、前述したように、童子がしばしば白杖を持って邪気や穢れを浄めるものとして語られていたことである。童子は、杖を持ち、仏菩薩や僧侶などの周囲に侍り、穢れなどから警護するものとしての役割を持たされていた。つまり童子には、浄めの役割もあったと考えられるのである。おそらく童子に導かれた衆生は、童子に救済されることによって浄められることができたのではないだろうか。ちなみに論理上、童子は、穢れに伝染しないので、穢土から浄土へ帰っても浄土に穢れをもたらすことはないのである。つまり、末法の世に生きた人々は、童子が来迎してくれれば救われることになろう。

当然、当時の人々が、それぞれの心の中に抱いていた末法の世における救済構造は、一様ではなかったと考えられる。なぜならば、数ある来迎図の中には、阿弥陀の使者である菩薩が、穢土に座しているように描かれているものもある。(35) 前出の『楞厳院二十五三昧結衆過去帳』でも、能救は、童子とともに僧侶の姿をしたものが穢土に降りた夢を見た、と記されている。このようなことは説話集においても同様であり、童子が来迎することが多いものの、経典の記載どおりに、観音菩薩と勢至菩薩や天人、さらには僧侶の姿をしたものが来迎するとされることもあったのである。確かに菩薩や僧侶の姿をしたものは、阿弥陀仏という絶対的な存在に比べれば、穢れに触れても阿弥陀仏自体の救済に与える影響力は少ないと考えられたことであろう。ただし童子は、経典の記載に反して聖衆の中に加えられ、穢れを嫌うことなく救済にあたるものとして諸書に見える。すなわち、童子は、穢土に生きる人々を直接救済するものとして相応しいと認識されていたのであろう。なぜならば、阿弥陀仏の周囲に侍る菩薩たちは、時と場合によっては穢れを嫌うとされることもあったのである。前述したように、『日本往生極楽記』三十一には、阿弥陀仏とその使者である菩薩たちが、臨終者のもとに一度は来迎したものの、そこに「濁穢」があったことによって、浄土へ帰ってしまったということが記されている。さらに『拾遺往生伝』下―十一でも、来迎した天人や聖衆が草穢に近づかなかったことが語られている。それに対して、童子ならば穢れを嫌うことはないのである。末法の世に生きた人々は、穢れに触れてもかまわない存在である童子を、どんなにか頼もしく思ったことであろう。

このように童子は、末法の世における救済構造の中ではなはだ重要な役割を果たしていた存在であった。信仰上の童子は、俗世界における童子観の影響によって、穢れに伝染しない存在であると認識されていた。それにより、自らを穢れに満ちた者であると認識していた当時の人々は、穢れにかかわりなく救済にあたることができる童子によって穢れの問題を克服し、救われることができると考えていたのである。

おわりに

以上、末法の世における穢れ観と、穢れが往生に及ぼした影響、さらには末法の世における救済において童子が果たした役割について述べてきた。

現在までの研究では、阿弥陀仏が末法の世において絶対的な救済力を持つ仏として信仰されたことを周知の事実として考えてきた。しかし本稿で明らかにしたように、阿弥陀仏は、必ずしも絶対的な救済力を持つ仏としては認識されていなかったのである。これは、阿弥陀仏だけに限ったことではない。たとえば弥勒菩薩や不動明王についても同様である。

実は、阿弥陀仏をはじめとする本尊は、穢れに決して触れてはいけない存在だと考えられていたことにより、末法の世で絶対的救済力を持つものとして認識されていなかったのであった。なぜならば末法の世では、源信が『往生要集』で説いた穢身と穢土の穢れが痛烈に意識されていたからである。これらの穢れは、特に往生に障害をもたらすものとして恐れられていた。つまり、末法の世に生を受けてしまった衆生は、仏が穢身や穢土の穢れを嫌って救済に訪れないのならば、救済されることができなくなってしまう。

ここで必要とされたのが、仏の使者であり、穢れの有無に関わらず救済にあたる童子であった。阿弥陀仏をはじめとする多くの仏菩薩、さらには明王などは、末法が社会的に深刻な問題となったことにより、数多くの童子を従える必要があった。仏の救済力は、使者の童子がいなければ十分だとは認識されなかったのである。

本稿では、信仰上の童子が穢れを忌むことなく救済にあたる理由について、俗界の童子との関係に着目した。なぜならば、信仰上の童子と俗世界の童子は、重ね合わせて捉えられていたからである。俗世界の童子は、人にあらざるものとして、人間の秩序を超越していたので、穢れに伝染することはないと考えられていた。信仰上の童子が穢れを嫌うことなく救済にあたる点は、俗世界の童子の姿が投影されたものだと推定できる。

当時の人々が心に描いた末法の世の救済構造は、仏は浄土にいて、その使者となって童子が娑婆世界に降り立ち、穢れた衆生の救済にあたるというものであった。童子は、穢れを忌避しないのと同時に、穢れを浄める働きを持っていたのではないかと考えられる。衆生は、童子によって救済されることにより、清浄な状態になり、清浄極まりない浄土に足を踏み入れることができたのであろう。ちなみに童子は、論理上、穢れに伝染することはないはずなので、娑婆世界から浄土に帰っても浄土に穢れをもたらすことはないのである。童子は、まさに仏の力が及ばない部分を補う存在であったと言えよう。このように一見、何気なく説話集や来迎図などに登場する童子は、当時の救済構造の上ではなはだ重要な役割を担っていたのであった。

注

（1）　近年、末法思想は貴族層のみに受け入れられた思想であり、一般的には稀薄であったとする研究が提出されている。この点については、拙稿「中世前期における末法思想——その歴史的意義の再検討——」（『史境』四三、二〇〇一年九月）において、末法思想がすでに十一世紀には一般庶民にも意識されていたことを指摘した。

(2) 古代から中世にかけての穢れの実態については、山本幸司「貴族社会に於ける穢と秩序」（『日本史研究』二八七、一九八六年七月）に詳しく論じられている。

(3) 横井清「中世の触穢思想——民衆史からみた——」（同『中世民衆の生活文化』東京大学出版会、一九七五年四月）。論文の初出は、「触穢思想の中世的構造——神と天皇と「賤民」と——」（『国文学 解釈と鑑賞』四七二、一九七二年十一月）。安田夕希子『穢れ考——日本における穢れの思想とその展開』（国際基督教大学比較文化研究会、二〇〇〇年四月）八一・八二頁。

(4) テキストは、岩波『日本思想大系』六、三三二頁による。

(5) 同前。

(6) テキストは、『興教大師全集』下、一一九五頁による。

(7) テキストは、岩波『日本思想大系』七、五三一頁による。

(8) 『日本霊異記』上—八・上—二十二など。

(9) 『日本往生極楽記』十七・十八など。

(10) テキストは、岩波『日本思想大系』六、三七八頁による。

(11) 石田瑞麿『往生の思想』（平楽寺書店、一九六八年十月）二一〇—二一九頁。

(12) 『往生要集』大文第二「欣求浄土」の「聖衆来迎楽」の項には、「凡悪業人命尽時、風火先去故、動熱多レ苦、善行人命尽時、地水先去故、緩慢無レ苦、何況念仏功積、運心年深之者、臨二命終一時、大喜自生」とあり、悪人は臨終時に多くの苦しみを受け、善人は全く苦がないということである。長い年月、心から阿弥陀仏を信仰した者は、臨終の時に苦しみどころか大いなる喜びを感じるという。

(13) テキストは、平林盛得「楞厳院二十五三昧結衆過去帳」（同『慶滋保胤と浄土思想』吉川弘文館、二〇〇一年）二九〇頁による。

(14) 史料中の「十悪死」について、異本には「十五悪死」とある。十五悪死とは、千手観音の大悲心陀羅尼を称えることによって免れることができる十五種類の悪死のこと。たとえば、「飢餓困苦死」や「狂乱失念死」などがある。

(15) テキストは、岩波『日本思想大系』七、六一七頁による。

(16) 「蒙霧」について、岩波『日本思想大系』七、三六七頁の注では、『本朝文粋』巻四の「入道太政大臣辞表」の「蒙霧難レ晴。霄漢之景未レ照」をもとに「心の中の苦しみや悩み」のことである、としている。しかし、「入道太政大臣辞表」

の「蒙霧」は、文脈から、もうもうと立ちこめる霧を指すものと考えられる。『拾遺往生伝』下—十一の「蒙霧」も、天人や聖衆が入道上人を極楽浄土へ導いてくれない理由となるものでなくてはならないので、「視界を遮るもの」と解釈するのが妥当であろう。

(17) 拙稿「中世前期における童子信仰の隆盛と末法思想」（『仏教史学研究』四三—一、二〇〇〇年十二月）。

(18) テキストは、岩波『新日本古典文学大系』二四、四三一頁による。

(19) 現在、迎講の最も古い形式を伝えるのは、当麻寺（奈良県北葛城郡）の迎講である。

(20) 源信は、『往生要集』大文第三「極楽証拠」で『無量寿経』を引用して以下のように述べている。「又無量寿経云、末後法滅之時、特留㆓此経㆒百年、在㆑世接㆓引衆生㆒、生㆓彼国土㆒、故知、阿弥陀与㆓此世界極悪衆生㆒、偏有㆓因縁㆒。」

(21) 藤原道長の容態については、『小右記』万寿四年（一〇二七）三月二十日条、同十一月二十一日条、十二月二日条などに詳細に記されている。

(22) 前掲注(17)拙稿。

(23) 『地蔵菩薩霊験記』の上巻と下巻は三井寺の実睿が編纂したもので、中巻は室町時代初期になって増補された。

(24) テキストは、『大正新脩大蔵経』第十二巻、宝積部下・涅槃部全、三四四頁による。

(25) 現在『山越阿弥陀図』は、国宝に指定されている。中野玄三氏は著書『来迎図の美術』（同朋舎出版、一九八五年四月）において、『山越阿弥陀図』は、十三世紀前半に製作された真言系の来迎図であることを指摘している。

(26) テキストは、前掲注(13)平林盛得著、二八九頁による。

(27) 童子は、産穢などの日常生活において恐れられていた穢れをも厭わず救済にあたるものであった。たとえば鎌倉時代初期成立の『諸山縁起』の第四項には、役小角が熊野参詣をしたときにお産を手伝う童子に会った話が記されている。

(28) テキストは、岩波『新日本古典文学大系』三十二、四七七頁による。

(29) 網野善彦「童形・鹿杖・門前」（澁澤敬三・神奈川大学常民文化研究所編『日本常民生活絵引』総索引、平凡社、一九八四年八月）。

(30) テキストは、『増補史料大成』山槐記一、二〇五頁による。

(31) 前掲注(2)山本幸司論文。

(32) 山本幸司氏の指摘のように、『石清水文書』四所収「年中用抄」長禄四年（一四六〇）四月二十三日条から、幼児の場合は他人の死穢を忌む必要がなかったことが明らかである。

(33)　中野千鶴「護法童子と堂童子」（『仏教史学研究』二七―一、一九八四年十月）。

(34)　土谷恵「舞童・天童と持幡童――描かれた中世寺院の童たち――」（同『中世寺院の社会と芸能』吉川弘文館、二〇〇一年一月）。論文の初出は、藤原良章・五味文彦編『絵巻に中世を読む』（吉川弘文館、一九九五年十二月）である。

(35)　たとえば、清浄寺蔵『迎接曼荼羅』（鎌倉時代製作）や、東京芸術大学蔵『弥勒来迎図』（鎌倉時代製作）など。

付記　本稿は、平成十三年度文部科学省科学研究費補助金（特別研究員奨励費）による研究成果の一部である。

〈キーワード〉童子信仰　末法思想　穢土　往生要集　阿弥陀信仰

源頼朝の怨霊観

山田雄司

はじめに

保元の乱以降、平治の乱、源平合戦といった戦乱によって京都は混乱・荒廃し、武者の世となったことが実感され、天皇や貴族たちは怨霊の跳梁におびえていた。そうした姿は、『愚管抄』や『玉葉』といった朝廷に近い人物の記録から明らかである。一方、東国においては、源頼朝が幕府をうち立て、武士による統治を遂行していったが、立場の異なる頼朝は、このような怨霊に対していかなる認識を持っていたのだろうか。

頼朝の信仰に関しては、国家仏教を尊重するとともに、八幡、伊勢、伊豆・箱根をはじめとした神社全般に対して厚い信仰を抱いていたことが指摘されている[1]。源氏の氏神とされる八幡神を崇め、日本国統治者として伊勢神宮を崇敬し、配流以降には在地の神である伊豆・箱根神社を尊崇していたのであった。このような個々の神祇信仰の基盤には、神国思想があった。それは、『玉葉』寿永二年（一一八三）十月四日条に載せられる、頼朝から後白河院に宛てられた三ヶ条の奏請からうかがわれる。そこでは「可レ被レ行二勧賞於神社仏寺一事」として、「右日本国者神国也」と述べている。このほか、頼朝が差し出した文書の中に、日本は神国であるという文言が散見される。これは形式的な文言ではなく、神慮によって平氏が倒れ、源氏が興隆したとの確信があったからにほかならない、衷心からの言説であった。

こうした神国思想を抱くようになるためには、頼朝の胸臆に、神祇信仰とともに霊魂に対する深い畏敬の念が存在しなければならない。頼朝の人物像については、江戸時代以来さまざまに言われており、義経に対する仕打ちなどから、冷酷で残忍な面が強調されていたりする。しかし、多くの人々を倒し葬ってきたことに対して、決して無機質でいることはできず、そうした人々の霊の鎮魂には最大限の配慮を払った。それは、怨霊の存在が社会の根底を揺さぶると恐れられていた院政期特有の背景があったことにも起因している。

これまで、頼朝の信仰面については、神祇信仰については指摘されているものの、さらにその根底にある怨霊に対する意識については、等閑視されてきたように思う。しかし、これを解明しなければ、頼朝の人物像を浮かび上がらせることができないのとともに、当時生きていた人々の意識について深く考察していくことはできないのではないだろうか。本稿では、こうした立場に立ち、頼朝の生涯を通じての怨霊との関わりについて検討し、頼朝が怨霊に対していかなる認識をもち、その対応として鎌倉にどのような施設を造っていったのか考察していく。

頼朝に関する史料として、『吾妻鏡』(2)を主に用いるが、幕府の「正史」である『吾妻鏡』には、幕府にとって好ましくない怨霊の記事を記すことは極力避けられた。そのため、文面には直接怨霊が記されていなくても、その背後を読みとっていかなければならない。なぜなら、怨霊鎮魂に心を砕くのが中世人の心性世界だったからである(3)。これまでの研究は、都を中心とした怨霊についての考察が大半を占めているが、鎌倉においてはどうなのか、さらには貴族と武士とでは認識が異なるのかという点に留意して考えていきたい。

一　頼朝の死

源頼朝は建久九年（一一九八）末に病気にかかり、翌年正月十一日に出家し、十三日に五十三歳で亡くなっている。『吾妻鏡』では、建久七年正月から建久十年（正治元年）正月まで、三年あまり欠けており、頼朝の死について具体的に知ることはできない。頼朝が亡くなったことについては、建久十年三月十一日条に、延引していた鶴岡八幡宮の神事が今日遂行されたことに対して、「正月幕下将軍薨給、鎌倉中触穢之間、式月延引也」とあることからわかり、さらに亡くなってから十三年ほどたった建暦二年（一二一二）二月二十八日条に、頼朝の死に関して具体的に記されている。「故　将軍家渡御、及二還路一有二御落馬一、不レ経二幾程一薨去給」とあるように、頼朝は建久九年に稲毛重成が亡妻（政子の妹）追福のため相模川に橋を架けた際、その落成供養に出かけ、帰路において落馬したことが原因で死亡したことになっている。死亡月日は諸記録により明らかだが、『吾妻鏡』では当該部分が欠落していることもあり、死亡原因についてはさまざまな憶説が生まれた。そして、この欠落についても、はじめからわざと書かれていなかったのであるとか、書かれていたものが後に抹消されたとか、自然に紛失したなど、さまざまに言われている。

同時代史料の日記である『猪熊関白記』では、頼朝は「依飲水重病」とあり、糖尿病であったと考えられる。また、『明月記』では、「依所労獲麟」とあり、『業資王記』では「依所労遁世」とされており、所労により急病となり死に至ったとしているが、これらはみな伝聞であった。

こうしたなか、十四世紀中頃成立したとされる『保暦間記』(4)が、頼朝の死亡原因を怨霊とする最も早い記録であり、これ以降、室町物語『さがみ川』では、相模川に義経の怨霊が登場するなど、江戸時代には怨霊により亡くなったとする説が広く知れ渡っている。(5)『保暦間記』は保元の乱から暦応二年（一三三九）の後醍醐天皇の死去までを記した作品であり、崇徳院の怨霊の発生から語り始め、その猛威を語って終わっていると評価でき、怨霊に関わる記事は歴史叙述の要所に配され、怨霊による歴史の説明は、本書を支える重要な柱の一つとされており、[6]頼朝に関しては、以下のように記されている。

頼朝若シテ平家ヲ滅シ、十善帝王ヲ海中ニ沈メ奉リ、親リ多ノ人ヲ失事、此怨霊コソ怖シケレ、（六七頁）

この場面では、頼朝が平家を滅ぼし、安徳天皇を海中に沈めたことにより、その怨霊が頼朝の近親者を多数死に至らせたことを述べている。さらに、頼朝の死の場面では、先の『吾妻鏡』の記事をふくらませて、怨霊の出現を記している。

同（建久九年）冬、大将殿、相模河ノ橋供養ニ出テ還ラセ玉ヒケルニ、八的カ原ト云処ニテ、亡サレシ源氏、義広、義経、行家已下ノ人々現シテ、頼朝ニ目ヲ見合ケリ、是ヲハ打過玉ヒケルニ、稲村崎ニテ、海上ニ十歳計ナル童子ノ現シ玉ヒテ、汝ヲ此程随分ウラナヒツルニ、今コソ見付タレ、我ヲハ誰トカ見ル、西海ニ沈シ安徳天皇也トテ、失給ヌ、其後、鎌倉ヘ入玉ヒテ、則病著玉ヒケリ、次年正月（正治元年）十三日、終ニ失給、五十三ニソ成玉フ、是ヲ老死ト云ヘカラス、偏ニ平家ノ怨霊也、多ノ人ヲ失ヒ給シ故トソ申ケル、（七二頁）

これによると、頼朝が相模川の橋供養に出かけた際、八的カ原というところで、頼朝によって滅ぼされた源義広、義経、行家以下の人々が現れて、頼朝を睨んでいた。さらに、ここを過ぎて稲村ヶ崎に着いたところ、海上に十歳ばかりの童子が現れて、西海に沈んだ安徳天皇であると述べた。そして、頼朝は鎌倉に入ると病気となり、翌年五十三歳で亡くなった。これは老死ではなく、ひとえに平家の怨霊によって呪われたのであり、多くの人々を死に追いやったことによる祟りであるとするのが『保暦間記』の解釈である。

怨霊が登場した八的カ原は、現在の藤沢市辻堂付近の海岸であり、鎌倉の境界の地で、付近ではしばしば処刑が行われており、頼朝を狙う怨霊が出現する場所に似つかわしいと考えられる。[7]

源（志田）義広は頼朝の伯父で、常陸国志太庄を中心に勢力を張っていたが、数万余騎を率いて鎌倉を攻撃しようとし、はじめは偽って義広に同意の様子を見せていた小山朝政らと戦って敗北したのち、義仲の軍に投じた。寿永三年（一一八四）正月、頼朝の代官義経らの軍を宇治・一口方面に防戦して敗北し、行方不明となった。『吾妻鏡』では、元暦元年五月四日に伊勢国羽取山で波多野・大井・山内らと戦って敗れ、斬首されたとされ、(8)『平家物語』では、翌文治元年（一一八五）末、義経とともに頼朝に反抗した後、その翌年伊賀国千戸の山寺で自殺し、首を取られたとされている。

行家は義経とともに頼朝に対抗しようとした人物で、追討の院宣が下され、文治二年五月十二日和泉国在庁日向権守清実の小木宅に潜んでいるところを捕らえられ、斬首されていた。(9)

そして、源氏の将軍が三代で終わってしまったことについても、

頼朝ノ跡一人モ不残、三代将軍、僅四十余年カ内絶ヌルコト、偏ニ多ノ人ヲ失玉ヒシ、此罪トソ申伝タル、

のように、多くの人を殺した罪によるものだと解釈している。こうした考え方は『明月記』文暦元年（一二三四）八月二日条でも、源頼家の娘竹御所が難産で死去したときに、藤原定家は「故前幕下（頼朝）之孫子於レ今無二遺種一歟、召二取平家之遺経嬰児一悉失レ命、物皆有レ報何為乎」と感想を述べている。頼朝の子孫が途絶えてしまったことに対して、平家の怨霊がそうさせたのではないかと解釈し、因果応報の観念に基づいた見方をしている。『保暦間記』でも、頼朝の悪行が自らを死に導いたとする因果応報の観念に基づいており、それを怨霊として表現しており、共通した見方といえよう。

このように、他者は頼朝に対して怨霊の出現を見ていたが、自分自身はどのようにとらえていたのだろうか。この点に関して、次章以下で考察していく。

二　崇徳院の鎮魂

保元の乱によって、後白河天皇側に破れた崇徳院は、讃岐に流されることとなるが、崇徳院が亡くなって以降、都では後白河院周辺の人物が相次いで亡くなったり、安元三年（一一七七）の火災で大極殿が焼失したりすることにより、それらは崇徳院怨霊の仕業であるとみなされ、後白河院は崇徳院怨霊を鎮魂するために腐心した。それが形となって現れたのが、追号、御陵の整備、粟田宮建立、崇徳院の菩提寺である成勝寺での供養、崇徳院の寵愛を受けた烏丸局という女性が綾小路河原の自宅に建立した崇徳院御影堂の整備などであった(10)。こうした怨霊の鎮魂は、後白河院にとって、自らの正当性を確認し、王権を維持していく上で、欠くべからざる儀式であった。崇徳院怨霊は、その出発点は、保元の乱における崇徳院と後白河天皇という個人的関係にあったが、その鎮魂は王権維持のために絶対的意味をもつものとして、為政者にとっての急務の命題となったのである。そのため、源頼朝も、鎌倉幕府を打ち立て、政権を掌握していく過程で、崇徳院怨霊鎮魂に深く関わっていくのである。

頼朝と崇徳院怨霊との関係について確実なもっとも古い記録は、『吾妻鏡』文治元年（一一八五）九月四日条である。

勅使江判官公朝帰洛、二品御餞別尤慇懃也、此程依㆓風気㆒逗留渉㆑日云々、又依㆓去七月大地震事㆒、且被㆑行㆓御祈㆒、且可㆑被㆑満㆓遍徳於天下㆒事、并崇徳院御霊殊可㆑被㆑奉㆑崇之由事等、被㆑申㆓京都㆒、是可㆑奉㆑添㆓朝家宝祚㆒之旨、二品御存念甚深之故也云々、

頼朝は七月に起こった大地震を崇徳院の怨霊によるものと考え、勅使大江公朝の帰京にあたって、後白河院に対して、崇徳院の御霊を崇めるべきであることを申し伝えている。ここからは、頼朝が崇徳院怨霊に対して、大変配慮していたことがわかる。また、同年十二月二十八日条には興味深い記事を載せている。

御台所(政子)御方祇候女房下野局夢、号二景政(鎌倉)一之老翁来申二一品一云、讃岐院於二天下一令レ成レ祟給、吾雖二制止申一不レ叶、可レ被レ申二若宮別当一者、夢覚畢、翌朝申二事由一、于レ時雖レ無二被レ仰之旨一、彼是誠可レ謂二天魔之所変一、仍専可レ被レ致二国土無為御祈一之由、被レ申二若宮別当法眼坊(円暁)一、加之以二小袖長絹等一、給二供僧職掌一、邦通(藤原)奉二行之一、

北条政子に仕える女房である下野局の夢に鎌倉権五郎景政が現れて頼朝に言うことには、崇徳院が天下に祟りをなすことをやめるように自分が申したけれども叶わなかったので、鶴岡八幡宮別当に祈禱をするように申してくれとの夢であった。こうした夢は何か天魔のなせるところであろうと、実際に国土無為の祈禱をするように鶴岡若宮別当円暁に頼んだとある。

鎌倉権五郎景政は八幡太郎義家に従って後三年の役に参戦し、征矢で右目を射抜かれたが、その矢を抜かずに敵に答えの矢を射て討ち取ったという逸話の持ち主で、『保元物語』や『平家物語』において、大庭景能や梶原景時ら子孫の名乗りの中に言及される人物であった。『新編相模国風土記稿』によると、鎌倉郡山之内庄坂之下村には景政の霊を祀るといわれる御霊社があり、眼を患う者はこの社に祈誓すれば往々にして霊験があるという。[11] 文治元年八月二十七日に御霊社が鳴動した際には、頼朝自ら参詣し、宝殿左右の扉が破れていたため、解謝として願文を奉納し、巫女たちに賜物を与え、御神楽を奉納しており、御霊社に対する信仰はあつかった。

さらに、崇徳院が建立した成勝寺の修造についても、頼朝は積極的であった。頼朝は文治元年に実質的な全国支配権を獲得すると、翌年には早くも成勝寺の修造を命じており、『吾妻鏡』文治二年六月二十九日条にその様子が記されている。

成勝寺興行事、被レ申二京都一、凡神社仏寺事興行最中也、

（中略）

成勝寺修造事、可レ被二忩遂一候也、若及二遅怠一候者、弥以破損大営候歟、就中被レ修二復当寺一者、定為二天下静謐之

御祈ニ歟、然者国ニモ被ニ宛課一候テ、忩御沙汰可レ候也、以ニ此旨ニ可下令ニ申沙汰一給上候、頼朝恐々謹言、

頼朝裏御判

六月廿九日

（経房）帥中納言殿

進上

頼朝は諸国にあてて、成勝寺の修造を速やかに行うことを命じている。これは、成勝寺を修復することが、崇徳院怨霊を鎮めて天下静謐となることにつながると考えていたためであった。頼朝は前年の十一月二十九日に、日本国惣追捕使・日本国惣地頭に任命され、諸国に守護・地頭を設置するなど、全国的政権として権力を拡大させており、六月二十一日には、院宣を得て諸国武士の乱行を停止させるなどしていた。こうした勢力を全国に拡大していく早い時期に、崇徳院の菩提を弔う成勝寺の修造を命じていることは、当時の国家にとって崇徳院怨霊の鎮魂を行うことが重要な課題となっていたことがうかがわれる。

頼朝は、保元の乱の際に後白河天皇側に立って崇徳院を襲撃した義朝の息であり、義朝の後をうけて源氏の棟梁となった。ゆえに個人的レベルで崇徳院怨霊の攻撃の対象となることを危惧していたことが予想される。しかし、それだけにとどまらず、日本を統治していくにあたって、為政者たる者には、国家の中枢を震撼させていた怨霊という事象に正面から取り組み、その鎮魂を行うことにより国家の安寧をはかることが要求されていたのである。(12)

さらに、京都に崇徳院を供養するための崇徳院御影堂を建立した際にも、頼朝が関与している。『華頂要略』(13)第八十三付属諸寺社第一山城国愛宕郡には以下のように記されている。

其後為ニ後白河院御願寺一、治承四年四月十五日、右大将頼朝為レ造ニ営御堂建立一、安ニ置件阿弥陀并御影等一念仏三昧、先院御菩提訪申、仍五箇庄被ニ申寄一、但馬国片野庄号熊田・讃岐国北山本新庄并福江・越後国大槻庄・遠江国勝田庄・能登国大屋十箇村云々、

これによると、治承四年（一一八〇）四月十五日に頼朝によって御影堂が建立され、念仏三昧を行って崇徳院の菩提

を弔い、造営料所として但馬国片野庄・讃岐国北山本新庄・越後国大槻庄・能登国大屋十箇村を寄進したとされている。しかし、治承四年四月には源頼朝はまだ挙兵していないので、このとき頼朝が関わっているはずはない。頼朝は崇徳院法華堂の建立に熱心であったので、それとの関係で仮託されていったのだろう。

『吾妻鏡』元暦二年（一一八五）四月二十九日条には、

今日、以二備中国妹尾郷一、被レ付二崇徳院法華堂一、是為二没官領一、武衛《(源頼朝)》所下令二拝領一給上也、仍為レ奉レ資二彼御菩提一被レ宛二衆僧供料一云々、

とあり、備中国妹尾郷が、源平合戦後、平家没官領として頼朝の手に渡り、さらに崇徳院の菩提を弔うために崇徳院法華堂に寄進され、衆僧の供料にあてられていることが記されている。これが、頼朝が崇徳院法華堂と関係する最初の記事である。この法華堂は綾小路河原の御影堂であったと考えられ、同年五月一日条には、

武衛《(頼朝)》被レ遣二御書於左兵衛佐局一、是　崇徳院法花堂領新加事也、去年以二備前国福岡庄一、被二寄進一之処、牢籠之間、取二替之一被レ進二妹尾一畢、為二供仏施僧之媒一、可レ被レ奉レ訪二御菩提一之趣被レ載レ之、件禅尼者武衛親類也、当初為二彼　院御寵一也云々、

とあり、頼朝が兵衛佐局に書を遣わして、崇徳院法華堂領のことについて述べている。彼女は崇徳院の寵人であったが、頼朝の親類であったこともここからわかる。この点に関しては、兵衛佐の母が頼朝の母の叔母、したがって兵衛佐と頼朝の母とは、従姉妹であったと考えられている(14)。

五月一日条では、寿永三年（一一八四）に平家没官領であった備前国福岡庄が崇徳院法華堂領として寄進されたのだが、不都合が生じたため、その替えとして妹尾郷があてがわれ、妹尾尼に寄せられたことを記している。不都合とは、『吾妻鏡』文治四年十月四日条に「以二右衛門権佐定経《(藤原)》奉書一、被二仰下一之備前国福岡庄事、今日所レ被レ進二御請文一也」(15)として、福岡庄について後白河院から仰せ下されたことに対する、頼朝の請文が残されていることからうかがえる。

先日所下被二仰下一候上之備前国福岡庄事、被レ入二没官注文一下給候畢、而宮法印（元性）御房難レ令レ勤二修讃岐院御国忌一之由、被二嘆仰一候之間、以二件庄一可レ為二彼御料一之由申候て、無二左右一不レ知二子細一、令二　奉進一候畢、此条非二別之僻事一候歟、而今如レ此被二仰下一候、早随二重御定一、可レ令二左右一候、御定之上、雖二一事一、何令レ及二緩怠一候、以二此趣一可下令二披露一給上候、頼朝恐惶謹言、

十月四日　　頼朝在裏判

進上　右衛門権佐（定経）殿

これによると、福岡庄は平家没官領であり、それが頼朝に下賜されたものであった。頼朝は福岡庄を崇徳院法華堂領として寄進するが、それに対して後白河院から異議がとなえられ、かわって備中国妹尾郷が寄進された。

このように、頼朝は崇徳院怨霊に対して、その慰撫のための諸策を講じることにより、後白河院の後を受けて自らが政権を掌握していく立場にあることを自覚し、かつ宣言していったのではないだろうか。頼朝に直接関係していく怨霊については、次章以下で考察していく。

三　源義朝・平氏の鎮魂

鎌倉雪ノ下にあった勝長寿院は現在廃寺であるが、大倉御所の南側に位置していたので、南御所とも大御堂とも呼ばれた。[16] 創建に関しては、頼朝が伽藍を草創するため鎌倉中に勝地を求めたところ、大倉御所の東南に霊崛があり、元暦元年（一一八四）十月二十五日に地曳始めが行われた。建立の目的は「報二謝父徳一之素願」とあるように、非業の死を遂げた父義朝の菩提を弔うことにあった。[17] 頼朝は元暦二年二月十二日に伊豆国に赴き、狩野山で材木伐採に立ちあうなど、勝長寿院建立になみなみならぬ意欲をもっていた。二月十九日には事始めが行われているが、この日は義

経が、屋島で平家軍を破った旨が伝えられた。そして四月十一日には柱立がなされたが、このときには西海から飛脚が来て「一巻記」が進められ、去る三月二十四日に赤間関の海底に安徳天皇をはじめとした平家一門の人々が没し、宝剣が紛失したことが伝えられた。そのとき頼朝は、「向二鶴岡方一令レ坐給、不レ能レ被レ発二御詞一」と感極まった姿が記されている。

頼朝の父である義朝は平治の乱に敗れ、尾張国知多郡に入って、野間の内海庄司長田忠致を頼って、その保護により東国へ赴こうとしたが、平治二年（一一六〇）正月三日、忠致に謀殺され、その首は京都に送られ、東獄門前の樹にかけられた。それを頼朝の請により後白河法皇が刑官に命じて東獄門のあたりに首を探させ、義朝と同時に亡くなった郎従鎌田正清の首を相添えて大江公朝を勅使として鎌倉に送った。頼朝は首を迎えるために稲瀬川あたりに参向し、遺骨は文覚上人の門弟僧らが首に懸けており、頼朝自らが白装束に着替えて受け取り、鎌倉に戻った。[18]『玉葉』元暦元年八月十八日条においても、

又云、義朝首于レ今在二囚闈一、而可レ被レ免レ罪、其間事可二勘申一之由、為二泰経奉行一被二仰下一了、橘逸勢等有二此例一云々、可レ復二本位一之由可レ被二仰下一歟、申二其旨一了云々、良久之後退下了、此三箇条依二珍事一所二注置一也、

或人云、文覚聖人上洛、取二在獄之義朝之首一可レ向二鎌倉一云々、

とあり、八月二十一日条でも、

或説云、文覚頗有二不請之気一云々、然而取二在獄中之義朝首一可レ来由之仰付云々、

とあることから、義朝は橘逸勢などの例にならって、名誉が回復され、東獄門にあった首が探し出されて関東に運ばれたことが裏づけられる。そして九月三日に南御堂に改めて葬られたのであった。『吾妻鏡』文治元年（一一八五）九月三日条にその様子が記されている。

故左典厩（源義朝）御遺骨、副二正清首一、奉レ葬二南御堂之地一、路次被レ用二御輿一、恵眼房、専光房等令レ沙二汰此事一也、武蔵守義信、陸

奥冠者頼隆、御輿、二品(頼朝)着二御素服一給、参給、御家人等多雖二供奉一、皆被レ止二墎外一、只所レ被二召具一者、義信、頼隆、惟義等也、武州者平治逆乱之時為二先考御共一、于レ時号二平賀冠者一、頼隆者亦其父毛利冠者義隆相二替亡者之御身一被二討取一訖、彼此依レ思二食旧好跡一被二召抜一之云々、

御堂の仏後壁には浄土の瑞相ならびに二十五菩薩像が描かれ、頼朝自らが描き方に注文をつけているなど、勝長寿院の建立には並々ならぬ意欲を見せていた。(19) 本尊は丈六の阿弥陀像で成朝仏師によるものであった。(20) そして、十月二十四日には頼朝が来臨し、多数の御家人が見守る中、盛大な落慶法要が行われた。そして翌日には義経追討の軍勢が進発している。

こうしたことから、頼朝は無念の死を遂げた父義朝の首を迎えて御霊を鎮魂し、その功徳によって自らを守護してくれることを願って勝長寿院を建立したと位置づけることができる。そのため、勝長寿院建立に向けての諸儀式を行う際の日取りは、頼朝による軍事関連事項の日程と密接に関係している。(21) こうしたことは、戦闘の成功を義朝の霊に報謝・祈願するためであったと解釈することができよう。さらに、義朝の忠臣鎌田正清を同時に祀っていることから、配下の御家人に対して軍忠を励むべきことを訴えているとも言えよう。こうして勝長寿院は源氏の菩提寺という性格をもっていった。霊魂の鎮魂は純粋に精神的問題であるのではなく、政治的問題と密接にからみついていたのである。

勝長寿院においては、文治二年七月十五日以来、盂蘭盆の際にはしばしば頼朝来臨のもと万燈会が行われているが、建久元年（一一九〇）七月十五日には、平家滅亡の衆たちの菩提を弔うために万燈会が行われている。

今日、盂蘭盆之間、二品参二勝長寿院一給、被レ勤二修万燈会一、是為レ照二平氏滅亡衆等黄泉一云々、

義朝の祀られている勝長寿院においてあえて平氏の怨霊を供養しているのは、四月十三日に一条能保室である頼朝の妹が難産のため四十六歳で死去していることと関係しているのではないだろうか。(22) 五月三日にも追福のための供養が行われていることから、妹が亡くなったことは頼朝にとって大きな衝撃であり、それが壇ノ浦に沈んだ平氏の怨念

によるものと受け取り、先祖に怨霊からの守護を願ったのではないだろうか。

頼朝は戦乱によって亡くなった人々の霊の鎮魂については、非常に注意を払っていた。建久八年（一一九七）十月四日「源親長敬白文」(23)によると、阿育王が八万四千基の塔を作って舎利を納めたという故事にならって、頼朝は全国に八万四千基の宝塔を造立し、保元の乱以来諸国で亡くなった人々の霊の鎮魂をしている。

敬白　五輪宝塔三百基造立供養事

鎌倉殿八万四千基御塔内源親長奉レ仰レ勧二進五百基一、但馬国分三百基、於二御祈禱所進美寺一、奉二開眼供養一、但六十三基者、当寺住僧等造立、自余者国中大名等所造、

右、宝塔勧進造立塔意趣者、去保元元年鳥羽一院早隠二耶山之雲一、当帝(崇徳)新院(後白河)自レ諍二一天一已来、源氏平氏乱頻蜂起、王法仏法倶不レ静、就中前太政大臣入道静海(平清盛)忽誇二朝恩一、廻二趙高之計一、恣傾二王法一、継二守屋之跡一、頻滅二仏法一、所所謂、聖武天皇之御願、□盧舎那仏灰燼、後白河院之玉体幽閑(閉)之間、九重之歎七道之愁、何事過レ之哉、爰我君前右大将源朝臣(頼朝)代レ天討二王敵一、通レ神伏二逆臣一、早払二一天之陣雲一、速静二四海之逆浪一、都鄙貴賤、無レ不レ開二歓喜咲一、但行二追罰一加二刑害一間、夭亡之輩数千万矣、被レ駈二平家一趣(赴)二北陸一輩者、消二露命於篠原之草下一、被レ語二逆臣一渡二南海一族者、失二浮生於八島之浪上一、如レ此類、遺二恨於生前之衢一、含二悲於冥途之旅一歟、須下混二勝利於怨親一、須中抜済於平等上焉、伝聞、以レ怨報レ怨者、怨世々無レ断、以レ徳報レ怨者、転レ怨為レ親、因レ茲レ尋二阿育之旧跡一、造二立八万四千之宝塔一、仰二豊財薗之利益一、書二写宝篋印陀羅尼一、即於二諸国霊験之地一、敬遂二供養演説之誡一、（中略）伏乞、五輪宝塔宝篋神呪、救二討罰之率(卒)一、導二法界之群類一、敬白、

建久八年丁巳十月四日午時

勧進奉行司源親長敬白

この文書では、八万四千基のうち但馬国分の三百基を造立供養することが述べられているが、同様の命令は諸国に出されたと推測される。頼朝は、造塔により亡くなった人々の「怨」を「親」に転じさせ、王法仏法ともに動揺して

いる状況を鎮めようとしている。こうしたことからも、頼朝は単なる東国政権の統括者としての立場ではなく、全国にわたって支配権を行使し、早急の課題となっている宇内の静謐という問題を、天皇になりかわって遂行しているのである。

また、鎌倉における源氏の氏神であり、幕府にとってもっとも重要な神社で、鎮護国家の役割を果たしていた鶴岡八幡宮に関しても、創建された重要な目的として、鎌倉幕府に敵対した人々を中心に、保元・平治以来の合戦に敗れた人々の怨霊の鎮魂があったということが、山本幸司によって指摘されている。[24]『吾妻鏡』治承四年（一一八〇）十月十二日条によると、鶴岡八幡宮の発端は、康平六年（一〇六三）八月、頼朝の祖頼義が後三年の役のときひそかに石清水八幡宮を勧請し、瑞垣を由比郷（今、下若宮と号す）に建てたことに始まり、永保元年（一〇八一）二月に義家が修復を加え、それを今また小林郷に遷して頻繁に礼奠をすることになったという。しかしその後、建久二年（一一九一）三月四日に若宮神殿廻廊経所などがことごとく灰燼と化してしまったが、八日には若宮仮宝殿造営が始まり、四月二十六日には、「鶴岡若宮上之地、始為レ奉レ勧二請八幡宮一、被レ営二作宝殿一、今日上棟也」とあるように、若宮の地にはじめて八幡宮を勧請したことが記されている。

一般に若宮は、必ずしも御霊信仰と結びついているわけではなく、霊験あらたかな神として本宮から別れて祀られるようになる神であり、平安後期にはしばしば見られるが、頼義の勧請した若宮は、前九年の役で亡くなった死者の霊魂を鎮魂するために、石清水八幡宮の若宮を祀ったものであって、そこに建久二年に本宮の八幡宮をはじめて勧請してきたのではないだろうか。そのため、山本が指摘するように、現地の武士である大庭・梶原ら鎌倉権五郎景政の系譜を引く人々が、景政の鎮魂を行うとともに若宮の祭祀に関わるようになり、若宮と御霊神との習合が見られ、そうした若宮に対し、頼朝が源氏の守護神としての八幡宮をあらたに勧請したと解釈ができる。また、鶴岡の供僧中に、平氏一門の人間が多く登用されているという指摘も、鶴岡八幡宮が怨霊鎮魂という面も引き続きもっていたことを意味していよう。そのため、先に述べた崇徳院怨霊の鎮魂の場合にも、鶴岡八幡宮別当に祈禱が依頼されていると解釈できる。

さらには、鶴岡放生会は文治三年（一一八七）八月十五日に始まったが、(25)そのことに関して松尾剛次は、頼朝の立場がひとまず安定した時期であり、石清水放生会では放生の功徳を説く最勝王経が経供養で読み上げられたのに対し、鶴岡放生会では滅罪の効果があるとされた法華経が読まれていることから、平家を滅ぼした源氏側の滅罪と死んだ平家の人々の救済のために放生会を始めたのではないかと推測している。(26)

文治四年六月十九日には二季彼岸放生会の間、東国では殺生禁断し、その上「焼狩毒流」の類を今後停止するように定め、諸国においてもそうするよう朝廷に奏請し、それを受けて八月十七日には殺生禁断の宣旨が諸国に下されている。(27)頼朝は亡母のため鶴岡八幡宮に五重塔婆を造営するが、重厄のため殺生禁断をしているため、奥州出兵も延期している。(28)また、『都玉記』(29)建久二年十一月二十二日条からは、死罪を減じて流罪にするなど、頼朝が積極的に殺生禁断令を遵守しようとしていたことがわかる。

さらには、建久五年（一一九四）三月二十五日に伊豆願成就院において伊東祐親・大庭景親以下の没後を弔うために如法経十種供養を行ったり、同年閏八月八日に志水冠者義高追福のために副供養の仏経が讃嘆されたりしている。このときは、「幽霊往事等」が述べられ、聴衆は皆随喜して嗚咽し、悲涙を拭いたとされているが、こうした記事から頼朝が死者の霊魂に敏感で、その供養に心を配っていたことがうかがえよう。

四　奥州藤原氏の鎮魂

文治元年以降、頼朝の異母弟義経は、頼朝との関係が悪化し、畿内各地を転々として逃亡したが、(30)文治三年には若年の頃を過ごした奥州の藤原秀衡を頼って逃れていった。しかし、この年の冬、義経をかくまった秀衡が亡くなり、跡をついだ泰衡は朝廷からの要求と頼朝の圧迫とに屈し、文治五年閏四月三十日に衣川館にいた義経を急襲し、義経は自害した。義経の首は、亡母追善のための塔供養があるため途中で逗留させ、六月十三日に腰越に着き、首実検が行われた(31)。

泰衡使者新田冠者高平持二参予州首於腰越浦一、言二上事由一、仍為レ加二実検一、遣二和田太郎義盛、梶原平三景時等於彼所一、各着二甲直垂一、相二具甲冑郎従二十騎一、件首納二黒漆櫃一、浸二美酒一、高平僕従二人荷二担之一、昔蘇公者、自担二其獲一、今高平者、令三レ人荷二彼首一、観者皆拭二双涙一、湿二両衫一云々、

こうして兄によって殺された悲劇の人物義経を怨霊として見る見方は、鎌倉時代に生きた人々の共感するところで、それが『保暦間記』に反映されているのではないだろうか。義経に対する同情は「判官びいき」として受け継がれ、江戸時代になると、死んだはずの義経が実は生き延びていたとして、さまざまな虚構がつくられていく。

義経を殺したことにより、頼朝の要求を受け入れたはずの泰衡であったが、頼朝は予定行動的に文治五年七月十九日、鎌倉を出立し、奥州討伐へと向かった。八月二十二日に平泉に達したが、泰衡は館に火を放ってすでに逐電していた。そこで九月二日に泰衡を追って厨川に向けて進軍を開始し、六日には家人河田次郎の裏切りによって討たれた泰衡の首が陣岡にいた頼朝の宿所に届けられた。泰衡の梟首は、前九年の役で頼義が安倍貞任を梟首した例にならって執り行われ、長さ八寸の鉄釘により打ちつけられた。その後頼朝は厨川まで北上し、二十三日には平泉に戻って秀衡建立の無量光院を巡礼するなどして、十一月十八日に鎌倉に凱旋している(32)。

そして、その直後に鎌倉において永福寺創建の事始めを行った。『吾妻鏡』文治五年十二月九日条には以下のようにある。

今日永福寺事始也、於二奥州一、令レ覧二泰衡管領之精舎一、被レ企二当寺花構之懇府一、且宥二数万之怨霊一、且為レ救二三有

之苦果一也、抑彼梵閣等、並レ宇之中、有二二階大堂一、号二大長寿院一専依レ被レ模レ之、別号二二階堂一歟、梢雲挿二天之極一、碧落起レ従二中丹之謝一、揚金荊玉之飾、紺殿剰加二後素之図一、謂二其濫觴一、非レ無二由緒一云々、

これによると、奥州藤原氏初代清衡創建の平泉中尊寺にある二階大堂と呼ばれている大長寿院を模して、鎌倉にも二階堂を建立しようとし、永福寺の創建を始めている。建立の目的は、奥州合戦によって亡くなった数万の人々の怨霊をなだめ、「三有の苦果」から救うことにあった。三有とは、欲界・色界・無色界の三界に生存し、生死を繰り返す迷いの世界のことをいい、そうした世界から抜け出させ、霊魂を安んじることが永福寺建立の主眼であった。頼朝自身、奥州出兵によって多数の戦死者を生んだことに対して、亡くなった人々の霊魂の鎮魂を早くから考えていたのであった。

そうしたところ、早くも怨霊の存在が取りざたされた。『吾妻鏡』文治五年十二月二十三日条には以下のようにある。

奥州飛脚去夜参申云、有二予州并木曾左典厩（義仲）子息、及秀衡入道男等者一、各令二同心合力一、擬レ発二向鎌倉一之由、有二謳歌説一云々、仍可レ分二遣勢於北陸道一歟之趣、今日有二其沙汰一、雖レ為二深雪之期一、皆可レ廻二用意一之旨、被レ遣二御書於小諸太郎光兼、佐々木三郎盛綱已下、越後信濃等国御家人一云々、俊兼奉二行之一、

奥州からの飛脚が来て言うことには、義経、木曾義仲の子息義高、藤原秀衡の子息泰衡らが同心合力して鎌倉に向かおうとしているとの風聞があったことを告げている。三人ともすでにこの世にはなく、頼朝によって殺害された三人の怨霊が鎌倉に向かって復讐を遂げようとしているとの噂であった。

志水義高は、頼朝と義仲との仲が険悪化した際、人質として鎌倉に送られ、頼朝の長女大姫の婿として迎えられたが、寿永三年（一一八四）正月二十日、義仲が近江粟津で討たれると、復讐を恐れた頼朝は義高を殺そうと計画した。四月にそれを知った大姫は、義高を女房の姿にして逃げさせるが、義高は武蔵国入間川原で堀親家の郎従に討たれた。このことに関しては、大姫をはじめとして殿中の男女はみな嘆き悲しんだのであった[33]。

奥州においてこうした風聞があったということは、非業の死に追い込まれた人物の名を語って、反乱を企てようとした勢力があったことを意味していよう。そのため、頼朝は翌日すぐさま奥州に使者を派遣し、様子を報告させており、二十八日には平泉無量光院の供僧を捕らえてその由を尋ねたところ、ただ昔を懐かしんで歌を詠んだだけであって、異心はないことを告げている。

しかし、風聞は本当であり、大河兼任が藤原泰衡の仇を討つとして挙兵した。これに関して、一族の怨敵に報いることは尋常のことであるが、主人の仇を討つ例はこれが初めてだと『吾妻鏡』では述べられている。そして、

或号二伊予守義経一、出二於出羽国海辺庄一、或称二左馬頭義仲嫡男朝日冠者一、起二于同国山北郡一、各結二逆党一、

というように、義経や義高と号して反乱を企て、七千余騎を率いて秋田城・多賀国府を襲った後、鎌倉へ向かおうとしていた。[34]このとき、義経や義高の名を用いて挙兵していることは、人々の心の底に潜む両者への哀悼の念を利用したものと言えよう。兼任は栗原において幕府追討軍に敗れ、これにより幕府の奥州支配は貫徹したのであった。

一方、鎌倉に建立された永福寺は、扉や仏後の壁画は修理少進藤原季長が書いたものであって、基衡が建立した毛越寺の中心伽藍であった円隆寺のものを模していた。[35]円隆寺本堂は三間の内陣に四面の外陣がつき、さらに四面の裳階がつく正面七間、側面六間の大規模な建築であった。建久三年（一一九二）十一月二十日には営作が終わり、十一月二十五日に供養が行われ、園城寺僧公顕を導師として曼荼羅供があり、頼朝をはじめ多数の御家人が参列した。翌建久四年には阿弥陀堂、五年には薬師堂が完成し、建仁二年（一二〇二）に多宝塔が造られるなど、伽藍の整備が次々と行われている。また、頼朝は近国の御家人に対して各三人ずつ人夫を差し出させ、境内に池を掘らせている。[36]作庭には作庭家の僧静玄があたり、頼朝と打ち合わせて石の配置を取り決めた。[37]そして、「汀野埋石、金沼汀野筋鵜会石島等石」を配置したが、これらは、頼朝の忠臣畠山重忠が運んだものである。[38]遺構からも、二階大堂を中心に、左右に阿弥陀堂・薬師堂が配され、これらの三堂は複廊で結ばれ、さらにその外側に翼廊を配していて、その全長は一三〇メートル

にも及ぶ壮大なものであり、前面に苑池があったことが確認されている。(39) こうした浄土建築は奥州藤原氏の後生安穏を願ってのものと言えよう。

奥州藤原氏の怨霊は、ひとり頼朝のみに祟るわけではなかったことは、次の『吾妻鏡』建久四年（一一九三）七月三日条からうかがい知ることができる。

小栗十郎重成郎従馳参、以二梶原景時一申云、重成今年為二鹿島造営行事一之処、自二去比一所労太危急、見二其体一非二直也事一、頗可レ謂二物狂一歟、称二神託一、常吐二無窮詞一云々、去文治五年、於二奥州一被レ開二泰衡庫倉一之時見二重宝等一中、申二請玉幡一飾二氏寺一之処、毎夜夢中、山臥数十人群二集于重成枕上一、乞二件幡一、此夢想十ヶ夜、弥相続之後、心神違例云々、依レ之彼造営之行事、被レ仰二付馬場小次郎資幹一云々、令レ拝二領多気義幹所領一、已為二当国内大名一云々、

常陸国御家人小栗十郎重成は、泰衡の庫倉に所蔵されていた重宝のうち、玉幡を持ち帰って氏寺の飾りとしていたが、毎夜夢中に山伏が数十人群集して枕元に現れ、その幡を返すように迫るということが十日間続いた。そのため心神に異常が生じて、鹿島社造営奉行を辞退せざるを得なくなったということがあったことを記している。ここからは、泰衡の怨霊が、自身が所持していた品物にも乗り移っていたことを読みとることができ、怨霊の強さを人々が認識していた様子がわかる。

平泉の寺塔が荒廃することは、奥州藤原氏の菩提を弔うことができず、霊魂を嘆かせて怨霊の発動をうながすことにつながると思われていたため、頼朝は堂舎の維持に敏感になっていた。建久六年九月三日条においては、平泉寺塔の修理が、奥州惣奉行の葛西清重、伊沢家景らに命じられており、この日は泰衡七回忌の日であった。

陸奥国平泉寺塔、殊可レ加二修理一之由、被レ仰二葛西兵衛尉清重、并伊沢左近将監家景等一、是及二破壊一之由、令二言上一之故也、泰衡雖レ被二誅戮一、於二堂舎事一者、如レ故可レ有二沙汰一之由、兼所レ被二仰定一也、凡興法御志、前代未聞

云々、

また、建暦三年（一二一三）四月四日条でも、堂舎の修復のことが問題になっている。

陸奥平泉寺塔破壊之事、可レ励二修復儀一之旨、今日以二相州（北条義時）奉書一、被レ仰二彼郡内地頭等一、是甲冑法師一人入二于尼御台所去夜御夢中一、平泉寺陵廃殊遺恨、且為二御子孫運一令レ申之由云々、令レ覚御後及二此儀一云々、三日者秀衡（泰衡）法師帰泉日也、若彼霊魂歟、着二甲冑一之条、有二不審一之由、人々談レ之云々、

これによると、甲冑法師の一人が北条政子の夢中に現れ、平泉寺塔の陵廃を恨み、さらには子孫のためにもならないと述べたのであった。四月三日は泰衡の命日にあたるので、甲冑を着て登場した人物は泰衡ではないかと人々が談じあったのであった。そのため翌日には平泉寺を修復すべき旨が北条義時から言い渡された。奥州藤原氏の怨霊は、頼朝が亡くなって以降も祟りが恐れられ、鎌倉の為政者にとってその供養は重要な課題であった。

その後、鎌倉の永福寺の方も、建立されて以降幾度かの火災に遭ったりなどし、各所に傷みが生じてきていた。寛元二年（一二四四）四月ごろ修造が計画され、七月五日に永福寺ならびに両方の脇堂の修造に着工したものの、宝治二年（一二四八）になってもいまだ修造は完了していなかった。そこに北条時頼に対する霊夢の告があり、修造を急ぐよう命じられた。『吾妻鏡』宝治二年二月五日条には以下のように記されている。

永福寺之堂修理事、去寛元二年（一二四四）四月、雖レ及二其沙汰一、日来頗懈緩也、而左親衛（北条時頼）、明年廿七歳御慎也、可レ被レ興二行当寺一之由、依レ有二霊夢之告一、殊思召立云々、当寺者、右大将軍、文治五年討二取伊予守義顕（義経）一、又入二奥州一征二伐藤原泰衡一、令レ帰二鎌倉一給之後、陸奥出羽両国可レ令二知行一之由被レ蒙二勅裁一、是依レ為二泰衡管領跡一也、而今廻二関長東久遠慮一給之余、欲レ宥二怨霊一、云二義顕一云二泰衡一、非二指朝敵一、只以二私宿意一誅亡之故也、仍其年内被レ始二営作一、随而壇場荘厳、偏被レ模二清衡、基衡、秀衡（以上泰衡父祖）等建立平泉精舎一訖。其後六十年之雨露侵二月殿一云々、明年者、所レ相二当于義顕并泰衡一族滅亡年之支干一也、

来年は時頼の二十七歳の御慎の年であり、さらには義経および泰衡一族が亡んだ干支に当たっているために、その供養が必要だったのである。そしてさらには、泰衡百回忌かつ平泉滅亡百回忌である正応元年（一二八八）には、将軍惟康親王および執権北条貞時らによって、中尊寺金色堂覆堂の修理が行われている。(40)

中尊寺金色堂の須弥壇内には、金箔押の木棺に納められた清衡・基衡・秀衡の遺骸が安置されていたが、奥州藤原氏が滅亡し、泰衡の首が安置されたことにより、金色堂の性格が大きく変化し、当初は葬堂としての性格をもっていたが、鎌倉幕府にとっては不気味な存在となり、事実上罪なくして滅ぼされた藤原一族の鎮魂、すなわち怨霊の封じ込めが緊要であったために、年忌に当たる年には修理が命じられたと考えられている。(41) さらには、金色堂覆堂についても、風雪から金色堂を保護するといった性格のものではなく、金色堂の光を隠蔽して怨霊を封じ込め、金色堂に宿る怨霊の恐ろしい視線を遮るという意味をもっていたとされている。(42) 秀衡の平泉館は、金色堂の東方に位置し、先祖の霊魂によって見守られていた。そうした視線が、平泉を滅亡させた鎌倉の人々にとっては驚異に感じられ、それを隠すために覆堂が造られたと考えられている。幕府側の人々は、鎌倉において泰衡らの供養を行う一方、本拠地であった平泉においても供養を行うとともに、怨霊の視線を鎌倉にまで及ぼさないよう配慮したのであった。

おわりに

鎌倉の四周には、頼朝の入部前にすでに東南に八雲神社（祇園天王社）、東北に荏柄天神社、西南に坂ノ下御霊神社、西北に佐助稲荷が祀られており、神仏の加護が期待された。そこへ頼朝は、治承四年に鶴岡八幡宮、文治元年に勝長寿院、建久元年に永福寺をそれぞれ自身の居館のまわりに配置し、怨霊が入り込まないようにして神仏による幕府の守護を願った。そして、頼朝が亡くなると幕府を見下ろす北山に法華堂が造られ、頼朝の霊魂が大倉にある源氏将軍を見守った。

現在残されている記録類からは、頼朝自身が怨霊によって苦しめられたという記事は見あたらない。後白河院の場合は、変異への対応として、神仏への祈禱を先にし、それを怨霊の仕業とみなすことはできるだけしないようにしていた。そのため対応が後手後手にまわり、亡くなるまで怨霊に悩まされることになった。それに対して頼朝は、奥州平定後すぐに永福寺を建立するなど、怨霊の跳梁を事前にくい止めようと、霊の鎮魂には細心の注意を払っている。この背景には、怨霊の存在が当然のごとく信じられていたという時代状況があり、頼朝もその点を周知していたからと言えよう。頼朝の存命中に社会を揺さぶるような事象がなかったことも幸いであり、そのため怨霊の登場を頼朝の死にのみ関連させて描く描き方しかできなかったのではないだろうか。

一口に怨霊といっても時代的変遷があり、怨霊を認識する側の人物によっても、とらえ方はそれぞれ異なるであろう。怨霊に対する認識は貴族と武士とではそれほど異ならず、むしろ死に直面する機会の多い武士の方が霊の供養に関して配慮していたと言えよう。そのため、戦闘の後に、怨霊が出現する前に鎮魂行為が行われ、死刑を行えばその報いが執行者の子孫にまで及ぶと考えられて忌避され(43)、首実検の際にもさまざまな儀礼がともなった。

以降、このように怨霊が発動する前に霊魂を鎮魂・供養するという例はしばしば見られ、敵味方供養塔などもつくられていく。鎌倉時代前期の怨霊に対する認識が、その後どのような変容を遂げていくのか、今後も引き続き考えていきたい。

注

（1）　頼朝の信仰については、鎌田純一「源頼朝の信仰」（『皇学館論叢』二―六、一九六九年）、平泉隆房「源氏の神祇信仰についての二・三――とくに源頼朝を中心として――」（『神道史研究』二九―一、一九八一年）、元田正則「『吾妻鏡』にみる頼朝の寺社対策考」（『国語国文　研究と教育』二一・二二、一九八八年）、山本幸司『頼朝の精神史』（講談社、一九九八年）。上横手雅敬「源頼朝の宗教政策」（上横手雅敬編『中世の寺社と信仰』吉川弘文館、二〇〇一年）などの研究がある。
(2) 新訂増補国史大系本を用いる。
(3) 大隅和雄『愚管抄と読む』（平凡社、一九八六年）。
(4) 佐伯真一・高木浩明編『校本保暦間記』（和泉書院、一九九九年）。
(5) 頼朝の死に関する伝承については、野村敏雄「死の謎――死因は何か？――」（新人物往来社編『源頼朝七つの謎』新人物往来社、一九九〇年）に詳しい。これによると、江戸時代の『盛長私記』、『東海道名所図会』、『駿江雑説辨』などに、頼朝が怨霊の祟りによって落馬し、それがもとで亡くなったことが記されてあり、世間一般に亡霊説が信じられていたとしている。
(6) 佐伯真一「『保暦間記』の歴史叙述」（『伝承文学研究』四六、一九九七年）。
(7) 生嶋輝美「鎌倉武士の死刑と斬首――『吾妻鏡』・軍記物にみるその観念と作法――」（『文化史学』五四・五五、一九八八・九年）。
(8) 『吾妻鏡』元暦元年五月十五日条。
(9) 『吾妻鏡』文治二年五月二十五日条。
(10) 山田雄司『崇徳院怨霊の研究』（思文閣出版、二〇〇一年）。
(11) 蘆田伊人校訂・圭室文雄補訂『新編相模国風土記稿』（雄山閣、一九九八年）。現在もこの地にあり、神社の由緒書によると、大庭・梶原・長尾・村岡・鎌倉の平氏五家が先祖を祀る神社として五霊神社が建てられ、その五霊が御霊にかわり、いつしか祭神が景政公一柱になったという。
(12) 崇徳院怨霊と頼朝との関係については、福田晃「崇徳御霊と源頼朝――「夢合せ」とかかわって――」（福田晃・真鍋昌弘編『幸若舞曲研究』八、三弥井書店、一九九四年）においてもふれられている。
(13) 東京大学史料編纂所蔵本。
(14) 角田文衛「崇徳院兵衛佐」（『古代文化』二六ー九、一九七四年、のち『王朝の明暗』東京堂出版、一九七七年所収）。
(15) 水野恭一郎「備前国福岡荘について」（藤原弘道先生古稀記念会編『藤原弘道先生古稀記念史学仏教学論集　乾』一九七三年、のち『武家時代の政治と文化』創元社、一九七五年所収）。
(16) 勝長寿院および永福寺については、鎌倉市史編纂委員会『鎌倉市史　社寺編』（吉川弘文館、一九五九年）でその沿革について述べられている。
(17)『吾妻鏡』元暦元年十一月二十六日条。
(18)『吾妻鏡』文治元年八月三十日条。
(19)『吾妻鏡』文治元年十月十一日条。
(20)『吾妻鏡』文治元年十月二十一日条。
(21)関幸彦『源頼朝──鎌倉殿誕生』（PHP研究所、二〇〇一年）一三六頁。
(22)『吾妻鏡』建久元年四月二十日条。
(23)但馬進美寺文書（『鎌倉遺文』九三七）。
(24)山本幸司前掲書。
(25)『吾妻鏡』同日条。
(26)松尾剛次『中世都市鎌倉の風景』（吉川弘文館、一九九三年）一〇二頁。
(27)『吾妻鏡』文治四年六月十九日条、八月三十日条。
(28)『玉葉』文治四年二月十三日条。
(29)『歴代残闕日記』。
(30)『平家物語』では、義経が西海にあったときの難船を平家の怨霊と結びつけ、『義経記』でもそれを受けて記されており、謡曲『船弁慶』や幸若舞『四国落』では平家の怨霊譚をさらに脚色して描いている。
(31)『新編相模国風土記稿』によると、義経の首実検を行った後、その首を埋めたところに白旗神社を建て、その霊を祀って当所の鎮守としたという。この白旗神社は現在藤沢市藤沢にあり、境内には首洗い井戸もある。
(32)頼朝の奥州討伐は、源頼義が安倍氏を追討した前九年の役の故実に基づいており、鎌倉殿の権威を確立するのに利用されたことが指摘されている（川合康『源平合戦の虚像を剝ぐ』講談社、一九九六年）。
(33)『吾妻鏡』元暦元年四月二十一・二十六日条。
(34)『吾妻鏡』文治六年正月六日条。
(35)『吾妻鏡』建久三年十月二十九日条。
(36)『吾妻鏡』建久三年八月二十四日条。

(37)『吾妻鏡』建久三年八月二十七日条。
(38)『吾妻鏡』建久三年九月十一日条。
(39)鎌倉市教育委員会編『鎌倉市二階堂史跡永福寺跡――国指定史跡永福寺跡環境整備事業に係る発掘調査概要報告書』(昭和五十九年度―平成八年度)。
(40)『岩手県金石志』(岩手県教育委員会、一九六一年)。
(41)大矢邦宣「中尊寺金色堂内両脇壇再考」(『岩手史学研究』七〇、一九八七年)。
(42)入間田宣夫「中尊寺金色堂の視線」(羽下徳彦編『中世の地域社会と交流』吉川弘文館、一九九四年)。
(43)『吾妻鏡』宝治元年六月八日条には、「但故駿河前司（三浦義村）殿、自二他門之間一多申二行死罪一、亡二彼子孫一訖、罪報之所レ果歟」と宝治合戦に敗れた三浦泰村が語ったという。

付記　本稿は、東アジア恠異学会第五回研究会での発表をもとにしたものであり、当日貴重な意見を下さった西山克氏をはじめ、諸氏に対して厚く御礼申し上げます。

〈キーワード〉源頼朝　怨霊　崇徳院　勝長寿院　永福寺　中尊寺

『平家物語』における神祇観の展開
――延慶本と源平盛衰記との比較において――

岩井千恵

はじめに

南北朝期はしばしば文化的・思想的な一大転換期といわれる。例えば、大隅和雄氏や網野善彦氏は、それぞれ独自の立場から南北朝期を前近代の社会・文化を二分する画期であると指摘している。(1)また、石田一良氏は、蒙古襲来をはさんだ承久年間（一二一九―一二二）から建武年間（一三三四―三八）にかけての時期を過渡期として、日本の歴史を二つに分ける時代区分を行う説を提唱している。(2)本稿はそのような見解をふまえ、『平家物語』の諸本間でみられる思想傾向の違いに着目して、鎌倉から南北朝にかけての時期に起こった思想の変容の一側面を明らかにしようとするものである。

『平家物語』を用いて中世における思想の展開を論じたものとしては、『平家物語』と『太平記』を比較した玉懸博之氏の論考がある。(3)しかし、これまで『平家物語』の思想史的研究は覚一本を中心に進められており、諸本比較をとおして思想の変容の姿を追うという方法は採られてこなかった。本稿では延慶本と『源平盛衰記』という『平家物語』

の二つのテキストを取り上げ、両者の思想を詳細に比較検討することにしたい。

考察の対象とする延慶本は、古態を残すテキストであるという説が現在では広く受け入れられている。現存の延慶本は延慶二年から三年（一三〇五―〇六）書写の奥書を有しており、その成立が延慶年間（一三〇八―一一）を遡ることは明らかであるが、その時期を確定するには至っておらず、鎌倉中期の成立とされる。一方の『源平盛衰記』は最も新しいテキストとされ、本文の成立時期については諸説あるものの、南北朝期まで下ると考えられている。この二つのテキストは、成立時期は異なるが同系統に分類されるものであるため、鎌倉期と南北朝期の間で起こった思想の変容を検討する素材として適当だと考える。

本稿では、右の目的に達するために、とくに神祇観を取り上げてみたい。延慶本の時代から『源平盛衰記』の時代へと移り変わる中で、物語中にあらわれる神のはたらきにも変化が起こっていることが予想されるからである。南北朝期を転換期と位置づける諸研究をふまえて、『平家物語』の中で現世において人間を動かしている神の類別、神と人間との交渉のありかたという二つの角度から、超越者と人間の関係の変容を分析することにしたい。

一　鬼界が島説話の検討

1　延慶本における鬼界が島説話の検討

ここでは、『平家物語』延慶本所収の「鬼界が島説話」と呼ばれる章段を取り上げる。本稿でこの説話を取り上げる理由は、説話中で展開される康頼と俊寛の論争が、現世における人間の境遇・人生に影響力を持つ神とはどのようなものかという問題について、また神と仏の関係について興味深い史料を提示してくれるという点にある。(4)特に延慶本と『源平盛衰記』の鬼界が島説話は、それぞれ独自の長い本文を収めており、(5)両テキストの神観念の違いを観察する

いる。

はじめに、この説話の流れを簡単にまとめておきたい。なお、説話の大まかなストーリーラインは諸本に共通しているのに適した部分である。

①反平家勢力の鹿ヶ谷の謀議が発覚し、成経、康頼、俊寛の三人が流罪となる。康頼入道は、以前から熊野を篤く信仰している人物であった。三十三度の熊野参詣を果たす前に流罪となってしまったため、宿願の成就が困難となったことを嘆く康頼は、鬼界が島の島民が夷三郎という神を祀っていることを知る。それに触発され、島に三所権現を勧請して祈願をしたいと考えた。

②丹波少将成経は康頼の参詣に随行することを決めるが、俊寛僧都は一人これに賛同しなかった。

③康頼と成経は島内に熊野に似た地形を探し出し、熊野に見立て、日々熊野詣のまねをして祈誓に励む。康頼は祝詞を読誦し、帰洛を願った。

④神は納受し、俊寛を除いた二人は罪を許され、俊寛のみ島に残されることとなる。

『平家物語』の鬼界が島説話に着目し、神観念について分析した研究としては、山本ひろ子氏の論文がある。(6) 山本氏は、延慶本においては神に対して現世的な祈誓を行うことが否定的に扱われ、後世菩提を願う在り方を可としていることを指摘し、この説話には浄土願生という中世熊野詣の実相と信仰的特質が表現されていると述べた。一方『源平盛衰記』の場合は、神とは辺地の愚かな衆生を助けて仏法へと導くものであり、そのため身近にあるという実感に支えられた存在であることが必要で、その確かな感覚を持ちうる実者の神が注目されていると論じた。山本氏はこのように延慶本と『源平盛衰記』に目をつけ、個々の特徴を指摘しながらも、両テキストの立場は結局のところ神祇信仰の許容という点で一致し、『源平盛衰記』の記述は延慶本の内容をより詳細に言い換えたもの、ととらえている。しかし、両者の違いは本当に「言い換え」のレベルに過ぎないのであろうか。こうした変化に、時間的変化、時代の経過に伴う神観念の変容が刻印されてはいないだろうか。両テキストの違いが意味するところや、変化の様相について、更に考察を深めなければならないと考える。このような視点に立ち、以下鬼界が島説話の神祇観を再考していくこととする。

まず、延慶本の康頼の主張をみていこう。彼は流罪となったことにより完遂できずにいた熊野参詣を、島の岩屋で再現しようと決意した。康頼は「此嶋ト申ハ扶桑神国ノ類嶋ナレバ、エビス三郎殿モ栖給ベシ」と述べ(7)、この辺境の島を日本の一部と認め、島民が祀っている夷三郎もれっきとした神であるという認識を示している。彼にとってはなじみのない神ではあるが、「神」としての威力を認めているのである。

しかし成経と俊寛は、熱心に熊野参詣を行っていたはずの康頼が流罪という憂き目にあっていることを目のあたりにしているため、神への疑念を払拭できない。その二人の疑念に対する康頼なりの解答が次である。

康頼入道申ケルハ、「シカモ卅三度ノ宿願ハ後生菩提トハ存ズ候。只併ラ今生ノ栄花、息災延命ト存候キ。身ハ貧道ノ身ニテ、心ハ大驕慢ノ心也。（中略）何ニ権現ノニクシト思食ケン。後悔サキニタヽズ。」

康頼は、かつて自分は今生の栄華ばかりを願う、不浄の参詣を行っていたと自省し、そのような驕慢の心があっては神の納受があるはずもないと後悔している。その反省の上に立って、新たに祈願内容を後世菩提の一点に絞った参詣をはじめようという康頼に対し、成経は同調するが、俊寛が異を唱える。

次ニ後生菩提ヲバ必ズシモ神明ニ申サズトテモ、念仏読経セバ、何ノ不足カ候ベキ。「神ヲ神ト信ズレハ、邪道ノ報ヲ受テ、永ク出離ノ期ヲ不知」ト申タリ。

俊寛は、後世菩提は念仏を唱えることで十分であるという他力往生を支持する。そして、神を本地の仏としてではなく、神そのものとして信じることは邪道であり、苦界からの出離が不可能となると主張した。ここで俊寛は、夷三郎だけを、つまり仏教的世界観に基づく秩序から外れた神への崇拝だけを否定しているのではない。「熊野権現ト申モ、夷三郎殿ト申モ、妄心虚妄ノ幻化、亀毛兎角ノ縄蚰」という言葉にあらわれているように、神祇の世界にかかわることと自体を否定的にとらえているのである。それに対して康頼は、次のように反論する。

康頼入道云、「(中略)底下ノ凡夫、全以信用ニタラズ。仏ヲモ不敬、神ヲモ不信、善根ヲモ不修、悪業ヲモ不憚談ゼハ、一代聖教ヲ皆破滅スル大外道ト聞タリ。」

俊寛のように徹底して神を排除すれば、凡夫の往生はおぼつかない。神の拒否は仏への不敬と同様、結局は聖教を破滅させる外道となりかねないのだと反論している。康頼は、神(ここでは熊野権現)に浄土への引導の役割を委ねている。後世に結びつかない、現世利益を目的とした神への信仰は康頼自身の内省によって否定され、あくまで本地仏と結びつき、浄土に導いてくれる神の霊威に期待するかたちでの神祇信仰が示されている。(8)

俊寛と康頼の論争について、延慶本『平家物語』がどちらを支持しているかといえば、のちに中宮懐妊を機に赦免され、無事帰京を果たした康頼のほうであろう。すなわち、延慶本では愚かな衆生を後世菩提に導いてくれる機能を持つという意味において、神への信仰が肯定されているのである。以上のことを確認し、『源平盛衰記』の分析に進みたい。

2 『源平盛衰記』における鬼界が島説話の検討――神の類別をめぐって

山本氏の研究でも指摘されているように、『源平盛衰記』において特徴的なのは、俊寛の説法において権・実という神の類別を用いている点である。(9) 彼は、神には実者と権者の区別があるとし、一度でも実者神を拝すれば、邪身を受け三悪道に堕ちると主張した。権者・実者という類別は中世では広範にみられるものである。例えば、『神道集』では次のように区分している。

垂迹中有二権者・実者一、仏菩薩化現、権者、応化非、神道以二実業一神明名得、是実者、(10)

このように権・実の類別は、仏菩薩の化現であるか否かという点に分かれ目があったと考えられる。[11]

『源平盛衰記』では、康頼と俊寛の論争のはじめの部分で、鬼界が島における「熊野詣」の目的は、得道と都への帰還であることが、康頼の口から明言される。

当来得道の為に、岩殿の御前にて果さばやと存じ、露の命もながらへば、都還りをも祈らんと思ふなり。大神も小神も、屈請の砌に影向し、権者も実者も、渇仰の前に顕現し給ふ事なれば、権現も定めて御納受あるべし。[12]

延慶本において、康頼はかつて自分が行っていたような、現世利益を目的とした参詣を否定していたが、『源平盛衰記』ではそのような自省はみられない。そして、心を尽くして屈請・渇仰すれば、いかなる大神・小神でも、また権者・実者を問わず、聞き入れてくれるだろうと述べている。ここで権・実の類別が提示されているが、俊寛の反論はその点を突いてくる。

俊寛の言ひけるは「日本は神国なり。(中略)凡そ神明には、権・実の二つおはします。権者の神と申すは、法性真如の都より出でて、分段同居の塵に交はり、愚癡の衆生に縁を結び給ふ。実者の神と申すは、悪霊死霊等の顕れ出でて、衆生に祟をなす者なり。彼を礼し敬へば、永劫悪趣に沈む。故に、ある文に曰く、諸神祇を一瞻一礼すれば、正に蛇身を五百度受く。現世に福報更に来らず。」

神には権実二種類があり、そのうち実者の神への信奉は悪業であり、これを行った人は業報を受け生死流転から逃れられず、現世における福報も叶わない、と俊寛は主張する。実者は祟りをなす邪神であるとして、実者崇拝を排斥する意図がみえるのである。

それでは、俊寛は権者に対しては、どのような認識を持っているのだろうか。

神明と申すは、権者の神も、仏菩薩の化現として仮に下り給へる垂迹なり。直ちに本地の風向を尋ねて、出離の道に入り給ふべし。

ここでは、仏菩薩の垂迹である権者の神を通して、本地の仏に帰入するべきだと述べている。俊寛は、神の独自の存在意義は認めていない。「仏菩薩の化現」だからこそ、神には存在意義があると主張し、その枠から外れた実者の神を排斥しようとしている。

しかし、康頼が信奉している熊野は由緒正しい垂迹神である。排斥するのは実者のみと主張し、権者を批判対象としていないにもかかわらず、「熊野詣」を拒む理由について、俊寛は「但し我が立つ杣の地主権現、日吉詣ならば伴ひなん。熊野の神は仲悪し」と述べる。自分が信奉するのは山門と関係の深い日吉権現であるので、熊野の神を尊崇することはできないというのである。このような言葉は延慶本にはみられないものである（本稿二参照）。『源平盛衰記』の俊寛は、神祇信仰に消極的であり、また神を信仰の対象とする場合も特定の神に限定してはいるが、神祇信仰そのものを否定しているわけではない。厳しい批判の対象とするのはあくまで実社の神に絞られているのである。

さらに『源平盛衰記』において、実者を含めた神の存在意義について述べている康頼の言葉を掲げる。

公の御為には高き大神と顕れ、民の為には卑しき小神と示す。智者の前にては本地を明らかにし、邪見の家には垂跡を現す。後世を知らざる輩も、なほ祈りて歩を運ぶ。因果に暗き人も、また罰を恐れて仰ぎ奉る。神明顕れ給はずは、何に依てかつゆばかりも仏法に縁を結び奉らん。（中略）現世の望みをこそ仮の方便とかろしめ給ふとも、生死を祈らん為には、争でか済度の本懐を顕し給はざらん。民なくば、君独り公ならんや。神なくば、法独り法たらんや。

康頼は「卑しき小神」であっても、神は衆生を仏法に結縁させるという究極の目的を共有しており、愚かな民のために必要な存在であると言う。神のはたらきを積極的に認める理由は、末世、辺土という時間的・地理的条件にある。日本は辺土であり、今は末法の世であるが、諸仏菩薩は「我等悪世無仏の境に生れて、浮ぶ期無からん事を哀れみて、神道と垂跡して悪魔を随へ、仏教を守り、賞罰を顕し、信心を起し給ふ」というのである。末法辺土という悪条件のもとにある衆生は、神を仲立ちにしてしか仏に結縁できない。だからこそ賞罰を行使して人間を信仰へと追い立てる神が必要なのだ、というのが康頼の主張なのである。(13)

また、康頼は「現世の望みをこそ仮の方便とかろしめ給ふとも、生死を祈らん為には、争でか済度の本懐を顕はし給はんずらん」と述べ、現世の望みを軽視するべきではなく、得道のためには現世利益も必要と主張する。究極の目的は済度であるとの限定を付けながらも、現世利益もまた神の役割として肯定されているのがわかる。延慶本では神を崇拝する最大の目的を後世菩提に絞り、現世利益だけを目的とした祈誓を厳しく戒めているのに対し、『源平盛衰記』は、現世的な様々な望みを託すことも寛容に認めているのである。

この鬼界が島説話に関して、山本ひろ子氏は『源平盛衰記』でも延慶本と同様、俊寛は神祇信仰を全否定しているという見解を示している。山本氏によれば、神祇信仰の許容という点で二つのテキストは一致し、延慶本で俊寛がいう「神を神として信ずれば、邪道の報を受く」という言葉と、『源平盛衰記』で主張されている〝実類排斥〟の根は同じであり、『源平盛衰記』の記述は、延慶本の内容をより詳細に言い換えたものととらえているのである。(14)

しかし、これまで分析してきたように、両テキストには見逃しえない差異があることは明らかである。延慶本において俊寛は、本地が明らかな神であろうとなかろうと、神への信仰自体を否定している。一方『源平盛衰記』では、延慶本にみられない権・実という神の分類が導入され、俊寛は本地の仏菩薩に帰すべきであるとしながらも、権者の存在を容認する。なぜなら権者は仏教的世界観とその秩序の枠内に入る存在とみなされるからである。俊寛の非難の対象は実者のみに限定されたのである。延慶本と比べると、排斥の対象となる神のカテゴリーは狭くなっていると言えよう。

また、康頼の主張にも両テキストの間で変化がみられる。延慶本において、康頼は後世菩提へと導いてくれるという条件を満たす限りにおいて、神祇信仰が有効であるとの立場に立つ。それに対して『源平盛衰記』の康頼は、俊寛が実者と排除するような神をも仏教的秩序に組み込もうとし、小国日本の愚かな衆生を導く役割を期待し擁護している。さらに、延慶本では神の役割は衆生の化導が第一とされていたのであるが、『源平盛衰記』では現世における願いを納受するという役割が前面に出された。

俊寛と康頼の立場は対立しており、この鬼界が島説話は、結局康頼の主張が支持され幕を下ろしている。しかし、延慶本と『源平盛衰記』との思想的変容を検討する視点からこの説話を見直してみると、立場は違っても、俊寛と康頼の主張は、ともに神祇に対して寛容となり、積極的になるという同一の方向性を持って変化していることが明らかになるのである。

3　鬼界が島説話と談義本

ところで、『源平盛衰記』において権・実という神の類別が導入されたことには、どのような意味があるのだろうか。ここで注目したいのが、専修念仏者の手によって書かれた談義本である。談義本は権者・実者という類別が多用される史料である。先学により、鬼界が島説話は、談義本の影響を色濃く受けているという指摘がなされている。(15)特に俊寛の言葉には、『神本地之事』(16)と酷似した表現がみられるのである。『神本地之事』の成立年は不明であるが、康元元年（一二五六）成立の『広義瑞決集』を承けて制作され、元亨四年（一三二四）成立の『諸神本懐集』に影響をあたえているとされる史料である。(17)

『神本地之事』では、権者とは「法性ノミヤコヨリイテテ、カリニ分段同居ノチリニマシハリテ、衆生ヲ利益セシメタマフ神」であり、実者は「悪霊死霊等ノ神ナリ。コノ神、天地ニテミル悪鬼神ト云。カノ神達、多一切国土ニミチミチテ、タ、リヲナス」として、これに氏神、祖先の霊なども含める。この文は、『源平盛衰記』の俊寛による権者・

実者の類別と表現が酷似している。先にも引用した史料を、ここでもう一度掲げてみよう。

> 権者の神と申すは、法性真如の都より出でて、分段同居の塵に交はり、愚癡の衆生に縁を結び給ふ。実者の神と申すは、悪霊死霊等の顕れ出でて、衆生に祟をなす者なり。彼を礼し敬へば、永劫悪趣に沈む。故に、ある文に曰く、諸神祇を一瞻一礼すれば、正に蛇身を五百度受く。現世に福報更に来らず。

右の史料で俊寛が神祇崇拝のもたらす悪報について述べるために引用した出典不明の文「一瞻一礼諸神祇　正受蛇身五百度　現世福報更不来　後生必堕三悪道」は、『神本地之事』『諸神本懐集』にも引用されている。[18] 以上から『源平盛衰記』と談義本の関係の深さが理解されよう。

また、前節で検討した延慶本と『源平盛衰記』の間でみられる俊寛の論の変化は、専修念仏者の神祇信仰に対する態度の変化とリンクしていると考える。以下、その点を明らかにしたい。

権者・実者という神の二分法的な類別の初見である『興福寺奏状』（元久二年〈一二〇五〉成立）において、執筆者の貞慶は、「念仏之輩永別二神明一、不レ論二権化実類一、不レ憚二宗廟太社一」というように、実類はともかく仏の垂迹たる権者に不敬を働くのは仏教者として許し難いと述べ、専修念仏側を糾弾した。『興福寺奏状』からは、当時、法然ら専修念仏者たちが神への信仰自体を否定する態度を示していたことがうかがえる。中村生雄氏が指摘するように、法然以後、専修念仏者たちは、旧仏教側の批判をそらすための対外的な意志表示として、排除する神を実者に限定した。権門の祭祀の対象となっている権者＝垂迹神には敬意を払い、彼らの祭祀を受けない由緒正しからざる神々を実者神として徹底的に排撃する戦略をとったのである。[19] 例えば『諸神本懐集』では権者神を

> 権社トイフハ、往古ノ如来、深位ノ菩薩、衆生ヲ利益センガタメニ、カリニ神明ノカタチヲ現ジタマヘルナリ。

としており、衆生を仏縁に導く存在と位置づける。また、実者神については

> コレハ如来ノ垂迹ニモアラズ。モシハ人類ニテモアレ、モシハ畜類ニテモアレ、タヽリヲナシ、ナヤマスコトア

レバ、コレヲナダメンガタメニ神トアガメタルタグヒナリ。

と述べ、崇めるに値しない存在であることを説いているのである。

十三世紀初めにおいて神祇信仰を全否定する立場を取っていた専修念仏者たちは、十三世紀の後半には否定する対象を実者の神のみに絞った。こうした専修念仏者の神祇信仰の変化は、先に述べた鬼界が島説話における俊寛の論の変化と軌を一にしていると言えよう。俊寛の論は、神祇信仰の全否定から実者のみの否定へと排斥の対象範囲を縮小する方向で変化をみせている。すなわち、延慶本と『源平盛衰記』の間でみられる俊寛の論の変化は、専修念仏者の神祇への態度の変化と対応しているといってよい。『源平盛衰記』の俊寛の論は『神本地之事』を受けて記述されたものので、十三世紀後半の専修念仏者たちの談義本の流布を背景に構成されたのではなかろうか。

鬼界が島説話においては、康頼・成経の二人が「熊野詣」の甲斐あって帰京を果たし、俊寛は一人島に残され非業の死を遂げる。このことは、結局は俊寛の思想、すなわち専修念仏系の談義本の主張が否定されて、実類を含めた広範な神祇信仰が肯定されていることを示している。南北朝期、権者・実者の類別が根付きながらも、本来は仏教的世界観からはみ出すものとして否定的に扱われていた実者神にも意義を認める人々の信仰があったことが、延慶本と『源平盛衰記』の比較を通じて明らかになるのである。

二　神と人間の関係の変容

延慶本と『源平盛衰記』の間でみられた変化、なかでも『源平盛衰記』における実者神の台頭は、鬼界が島説話にとどまらず、全編にわたって見られるものである。例えば、実方中将が実者の神である奥州名取郡笠島の道祖神に蹴殺されたという説話がある。(20) この道祖神が祀られている場所を通りかかった実方は「この神は効験無双の霊神、賞罰

分明なり。下馬して再拝して過ぎ給へ」と諌められる。その神の来歴を尋ねたところ、
これは都の賀茂の河原の西、一条の北の辺におはする出雲路の道祖神の女なりけるをいつきかしづきて、よき夫に合せんとしけるを、商人に嫁ぎて親に勘当せられて、この国へ追下され給へけるを、国人これを崇め敬ひて、神事再拝す。上下男女の所願ある所は、隠相を造りて神前に懸け荘り奉つてこれを祈り申すに、叶はずといふ事なし。

という、由緒正しいとは言い難い神であった。この神に礼を尽くせば実方の帰京の願いも叶うだろうと言われたが、実方は「さてはこの神、下品の女神にや。我、下馬に及ばず」と言い放ち、乗馬したまま道祖神の前を通過しようとした。その時、道祖神は彼の不敬を怒り、人馬もろとも罰し殺してしまう。この神を権・実の類別に照らせば、実者に相当することになろう。

ところで、この説話には次のような論評がついている。

人臣に列つて人に礼を致さざれば流罪せられ、神道を欺いて神に拝をなさざれば横死にあへり。まことに奢れる人なりけり。

神は自己に対する敬・不敬を基準に賞罰を下している。神のはたらきは、臣下たる者が礼を失すれば流罪にされるという、人間世界の道理と並置されるほど分明なものであると考えられていた。『源平盛衰記』において実者神は、明確な基準に即して賞罰を下す存在となっている。実者は古代の祟り神のように一方的に理不尽な要求をしてくるものではなく、賞罰は自己への信仰の有無を基準に行使されている。仏教的世界観に収まらず、仏法への導き手としての役割を負わない神が自立的に人間と関係を結び、影響を与えているのである。

それでは、本来は仏法流布を究極の目的として存在意義を持っていた権者の神と人との関わりかたに変容はないのだろうか。先に検討した鬼界が島説話において、俊寛は自分が信奉するのは山門と関係の深い日吉権現であるので、

熊野の神を信仰することはできないと述べている。権者においても、人間の側の神の選別、それに対する神の賞罰という関係が鍵となっているようである。そこで、平家の栄華に大きな役割を果たしている厳島明神について検討し、権者神と人間の関わりの変容を明らかにしたい。

平家が厳島に対して特別な信仰を寄せるようになったきっかけについて触れている場面で、当時安芸守であった若い頃の清盛は、ある老僧に出会う。

老僧宣ケルハ、「御辺ノ主ノ安芸殿ハ、哀レ、イミジキ人哉。厳嶋社造進シツル者ナラバ、官位、一門ノ繁昌、肩ヲ並ル人有マジ。ソモ一期ゾヨ」トテ、カキケツ様ニ失給ヌ。（延慶本）(21)

「厳島は荒廃して候。この事大きに嘆き思ふ。相構へて崇め修理し給へ。さらば我が身の栄花をも開き、子孫繁昌疑ひなし」と言ひかけて出で給ふ。（中略）大明神、内侍に移りて御託宣あり。「やや、安芸守殿。高野にて夢に告げ知らせ奉りしはこの大明神なり。夢の告空しからず、かく懇ろに崇敬し奉る、返す返す神妙。神約なれば子孫までも守るべし」とて、明神上らせ給ひにけり。掲焉なりし事どもなり。（『源平盛衰記』）(22)

老僧は厳島明神の化身であり、清盛に対して、荒廃した厳島の社を修理すれば以後平家一門は繁昌するだろうと神託を与える。延慶本と『源平盛衰記』の違いは、一門繁昌という神約の期限の有無である。延慶本では、平家の栄華は清盛一代限りと限定をつけているのに対し、『源平盛衰記』では子孫代々にわたる加護を約束している。

次は、朝家の守護を誰に任せるのか神々が集まり議定するという、有名な夢の話である。

源中納言雅頼卿ノ家ナリケル侍、夢ニ見ケルハ、イヅクトモ其所ハ慥ニハ不覚。大内裏、神祇官ナドニテ有ケルヤラム。衣冠正クシタル人々並居給タリケルガ、末座ニ御坐ケル人ヲ呼奉テ、一座ニ御坐ケル人ノ、ユヽシク気高ゲナルガ、宣ケルハ、『日来清盛入道ノ預リタリツル御剣ヲバ、被召返ズルニヤ、速可被召返。彼御剣ハ鎌倉ノ右兵衛佐源頼朝ニ可被預也』ト被仰。（中略）先ニ末座ニ御坐ケル人ヲ、『是ハ誰人ゾ』ト尋レバ、『大政入道ノ方人、安芸厳嶋明神ナリ』トゾ申ケル。（延慶本）[23]

延慶本においては一番上座にいる神は朝家を守護する八幡神、そして摂関家の氏神である春日神を中座に、厳島神を末席に置く。この夢の中でも厳島神は清盛の方人として登場するが、清盛から朝家守護の節刀を取り上げるという八幡神の決定に対して反対をしていない。また、延慶本では、厳島明神が清盛に節刀を与える場面が描かれるが、厳島明神は「朝ノ御守ト成者ハ、節刀ト云剣ヲ給ハル。我与ヘタラム剣ヲ持ナラバ、王ノ御守リトシテ、司位、一門ノ繁昌、肩ヲ並ル人有マジ。ソモ一期ゾヨ」[24]と言い、清盛一代限りという期限が明言されている。延慶本では、清盛一代限りの栄花でしかないことがあらかじめ提示されており、厳島明神も朝家中心の神祇秩序に従っているのである。

『源平盛衰記』は、同じ夢について次のように語る。

「下野国源義朝に預け置かるる御剣、いささか朝家に背く心ありしかば、召し返して清盛法師に預けられ給ひたれども、朝政を忽緒し天命を悩乱す。滅亡の期既に至れり。子孫相続く事難し。かの御剣を召し返すなり。汝行きて剣を取りて、故義朝が子息前兵衛権佐頼朝に預け置くべし」とありければ、官人仰せに随つて、赤衣に矢負うて滋籐の弓脇に挟み、御前を罷り立ちけるが、程なく綿の袋に裹みたる太刀を持ちて参りて、座上へ進上する所に、中座の程にありける上臈の、「頼朝一期の後は我が子孫に賜び候へ」と申されけるに、紅の袴着たる女房の世にも厳しくおはしけるが、縁の際三尺ばかり虚空に立ちて申されけるは、「清盛入道深く我を憑みて、毎日不退の大般若経を転読し侍るに、御剣暫く入道に預け置かせ給へ」と申す。座上の次ニ番目に居給ひたる上臈ゆゆしく叱り声にて、「入道いかに汝を憑むとても、朝威を背くに依て、議定既に畢んぬ。謀臣の方人所望奇怪なり。そ頚突け」と仰せければ、赤衣の官人つと寄つて、かの女房を情もなく門外に突き出だす。（中略）「紅の袴の女房は誰ぞ。」「安芸国の厳島の明神よ。」（『源平盛衰記』）[25]

座上に席を占めているのは天照大神であり、各権門を代表するように神が様々な主張している。朝家守護のための議定でありながら、厳島明神は「我を深くたのむ」という理由で朝威に背く清盛を擁護していることが注目される。最終的に、清盛を庇護する厳島明神は議定の場から弾き出され、清盛から節刀が取り上げられることになるので、朝家守護を目的とした神々の秩序は保たれるのであるが、神々の秩序よりも自分に信仰を寄せる人間との関係を優先しようとする神のあり方は、延慶本にはみられないものであった。人間の信仰に対して神は応答し、加護を与えてくれるという双方向の関係が重視されていることがわかる。

しかしその一方で、神の意志に人間が全面的な信頼を寄せるのではなく、望みを叶えてくれる神を人間の側が選択するという傾向も生じている。『源平盛衰記』で平家の栄華が清盛一代限りであった理由について解答を与えているのは、外法成就の挿話である。若い頃の清盛は掲焉の利生と、そして内心は世俗における出世を望み、精誠を尽くして大威徳法の勤行を行う。しかし「余りの貧者」という状況は変わらず神仏への不信感を抱く中、彼は蓮台野で大きな狐と出会う。射止めようとする清盛に対し、狐は童女に変じて「やゝ、我が命を助け給はば、汝が所望を叶へん」と持ちかける。下馬し敬屈する清盛に、狐は貴狐天王と名乗って立ち去った。この出来事を受けて清盛は外法である陀天の法を行うことを決意する。

清盛案じけるは、「我財宝に餓ゑたる事は荒神の所為にぞ。荒神を鎮めて財宝を得んには、弁才妙音にはしかず。今の貴狐天王は妙音のその一なり。さては我陀天の法を成就すべき者にこそ」とて、彼の法を行なひける程に、又返して案じけるは、「実や、外法成就の者は子孫に伝へずといふものを。如何あるべき」と思はれけるが、「よしよし、当時の如く貧者にてながらへんよりは、一時に富みて名を揚げんには」とて行なはれけれども流石後いぶせく思ひて、兼ねて清水寺の観音を憑み奉り、後利生を蒙らんと、千日詣を始めたり。(26)

外法を行えば、富を得ても子孫に伝えることはできないのではないかという不安を抱きながらも、清盛は陀天の法を行う。平家が一代限りで滅亡した理由は、ここで明らかにされているのである。中世において陀天修法は、すぐに願いが成就する「頓法」と考えられていた。(27) 外法の効果は、速効性があるが副作用の強い薬のようなものである。『源平盛衰記』には、そのような頓法の危険性を知りながらも、所願成就のためにはいかなる神にも祈る人間の姿が描かれている。そして清盛に栄華をもたらしたものは「威勢は大威徳天、福分は弁才妙音、陀天の御利生なり(28)」とその役割を限定して示している。このことを人間の側から言えば、神威・効験を基準として祈願する対象を選択する余地が与えられていると言うことができよう。

神の神たるは人の礼に依てなり。人の人たるは神の加護に任せたり。(29)

神は人間の篤い信仰によって支えられ、人間は神の加護によって存在する。この言葉に象徴されるように、『源平盛衰記』では、神が一方的に人間に影響を及ぼすのではなく、人間の積極的な働きかけに応じて神の応答があるという、双方向の関係が強調される。また、『源平盛衰記』には「神の咎、人の怨みの報にこそかくをめをめと討たれたるらめ(30)」などのように、神の作用と人間の行為を対比させる記述がみられる。人間の行為・能力・信念は、神のはたらきと並べ置かれるほど影響力を持つと認識されていることがうかがえるのである。

おわりに――「器量」をめぐって

本稿は、延慶本『平家物語』と『源平盛衰記』にみられる思想の変容を、神祇観という角度から分析してきた。まず、鬼界が島説話をてがかりに延慶本と『源平盛衰記』を比較すると、俊寛の論が神祇信仰の全否定から実者神のみの否定へと変化していた。このことは、専修念仏者たちの神祇信仰への態度の変化と対応しており、よって、『源平盛衰記』の鬼界が島説話が、十三世紀後半の専修念仏者たちの談義本の流布を背景に構成されたことを示すものである。

『源平盛衰記』においては俊寛の思想、すなわち専修念仏者たちの主張が結局のところ否定されて、実類を含めた広範な神祇信仰が肯定されることになる。仏教的世界観からはみ出すものとして否定的に扱われていた実者にも積極的意義を認めていく思想の展開がうかがえる。

いまひとつ注目すべき点は、『源平盛衰記』では権・実の別を問わず、人間の信仰に神が感応し、賞罰を加えるという双方向の関係が成立しており、中には朝家中心の神祇秩序以上に人間との相互関係を重視する厳島明神のような神もあらわれているということである。また、実者神の台頭、外法の許容にみられるように信仰の対象が広がり、人間が所願成就のために信仰対象を選択する傾向も生じていたと考えられる。このような特徴は延慶本にはみられないものであった。延慶本から『源平盛衰記』に至る神祇観の変容は、人間の有する力の拡大を意味するものである。(31)『源平盛衰記』が成立した南北朝期は、このような思想的傾向が根付いた時代であった。

延慶本と『源平盛衰記』の間でみられる思想の変容のありかたを総じて言えば、人間の裁量の及ぶ余地が拡大する方向での変化ということができよう。南北朝期成立の『源平盛衰記』において人間と超越者との関係は、人間が超越者の意志に翻弄され、その決定を受容する以外選択の余地がない、という一方的なものではなくなっている。「超越者」という枠組みは残しつつも、人間の側の働きかけが容認され、人間の介入が許される範囲は広がっているのである。また、『源平盛衰記』における、人間が能力を発揮する余地の拡大は、神との関係にとどまらない。人間の「器量」を重視する傾向が随所にみられるのである。(32)

本稿では、従来十分に検討されて来なかった『平家物語』の思想の時代的変容を明らかにするための試みとして、神祇観を取り上げた。『平家物語』の二つのテキストの比較によって明らかになった神への信仰のありかた、また神と人間との関係性の変容は、人間の器量が重視されるようになった南北朝期の思想傾向に根ざしたものであった。超越者の干渉を受けながらも人間自身の器量が問われ、人間の能力を発揮する余地が拡大していく時代の到来を『源平盛衰記』は示してくれるのである。

注

(1) 大隅和雄「内乱期の文化」(『岩波講座　日本歴史6』中世2、一九六三年)。網野善彦「農村の発達と領主経済の転換」(『悪党と海賊――日本の中世社会と政治』第I部付論2、法政大学出版局、一九九五年、初出一九六五年)、同『中世の非農業民と天皇』岩波書店、一九八四年)。

(2) 石田一良「日本文化史・思想史の時代区分と転換期」(『季刊日本思想史』創刊号、一九七六年)など。

(3) 玉懸博之「軍記物と『増鏡』・『梅松論』」(古川哲史・石田一良編『日本思想史講座3』中世2、雄山閣、一九七六年)。玉懸氏は『平家物語』の覚一本と『太平記』を比較し、『平家物語』では人間の意志や願望とは無関係に展開する運命が根底的次元に存するのに対し、『太平記』においては天の重要度が増し、「人間はみずからの道徳的行為によって未来を切り開く可能性」が与えられていることを論証した。この研究は、超越者と人間の関係の時代的変化を論じた研究として、参考になるところが大きいものであった。また、石毛忠氏は、覚一本を中心に分析し、『平家物語』では人間の自律性が認められていないと述べている(石毛忠「平家物語の歴史観」――中世的歴史観の一特質――」『伝統と変容　日本の文芸・言語・思想』日本文芸研究会編、ぺりかん社、二〇〇〇年)。

(4) 鬼界が島説話については、これまでは宗門論議をテーマとして取り上げた研究がある。例えば牧野和夫氏は「康頼・俊寛の問答は、真言・浄土(天台)対〈華厳〉・禅の宗門論議である」と述べている(牧野和夫「延慶本「平家物語」の一側面」〈『芸文研究』三六、一九七七年三月〉)。本論文では宗門論議には立ち入らない。

(5) 俊寛一人だけが鬼界が島での「熊野詣」に参加しなかった理由について、覚一本では、「俊寛僧都は天性不信第一の人にて、是をもちいず」と述べるにとどまっており、記述量は少ない(覚一本『平家物語』巻第二　康頼祝言)。

(6) 山本ひろ子「鬼界が島説話と中世神祇信仰」(佐伯真一編『平家物語　太平記』一九九九年、初出『ORGAN』3、一九八七年三月)。

(7) 延慶本　第一末、康頼油黄嶋ニ熊野ヲ祝奉事　以下、この節における延慶本からの引用はこれに同じ。

(8) このように延慶本では、鬼界が島における熊野詣を後世菩提を祈念する内的契機に基づくものとして描きながら、三十三箇度の参詣の最後の日に神に捧げられた願文では、康頼が都への帰還を祈誓している。ストーリーラインの整合性を欠くが、その点についてはここでは問題にしない。

（9）　中世において広く知られた神の類別の方法に、権者・実者の別がある。史料上の初出は、貞慶が専修念仏者の失を弾劾した『興福寺奏状』の「念仏之輩永別二神明一。不レ論二権化実類一、不レ憚二宗廟太社一。若恃二神明一必堕二魔界一云々。於二実類鬼神一者置而不レ論」というくだりである。この類別は、建長八年（一二五六）成立の『広義瑞決集』をはじめとして、専修念仏者の談義本の中によく用いられるものでもある。

中村生雄氏は、親鸞五世の孫である存覚の『諸神本懐集』において、天台教学的な「権実不二」を踏襲した権・実と権社神（垂迹神）と実社神（本地をもたない神）の矛盾対立関係をあらわす権・実の概念が混用されていたと読み解き、存覚ら専修念仏門徒にとっては「神の権実二分類は自分たちの信仰を多少なりとも正統化する自己防衛的護教論として有効だった」と指摘した（中村生雄「苦しむ神／苦しむ人　再生する祟り神」〈『日本中世の神と王権』所収、法蔵館、一九九四年、初出『日本学』二〇、名著刊行会、一九九二年〉）。

佐藤弘夫氏は、権者・実者がそれぞれ意味するところを「（仏教者たちは―引用者注）神々を二つのグループに分け、仏教世界に身を置き仏法を加護する神を「権社」とする一方、「実社」というもう一つの範疇を設けてそこに押し込み、邪悪な存在として信仰世界から放逐しようとしたのである」と述べ、仏を中心とするコスモロジーの中で仏法流布の為の賞罰を司っていたのが権社、その図式では処理できない諸々の神が実社だと指摘した。さらに、仏教者たちの意図に反して、中世において実者の神たちは活動の場を広げていったという見通しを示している（佐藤弘夫「祟神の変貌」〈『日本思想史学』三一、一九九九年〉、神仏のコスモロジーの研究については他に「怒る神と救う神」〈『神・仏・王権の中世』第二章、法蔵館、一九九八年〉など）。

また、今堀太逸氏は『神本地之事』において実者とは、具体的には在地神のすべてを指し、『諸神本懐集』では実者神を生霊・死霊の類と祖先を神と祀ることの二種に区別していると指摘した。そして、室町初期には成立していたと考えられる『熊野教化集』では、実者は「アラヒトカミ」という権者神の眷属神であり、念仏者を守護する存在とされている。実者特有の凶々しい悪神のイメージは払拭されてしまっていることから、時代が下ると実者の範囲が狭くなっていく傾向があるとした（今堀太逸『神祇信仰の展開と仏教』第一部第一、吉川弘文館、一九九〇年）。

（10）『神道集』巻第一、神道由来事。

(11) 佐藤弘夫氏の定義によると、仏法流布のための賞罰を司っていたのが権者で、そこに位置づけられない諸々の神が実者なのである（佐藤弘夫「祟神の変貌」注(9)参照）。
(12) 『源平盛衰記』巻第九、中宮御懐妊附宰相丹波少将を申し預る並康頼熊野詣で祝言の事。以下この節における『源平盛衰記』からの引用はこれに同じ。
(13) 『沙石集』にもこれと類似する主張がみられる。『沙石集』の作者無住は、本地仏と垂迹神との一体を説いており、権者・実者という類別を行わない。しかし彼の説く「垂迹神」は実者のイメージに近いと言えよう。無知の日本人のために、神は悪鬼邪神の形をあらわし、毒蛇猛獣の姿を示して仏道へ導くのだ、という無住の認識は『源平盛衰記』の康頼の主張と共通性があるのではないだろうか。
我国ハ粟散辺地也。剛強ノ衆生因果ヲシラズ、仏法ヲ信ゼヌ類ニハ、同体無縁ノ慈悲ニヨリテ、等流法身ノ応用ヲタレ、悪鬼邪神ノ形ヲ現ジ、毒蛇猛獣ノ身ヲ示シ、暴悪ノ族ヲ調伏シテ、仏道ニ入レ給フ。サレバ他国有縁ノ身ヲ重シテ、本朝相応ノ形ヲ軽シムベカラズ。（日本古典文学大系『沙石集』渡邊綱也校注、岩波書店、一九六六年）
(14) 注(6)参照。
(15) 中村生雄「肉食と蛇身　中世神祇世界の相貌」注(9)参照。
(16) 千葉乗隆編『真宗史料集成』第五巻「談義本」（同朋舎出版、一九八三年）。現存の写本は応永二十年（一四一三）三月書写の奥書を持つ。
(17) 北西弘「諸神本懐集の成立」（宮崎円遵博士還暦記念会編『真宗史の研究』永田文昌堂、一九六七年）、今堀太逸『神祇信仰の展開と仏教』（吉川弘文館、一九九〇年）。今堀太逸氏は、日蓮の著作『神本地之事』が『神祇門』にも影響を与えているとし、『神本地之事』は中世村落における専修念仏の布教活動を展開する上で効力を発揮し、流布していたと述べる。
(18) 『神本地之事』は「或文ニ云」として出典を明記せず、『諸神本懐集』は『憂婆夷経』なる経からの引用と記す。
(19) 中村生雄「肉食と邪神　中世神祇世界の相貌」注(9)参照。
(20) 『源平盛衰記』巻第七、丹波少将召下し附日本国広狭並笠島の道祖神の事。
(21) 延慶本　第二中、入道厳嶋ヲ崇奉由来事。
(22) 『源平盛衰記』巻第十三、入道厳島を信ず並垂迹の事。
(23) 延慶本　第二中、雅頼卿ノ侍夢見ル事。

(24) 延慶本　第二中、入道厳嶋ヲ崇奉由来事。

(25) 『源平盛衰記』巻第十七、源中納言侍の夢の事。

(26) 『源平盛衰記』巻第一、清盛大威徳の報を行ふ附陀天を行ふ並清水寺詣の事。

(27) 陀天の法は即位灌頂の儀礼として行われており、阿部泰郎氏は「ダキニを祀ることにより世俗の栄華と福徳を得ようとする、それが王権と顕密仏教の、儀礼を介した関係のなかに深くひそむ主題であり動機であった」と述べている（阿部泰郎「宝珠と王権――中世王権と密教儀礼」〈『岩波講座　東洋思想一六』日本思想二所収、一九八九年〉）。また、美濃部重克氏は『源平盛衰記』は吒天信仰のコードによって平家の盛衰を解釈していると主張する。「吒天の法は、現世利益の頓得を可能にするものとして、仏教の諸宗は、垂迹神道、民間信仰において広く行われていた」と述べ、その中には稲荷信仰のような施福の法として営まれるものと、立川流が行うような邪法・外法として忌まれたものがあったとする（美濃部重克「源平盛衰記」稗史の筋書き――平清盛の吒枳尼天信仰あるいは平家の運命についての解釈原理――」〈『中世伝承文学の諸相』所収、和泉書院、一九八九年〉）。

(28) 『源平盛衰記』巻第一、清盛化鳥を捕る並一族官位昇進附禿童並王莽の事。

(29) 『源平盛衰記』巻第四、山門御輿振り附豪雲僉議並頼政歌の事。延慶本にも同一記事があるが、この言葉は欠けている。

(30) 『源平盛衰記』巻第三十三、木曾備中下向附斎明討たる並兼康倉光を討つ事。

(31) 人間の能力を重視する傾向は、鎌倉時代の半ば以降にみられはじめる。笠松宏至氏は、鎌倉時代の後半から公式徳政令などの中に、もともと個人に備わった才能・資質を意味する「器量」「非器」などの語が多く見出されると述べている（笠松宏至「中世の政治・社会思想」〈『岩波講座　日本歴史7』中世3、一九七六年〉）。

(32) 拙稿「運命観の変容――延慶本『平家物語』と『源平盛衰記』をめぐって――」（『日本思想史研究』三三、二〇〇一年三月）。また、器量重視の傾向を示す好例として、延慶本と『源平盛衰記』両テキストに所収されている蘇武説話がある。漢の胡国遠征に派遣された李陵と蘇武は、両者ともに戦いに敗れ虜囚の身となるが、李陵は異国の地に留まり、蘇武は十九年の後、祖国への帰還を果たすという物語である。
延慶本では、李陵に与えられた兵は僅かで千騎を過ぎず、李陵は「微力ヲ励テ責戦ト云ドモ」敗れ、囚われの身となる。敗戦の最大の原因は兵の数の不足であり、李陵自身の過失ではない。延慶本では李陵の敗戦を「宿運ノシカラシムル事」として彼の責任を問わず、武帝に誤解され親族を罰せられた李陵に同情的な筆調で描いている（延慶本　第一末、漢王ノ使ニ蘇武ヲ胡国へ被遣事）。同じ説話を『源平盛衰記』に語らせると次のようになる。まず、武帝は李陵を大将軍、蘇武を副将軍として胡国に派遣する。両者を正副将軍としてペアで登場させるのは『源平盛衰記』独自の造型である。漢軍は破れ、李陵、蘇武はともに捕らえられるが、敵の術中にはまって戦を忘れ、女に心奪われた李陵の過失を敗戦の最大の原因としている。また、生け捕りにされた漢軍の兵たちが悲惨な目にあっているのを見て、恐れをなした李陵は胡王に服従する。それに対して蘇武は、「将相として召し使はん」と誘う胡王の甘言にも乗らず、様々な辛苦にあっても服従しなかった（『源平盛衰記』巻八、漢朝の蘇武が事）。『源平盛衰記』では大将軍の任にふさわしくない李陵と、苦境に立たされても揺るがない忠誠と知性を兼ね備えた副将・蘇武の器量を対比させる意図を持って、この説話を挿入したことは明らかであろう。後に李陵は異国に残され、蘇武は祖国への生還を果たす。このように二人の明暗分けた要因は、延慶本においては「宿運」であるが、『源平盛衰記』では人間としての器量にほかならない。超越者の意志や超越的な力ではなく、人間の器量・能力がその人の人生を決定づけるという意識が見て取れるのである。

〈キーワード〉平家物語　神祇観　延慶本　源平盛衰記　鬼界が島伝説

女性の恩愛の力と死者の蘇生
――御物絵巻『をくり』に見る愛と死――

大谷晃子

一　御物絵巻『をくり』の担い手

御物絵巻『をくり』は愛と死に彩られた物語である。そこには小栗と照天《てるて》の夫婦の結びつきが語られ、小栗の死と蘇生が語られる。(1)『をくり』の詞書のもととなった説経の上演形式は、長い時間をかけて物語の一部始終を語るのではなく、短い時間で一場面だけを切り取って語るものであった。だから『をくり』の物語は、聴衆に感動を与えるさまざまな見せ場の集大成といえる。本稿の問題の所在がどこにあるかを提起するためにも、まずは『をくり』の物語場面を紹介しよう。

（1）鞍馬の申し子小栗が誕生する。小栗は龍女と契ったために都から常陸へ流罪になる。
（2）小栗が商人後藤の手引きによって武士横山の娘照天と結ばれる。
（3）激怒した横山が人食い馬の鬼鹿毛に乗れと責め、小栗は見事に乗りこなす。
（4）横山は小栗を酒宴に招く。妻の照天は自分の不吉な夢の話をして小栗を止めるが、小栗は出かける。

(5) 小栗と十人の家臣が毒殺され、小栗は土葬、家臣は火葬にされる。
(6) 照天は横山によって「をりからが淵」に沈められそうになるが、家臣に助けられ、そのまま淵から流される。
(7) 照天は「むつらの太夫」に助けられるが、その妻によって人買いに売られる。
(8) 照天は青墓で遊女になることを迫られるが、拒否して下の水仕となる。
(9) 地獄に堕ちた小栗は、閻魔大王によって餓鬼身でこの世に戻される。閻魔大王の指示により、藤沢の上人が餓鬼身の小栗を熊野に向けて送り出す。
(10) 照天が餓鬼身の小栗と邂逅し、その土車を引いて施行する。
(11) 小栗は熊野の湯の峯で人間としての肉体を復活する。小栗は都に戻って弓取りをし、生前の地位も復活する。
(12) 小栗と照天は再会し、これまで関わった人々に報恩と復讐を行う。

比翼連理の夫婦の契りは夫小栗の死で一瞬にして破られ、夫はあの世へ、妻はこの世へと引き裂かれた。生前の夫婦の美しさと対比される小栗の蘇生の様子は「髪はは〻として足手は糸より細うして腹はたゞ鞠を括たやうなものあなたこなたを這ひ廻る」と、グロテスクな餓鬼そのものに表現されている。

小栗がなぜ餓鬼身となって蘇生したのかという問題については多くの言及がなされてきたが、(2)その中でも餓鬼身としての小栗を照天との関係から捉えた岩崎武夫氏の論が注目される。(3)岩崎氏は、小栗が強引に照天と婚姻を結んだことは、在地的な血縁集団の神聖なる結束を犯すことであったとする。そのために小栗は死に、その執念が餓鬼身として視覚されているのだと分析した。そして小栗の妻照天を巫女的な霊能をもった女性と見、小栗の罪障を照天が代償することで小栗再生が果たされた、と結論づけた。氏の論は説経の語り手とされる漂泊民の視点から『をくり』を読み解いたものである。特に、巫女としての照天の形象に投影されるのは語り手の熊野比丘尼である、と物語の形成をふまえて論じた点には賛同できる。しかし、氏も述べているように説経は漂泊民によって道々で語られながら変容してきた物語であることは確かだが、それだからといってはたして物語を語り手からの視点で分析するだけでよいのかという疑問が残る。

『をくり』の原話は、文明十一年（一四七九）以降に成立した『鎌倉大草紙』(4)の小栗譚と近い形のものではないかと考えられる。そこには、応永三十年（一四二三）足利氏との戦いに敗れて落ちのびた小栗満重の逸話が記されている。その逸話によると、小栗満重は相模国の強盗横山に毒を盛られて殺されそうになるものの、遊女てる姫が陰謀を教えてくれたために助かった。小栗は藤沢遊行寺に走り込み、遊行上人に時衆をつけてもらって三河へ送られていく。後に小栗は相模に戻って、強盗を成敗し、てる姫には宝を与えた、というのが逸話の筋立である。(5)武士小栗満重が危機を乗り越えて復活する過程を描くことに主眼がおかれるこの小栗譚は、巷間に流布していた話を『鎌倉大草紙』の編者が採録したものと推測できる。(6)この小栗譚における時衆の役割が重要であることを考えると、小栗譚の発生には時衆が関与していると言っても良いだろう。

『鎌倉大草紙』の小栗譚は、小栗氏敗走という歴史的な事実を反映して、武士小栗と時宗の遊行上人の逸話に遊女てる姫の功績が描かれているだけであった。それが『をくり』では、脇役にすぎなかった遊女てる姫が小栗の妻照天となり、人物造形が深まっている。この女性の造形の大きな差異からいっても、小栗譚の舞台となる応永年間（一三九四—一四二八）から、御物絵巻『をくり』が成立したと推測される寛永年間（一六二四—四三）までの間に、物語が大きな変容を遂げていることがわかる。

この応永から寛永までの時代は、中世から近世へと時代が変わった大きな変革期である。戦乱や社会的な混乱の続く中近世には、女性が愛する夫との別れを経験することも多かった。その別離の苦しみを克服する方法の一つが、生と死を描き出す物語を聞き、読むという行為であったと考えられる。そして、その聴衆の女性たちの欲求に応じて物語は語られ出し、語り手と聞き手のやりとりの中で変容をしていく。

物語の後半のクライマックスにあたる小栗の蘇生譚の中で、蘇生に力を貸した「大峯入りの山伏」を語り手自身の投影と見れば、時衆が管理していた小栗の物語はやがて時衆と縁の深い熊野系の山伏が担い語り歩くようになった、と考えるのが妥当である。また、山伏とともに活動していた熊野比丘尼は、絵解きをもって市井や農村の女性を相手に布教していたことが明らかになっている。(7) もしそのように表現と享受を特定できるならば、『鎌倉大草紙』の遊女てる姫を『をくり』の妻照天にまで変容させた物語の担い手についても、単に語り手である熊野比丘尼だけでなく、聞き手の女性を視野にいれて読むべきではないか。そうすることで、照天のように夫の死にあい不幸な境遇に沈む中近世の女性の意識の一端が垣間見られるのではないか。本稿はこのような目的から、語り手と聞き手（読者）双方の女性と物語の関係を、『をくり』本文の分析を通して考察していきたい。

二　餓鬼身としての小栗の蘇生

まずは小栗が餓鬼身としてこの世に蘇生する筋立について考察する。都の貴族の子息であった小栗は、大蛇と契ったことが原因で都から流されて常陸へ下る。武士横山の娘照天の元へ無断で婿入りした小栗は、激怒した横山から人を秣とする鬼鹿毛を乗りこなせと迫られるが、見事に乗りこなした。しかし、結局横山に毒殺されて、十人の家臣とともに地獄へ堕ちる。

さてこそ申さぬか　悪人が参りたは　あの小栗と申するは　娑婆にありしその時は善と申せば遠うなり　悪と申せば近うなる　大悪人の者なれば　あれをば　悪修羅道へ落とすべし　十人の殿原達は　お主にかかり悲法の死にのことなれば　あれをば今一度　娑婆へ戻いてとらせう

「悲法の死」、つまり主人の小栗のせいであらかじめ神仏によって定められた年月より早く死んだ非業の死だから、家臣は娑婆へ戻すという閻魔大王の裁きである。しかしこの言葉に対して十人の殿原は、「あのお主の小栗殿を一人御戻しあって給はるものならば我等が本望までお遂げあらふは一定なり」と、自分たちではなく、主人の小栗を蘇生させるように願う。その心に感動した閻魔大王は十一人とも蘇ることを許可するが、十人の殿原の骸は「悲法の死」だということで火葬にされ、もはや存在しないことが判明した。「名大将」の小栗だけが土葬にされていたのである。こうして十人の殿原は閻魔大王の脇立となり、小栗は一人、この世へ舞い戻ることになる。

「悲法」とはすなわち「非業」ということであり、「定業に非ず」という意味である。これらの言葉から、人間の生死は神仏の定めによって決定されるのであり、人間自身が決めることはできないと考えられていたことがわかる。現在私たちが手にしているコンピューターゲームや小説・漫画では、筋立の都合で簡単に人間が死に、ボタン一つで復活する。しかしこれは、神仏の力に懐疑的になった現代の思想を反映したものであって、中近世ではまだ神仏の定めを無視することはできない。ただし、古代のように神仏を絶対化する姿勢が中近世に薄れてきているのは、物語における蘇生の構造をみても明らかだ。中近世以前の蘇生譚は、冥界訪問譚が主流である。この型の蘇生譚は、平安期に人々の間に根付いた地獄と極楽のイメージを喚起する浄土思想を反映している。生還者が地獄の恐怖を語って、神仏の霊験を宣伝することを目的としている。(8) このような話型では、人間は神仏や閻魔大王の意志であの世とこの世を行き来するのであって、自分の意志で生死を決定することはできない。

それが時代が下るにつれ、神仏や閻魔大王の決定に異議を唱え、死の決定を覆らせる場面が物語に登場するようになる。「定業なればこそ、『返してたべ』とは、申し候へ。非業なれば、言ひ分はなし」と、妻の蘇生を閻魔大王に迫る『田村の草子』が良い例だろう。(9) また『善光寺如来本懐』でも、娘が「定業なれば、力及ばず」という危篤状態に陥った時、長者は仏に祈誓して娘を助けてもらい、あまつさえ国中の死者を蘇らせるという仏の功徳を与えられている。これも人間の生死決定における神仏の位相が、中近世では変化していることを示していよう。夫恋しさから病に倒れて息を引き取った姫が蘇生する『桜中将物語』でも、住吉の大明神が「恋ゆへ死する人は、非業の者とて、如意輪観音の、憐れみ給ふゆへに、六道の道へ先立ちましまし、閻魔王に、観音、乞い奉りて、今一度、君に見せ奉らん」と、姫を夫の中将の目の前に現すことを許している。さらに付け加えて、この『桜中将物語』では恋を原因とする死を「非業」であるとしていることに注目したい。これによって『をくり』で小栗が横山に殺害されたのは「非業の死」であったことが類推されるからだ。(10) そもそも小栗の死の原因は、横山の許可なく娘照天と強引に契りを結んだことにあった。そう考えれば、小栗の死も、恋を原因とした「非業の死」だったとみなしてよい。「定業」でさえ異議を唱えれば蘇生が果たせるとの観念が出てきている中で、小栗の家臣が閻魔大王に主人の蘇生を頼む姿もこれら一連の蘇生譚とイメージが重層し、物語の展開上「非業」の死を遂げた小栗に蘇生の可能性が生まれる。

また、死者小栗が蘇生できるためには、当然のことながら魂の宿るべき肉体が必要となる。遺体が土葬または保存されていて、しかもあまり死から長い時間が経過していないことが求められる。『をくり』において、火葬にされて肉体を消失した小栗の家臣が、閻魔大王の娑婆へ返すとの決定にもかかわらず蘇生できなかったのも、遺体がなかったためだ。また『師門物語』では、師門の蘇生を試みようとする山伏が「ただし、煙になし候はば、何とも祈るとも叶ひ候まじ」と遺体の有無を尋ね、臨終を知る宿の房主から土葬にしてある旨を確認してから蘇生の加持祈禱を始めている。死とは魂が、またはそれに付随して肉体もあの世とこの世の間を移動することだと定義するならば、肉体がないことには魂も入りようがない。

では肉体が残されていない場合には蘇生は不可能かというと、そうとは限らない。『愛護の若』では、死んだ母親が息子愛護の危機を救うために自らの蘇生を願って許可される。(11) しかし、『愛護の若』の母親の遺体は、すでに『をくり』の家臣のように火葬にされたのか、存在しなかった。そのため閻魔大王の使いである見る目の「今日生まるる者は多けれど、死する者とて御座なく候。死して三日になり候いたちの体ばかり」という報告をうけて、母親は鼬の体へと蘇生する。本来自分の肉体に戻るべきところを、遺体がないために特例の処置だったわけだ。

火葬にされたわけではないが、人間身として機能できないほどに遺体が散乱してしまっている場合はどうであろうか。その場合には、必ず遺体を元の形に復元してから蘇生の行法がなされる。『信田妻』では、殺害された父の保名を蘇生させる際に安部清明が「保名が死骸、鳶烏、引き散らし、五体も離れたれども、ようように取り集め、壇の前に据え置きたり」と、なるべく遺体を完全にしようと努力している。さらに祈禱を進めると、「肉ししむらをくわえて退きし、里の犬、鳶烏が、ししむら、あるいは、腕を、くわえ来たり。（中略）両足、しし、腕、とりつけば、やがて面相現れて、六根六識、ほどなくもとの、保名となり給う」と、保名の肉体が完全な形になってから蘇生を果たしているのだ。[12]『還城楽物語』をみると、馬頭女が父の遺骨の足りない所だけを、側に埋葬されていたと思われる「なつそりの大臣」のものを取ってつなぎ合わせている。あくまでも、元の体を修復して魂が戻ってくる受け皿を作るのが基本であり、どうにも修復できない場合だけ他人の体を利用しているのは着目に値する。つまり完全な姿での蘇生以外にはあの世からの復活はありえず、戻るべき肉体が損なわれている場合には何らかの合理化をして本人の肉体を確保する、というのが蘇生譚における認識なのだ。

ところで、小栗の肉体は土葬だったために蘇生できたが、墓から蘇ったその姿は餓鬼そのものであった。これまで見てきたような人間身への蘇生とまったく違っている。

「さあらば小栗一人を戻せ」と、閻魔大王の自筆の御判をお据えある　「この者を藤沢のお上人のめいたう聖の一の御弟子に渡し申　熊野本宮湯の峯に御入れあって給はれや　熊野本宮湯の峯に御入れあって給はるものならば　浄土よりも薬の湯を上げべき」と　大王様の自筆の御判をお据えある　にんは杖といふ杖で　虚空をはったとお打ちあれば　あらありがたの御事や　築いて三年になる小栗塚が　四方へ割れてのき卒塔婆は前へかっぱところび　群烏笑ひける　藤沢のお上人はなんと方へ御ざあるが　上野が原に無縁の者があるやらん　鳶烏が笑ふ

やと　立ち寄り御覧あれば　あらいたはしや小栗殿　髪ははゝとして　足手は糸より細うして　腹はたゞ鞠を括たやうなもの　あなたこなたを這ひ廻る　両の手を押し上げて　物書く真似ぞしたりける　「がぜにやよひ」と書かれたは　六根かたはなど読むべきか　さてはいにしへの小栗なり　この事を横山一門に知らせては大事と思し召し　押さへて髪を剃り形が餓鬼に似たぞとて　餓鬼阿弥陀仏とお付けある

あたかも餓鬼のような様相で、歩くことも意思を伝えることもできない小栗。餓鬼身の無力な小栗を、墓地の散乱した屍を食い散らす鳶や烏が狙う。餓鬼身となってこの世に舞い戻った小栗を、藤沢の時宗の上人が土車にのせて熊野へと送り出す。

「小栗塚」から這いだしてきた餓鬼身は、それまでの閻魔大王とのやりとりからも小栗本人の肉体と考えられる。素直にもとの、または代替の肉体に魂が戻れなければ蘇生はできないという認識が、他の蘇生譚から読みとれるからだ。小栗が藤沢で蘇ったのは死後三年もの時間が経過してからだったとはいえ、三年間で肉体が損なわれていたから餓鬼身になったと短絡的にとらえるのは無理がある。やはり死んでから三年目に死者が蘇生をする『還城楽物語』では、その遺体が「万骨は棺にして、秋のあられの、しとろもとろに見えにけり」と白骨になりきっている。その場合にも肉体を回復させる術を行ってから蘇生を果たしている。餓鬼身のような姿での蘇生は、説経や室町時代の物語だけでなく『をくり』以前の蘇生譚と比較してみても他に例を見ないことを考え合わせると、中途半端な姿での蘇生が聴衆に不自然な感じを与えることを嫌ったのだろう。そうなると、小栗をわざわざ餓鬼身として蘇生させた物語の意図を探らねばならない。

「餓鬼」と聞いて聴衆が連想するのは、当然餓鬼道に堕ちた亡者だ。地獄絵に描かれる餓鬼への責め苦は、どの聞き手の心にも刻まれているはずである。小栗が閻魔大王の前に引き出された時、大王は「あの小栗と申するは　娑婆にありしその時は　善と申せば遠うなり　悪と申せば近うなる　大悪人の者」なので「悪修羅道」へ送るのが適当であるとの判断を下していた。小栗は出自こそ貴族だが、横山の館へ押し入って照天と契りを結んだり、鬼鹿毛を乗りこなしたりと、大剛の武士としての造形がなされている。武士が死んで行くべきは修羅道がふさわしい。小栗は死後閻魔大王の裁きを受けた時、結局家臣の取りなしでこの世に戻されている。しかし、小栗は蘇生できたかのようにみえて、実は蘇生を果たしてはいないのではあるまいか。「悪修羅道」にこそ堕ちなかったが、餓鬼という姿に転生したと考えるべきだろう。餓鬼道は人間界と同じ境域を占めていることは、古くからイメージされている。餓鬼身になった小栗が口を聞けなかったのは、同じ空間にありながら餓鬼道と人間界との間では意思を通じ合うことができないことを暗示していよう。[13] 小栗は、その姿から餓鬼道に堕ちていると考えたほうがよい。

死者は生前の功徳によって魂の行き先が決まる。成仏できるのか、六道を転生し続けるのか。そして時には、そのまま人間界に魂が戻って蘇生するケースもある。では常陸へ下って武士として造形されてからの小栗の功徳はどうだったかといえば、自らの後世を神仏へ祈ってはいない。しかも、横山の陰謀で殺害された折には末期の念仏を唱えることもなく、「それ憎い弓取を　太刀や刀はいらずして　寄せ詰め腹は切らせひで　毒で殺すか横山よ　女業な　な召されそ　出でさせ給へ　刺し違へて果たさん」と、横山を恨む言葉を口にしながら死んでいった。深い怨恨を抱いているがゆえに、蘇生を許されてもなお人間界へ戻れず、餓鬼道へ転生してしまった小栗。その迷える小栗の魂が、餓鬼身として表現されているわけだ。

そこで登場するのが時宗上人である。魂が中有に漂っている武士を供養し成仏させる力、つまり鎮魂という職能を時宗上人や時衆が持っていることは、中近世の人々に広く知られていた。[14] 例えば、世阿弥が創作した謡曲『実盛』では、遊行上人太空の前に、源平の戦いで死んだ実盛が出現する。「われ実盛の幽霊なるが、魂は善所にありながら、魄はこの世に留まりて、なほ執心の閻浮の世に、二百余歳の程は経れども、浮かみもやらで篠原の、池の徒波夜となく、昼とも分かで心の闇の、夢ともなく、現ともなき思ひをのみ」と、苦しみを切々と訴える実盛の霊を、上人は踊り念仏をもって成仏させた。世阿弥は加賀国篠原に出現したという実盛の死霊の噂話をもとに『実盛』を作り上げたとみられるが、[15]太空は小栗氏滅亡の頃にも上人だったことから、小栗譚を聞く者たちにも時宗上人の鎮魂の力が認識されていたと考えて良い。

時衆は武士との関係が深く、合戦の陣中にも入って戒を授けたり、死者の供養にあたったりしていた。[16]そして時衆の総本山である相模国藤沢の遊行寺は、逃げ込んできた武士を助ける一種のアジールとして機能していた。特に戦乱の続いた太空の時代には、駆け込んできたすべての武士を敵も味方もなく助け、落ちのびさせたことが、太空の建立した「敵味方怨敵平等供養碑」からわかる。『鎌倉大草紙』に登場する敗走者小栗満重を救済したエピソードも、これらの活動を反映したものだ。

時宗上人が武士小栗を落ちのびさせる『鎌倉大草紙』の逸話が、『をくり』では小栗を死から救済する宗教的なモチーフへと変貌している。ただし『をくり』の時宗上人は、小栗の魂をこの世すなわち人間界に呼び戻して完全に蘇生させる力は持たない。遊行寺の機能は、合戦の場から脱出した敗走者を受け入れ、そこから他国へと逃走するのを手助けするだけだった。この機能がそのまま物語における時衆の職能に反映される。時衆の職能は、異界をさまよう魂を、よりましな異界へと押し出す手助けをしてやるだけなのである。

では小栗の魂を完全に復活させることができたのは誰だったかと言えば、紀州の熊野権現である。時宗と熊野は一遍上人が熊野権現から念仏布教の示現をうけて以来強く結びついていた。[17]時衆が小栗譚と深い関わりを持って物語を管理するようになると、宗教的な近さから熊野・大峯修験の徒である山伏や熊野比丘尼がこの物語にも接近する。そして、『をくり』で小栗を介抱する山伏たちが物語の内部に入り込んで、熊野権現の霊験をあらわすことになる。

こんか坂にも着きしかば　これから湯の峯へは車道の嶮しきにより　これにて餓鬼阿弥をお捨てある　大峯入りの山臥たちは　百人ばかりざんざめいてお通りある　この餓鬼阿弥を御覧じて「いざこの者を熊野本宮湯の峯に

入れて取らせん」と　車を捨てて籠を組み　この餓鬼阿弥を入れ申　若先達の背中にむんずと負ひ給ひ　上野原をうつ立ちて　日にち積りてみてあれば　四百四十四か日には　熊野本宮湯の峯にお入りある　なにか愛洲の湯の事なれば　一七日御入りあれば　両眼が明き　二七日御入りあれば　耳が聞こえ　三七日御入りあれば　はや物をお申あるが　以上七七日と申には　六尺二分豊かなる　元の小栗殿とおなりある

小栗は閻魔大王の計らいであの世からこの世へと舞い戻ってきた。だが、この世に出現したのは餓鬼の姿であり、とても完全に蘇生したとは言えない。熊野本宮湯の峯で山伏たちの力を借り、閻魔大王が浄土からおくった薬の湯に入ってはじめて人間小栗として本復し、「夢の覚めたる心をなされ」たのである。時宗上人の結縁によって餓鬼阿弥の乗った土車が人々に送られ、藤沢から熊野へ場所を移して、やっと蘇生を果たせる構造になっている。本来ならば、鎮魂から蘇生への儀式は屍の葬られた場で行うのが自然だろう。それが『をくり』の場合には、鎮魂は藤沢、完全な人間としての蘇生は熊野と、二つの場所それぞれに儀礼が分割され、その移動途中で照天が亡き夫の小栗本人とは知らずに土車を引き施行をするモチーフが登場する。その照天の姿が聴衆の涙を誘うわけだが、しかし、いくら物語を盛り上げるためといっても、なぜこのような二段階にわけた蘇生をしなければならなかったのだろうか。

その答えは、熊野が再生の地と古くから人々に認識されていたことにあろう。(18)時衆とも関連が深い、再生の地である熊野での蘇生こそが、聴衆にリアリティを持たせることができるからだ。また、死は人知を越えたものと認識されていた中近世においては、蘇生の呪術を行って魂をこの世に呼び戻せるのはごく限られた宗教者だけ。具体的にいえば、修験者の山伏や聖か、陰陽師である。時宗上人は鎮魂にこそ力を発揮しているが、魂を人間界に呼び戻せるとの認識は強くなかったのだろうか。(19)物語の死者蘇生の場には神仏の霊験を引き出す呪術のできる宗教者が居合わせることが求められている。

さらに注意深く中近世の蘇生譚をみていくと、ほとんどの宗教者は、死者本人と交流があったために蘇生の呪術をしてやったわけではないことに気がつく。むしろ生き返った死者は、生前に功徳はなかった者の方が多い。にもかかわらず蘇生の呪術が行われるのは、宗教者が死者の親近者の嘆きに感応するからだ。『藍染川』のように、妻の死を悼む夫が神主の場合には、夫自身が神仏の霊験を導き出すことができる。しかし、普通の人間は死者の魂の行く末を決定することはできない。生死はあくまで神仏が左右し、その神仏に働きかけることができるのは宗教者のみ、との認識が根底にあるためだ。そこで、夫や妻、親や子を失ったと深く嘆き悲しみ、また死者への恩愛から供養を行おうとする姿に心を動かされた宗教者が、蘇生に一役買うのである。『をくり』の場合、小栗は時衆や熊野修験者などの宗教者とは縁遠い武士として造形されていた。にもかかわらず、熊野修験の山伏という宗教者が現れて、小栗を蘇生させる。とすれば、小栗の死を悼む親近者としての妻照天の役割が注目されることになる。

『をくり』と同様に、男主人公の蘇生譚と夫婦の情愛の物語によって織りなされる『師門物語』をみてみよう。[20] 夫の師門と離れた浄瑠璃御前は、中将の求婚を退けるために男の肌に触れると病が重くなると偽って「熊野の御正体、塩竈の御正体、あわせて七まい申しおろし」て「精進屋」にこもった。そして三年目に、現世後生のため「はつかさきの御堂の聖（実は師門）」が湯接待するもとへ出かけるが、その時に師門の菩提もあわせて弔う。後に夫の死を嘆く浄瑠璃御前のために師門蘇生の呪術を行ったのはこの神々が姿を変えた山伏であり、浄瑠璃姫の志が立派だったので夫を蘇生させたと言っている。

古代の蘇生譚では、死者の復活のためには本人の生前の功徳が不可欠であった。しかし、中近世の物語に至って、本人ではなくて死者の親近者の信仰心によっても蘇生が果たせるという認識の変化が表れたといえよう。ここでの親近者の嘆きは、死者の追善供養につながるものである。親近者が愛する者の死を悼んで嘆き、死者にかわって滅罪のための供養を行うことで、迷える魂を成仏させ、あるいは人間界に呼び戻してもらうわけだ。

これは戦場などで非業の死を遂げる者が多くなり、殺生などの罪を重ねながら死んで堕地獄する恐怖が蔓延していた時代を反映しているのかもしれない。特に時衆は陣僧として従軍している。武士が死んだとき、この世に残された妻たち親近者にとっては、その魂が成仏できたかどうかが一番の心配事であったに違いない。そして、この死者と親近者との恩愛が死者の魂の行く末を問う蘇生譚と絡んだ時に、物語の重要なモチーフとなってくる。

三　照天と念仏供養

小栗を蘇生させたのは誰だったか、と『をくり』を聞いた人々に問うたならば、何と答えるだろう。おそらく大半が「それは照天である」と答えるのではなかろうか。照天が夫を思う愛によって、具体的には照天が餓鬼身の小栗が乗った土車を引いたから、小栗は蘇生できたのだ、と。聞き手にそう言わせるだけの力が、『をくり』の物語にはある。しかし、物語の筋立の因果関係を突き詰めてみれば、照天は小栗の蘇生に何の役割も果たしてはいないように見受けられる。実際に小栗の魂を人間界に戻したのは閻魔大王であり、墓場から餓鬼身の小栗を引っ張り出したのは藤沢の時宗の上人であり、最後に熊野の湯によって肉体の本復を助けたのは熊野修験の山伏たちだった。にもかかわらず、物語は照天が小栗の蘇生に大きく貢献したかのような印象を与える。この点にこそ、中近世の蘇生の物語の構造が秘められていよう。

照天が餓鬼身の小栗の乗った車を引く場面で、蘇生譚と夫婦の物語は劇的に交差する。聴衆に感動を与える照天の餓鬼阿弥施行は、死んだ夫を弔う妻の立場からなされたものであり、『鎌倉大草紙』では小栗に危機を知らせる遊女にすぎなかった照天の人物造形が大きく変化していることがわかる。

鎮魂と蘇生の儀礼を藤沢と熊野の二か所に分割して、その間に照天の念仏をしながらの苦労を語り、そして餓鬼阿弥施行の献身にクライマックスを持ってきたのは、物語を担って諸国を歩いた熊野比丘尼である。彼女たちは、絵解きや懺悔の物語を語ることを通じて聴衆の女性に念仏を勧めていた。その念仏の功徳は大きく二つ挙げられる。一つは、五障三従の穢れた存在とされた女性の後世のための念仏である。『をくり』でも、小栗からの恋文を届けた商人後藤が、恋文を引き裂いたのは弘法大師の指を食い裂いたのと同じだと脅した時に、恐れおののいた照天が「後の業となろか　悲しやな」と応じたのも女性の罪障意識の現れだろう。女性と生まれた罪が大きいと自覚するからこそ、この世にあるうちから自分自身のために念仏供養をし、死んだ後には自分のために供養してくれるように計らうのだ。小栗の次は自分が殺される運命を悟った照天も、形見分けをし、周囲に自らの後世の弔いを頼む。

血盆経の流布も手伝って、女性が後世を弔わなかったがために地獄に堕ちる恐怖は相当のものだった。(21) また、その思いを促進するような物語も世に充ち満ちていた。熊野比丘尼が語る地獄のイメージを喚起する絵解きはその最たるものだが、物語や説経でも、折に触れて女性ゆえの罪が語られる。特に説経では、女性の聴衆を意識してか、女性の堕ちるであろう地獄さながらの光景が繰り広げられる。『牛王の姫』で、これでもかこれでもかとなされる姫への責め苦や、『目蓮の草子』の母の堕地獄。(22) 物語に登場する女主人公の受けている地獄は、あるいは聴衆の実体験に近いものであるかもしれず、また自分が罪深き女性であることを再認識させられるイメージであったに違いない。青墓の遊女宿で下の水仕として働きながら念仏を唱え続ける照天を見て、遊女たちが「年にも足らぬ女房の　後生大事とたしなむに」といったのも、女性は後世のために念仏を唱えるべきだという思想の表出と察せられる。

そして二つ目の念仏の功徳は、死者の滅罪である。愛する者が成仏できずに迷っていると考えることは、この世に残された者にとってつらいことだ。だからこそ戦乱に明け暮れた中世の物語に登場する女性は、愛する夫や子どもたちと死に別れた後その跡を弔うのが責務とされた。(23) その念仏や追善供養の必要性をわかりやすく説いたのが中近世に語られた説経であり、絵解きであり、物語だったのだ。

念仏を手がかりに中世における女性の存在について見てきたところで、改めて再び『をくり』の物語に目を向けよう。熊野比丘尼の語りを聞く聴衆からすれば、小栗は生前の功徳が十分ではないから、蘇生するためには神仏に嘆きをもって働きかける親近者が必要だと感じる。しかも墓から這い出た小栗は、餓鬼道に堕ちた姿になっていた。熊野比丘尼が絵解きもよくしていたことを考え合わせれば、熊野勧進曼陀羅などの掛絵の六道絵の餓鬼道を聞き手が見ていたことは容易に想像できる。その聴衆の観念からすると、餓鬼道を迷っている小栗を成仏または蘇生に導けるのは、妻照天の嘆きによる宗教者への働きかけだけだ。照天の深い嘆きと念仏や施行という供養のありさまが語られることが、この物語にとって重要なのである。親近者である妻の死者を悼む姿勢は、宗教者を介在させて死者の魂の行く末と結びついていく。それが中近世における蘇生の物語の構造だったからだ。

小栗と契りを結んだ罪を問われた照天は、父の横山から死を命ぜられたが、鬼王と鬼次兄弟の慈悲で殺されずに牢輿で流され、その後人買いの手で青墓の遊女宿に売られる。遊女になれと迫られるが「今流れを立つるものならば、草葉の陰に御ざあるの　夫の小栗殿様のさぞや無念に思すらん」と思い、うまく言いつくろって遊女勤めを拒否する。その代わりに下の水仕の仕事をすることになり、照天の信仰していた千手観音の力を得て十六人分の仕事をしながら「立居に念仏」をして暮らす。この念仏はもちろん自分自身の後世のためであるが、遊女を拒否した態度から亡夫への貞節が見て取れるから、同時に死んだ夫小栗の滅罪のための念仏でもあろう。我が身の運命が定まると、今度は夫を供養せねばという心が強くなったと解釈することもできる。こうして三年の月日が流れた。

さて、死によって引き裂かれた小栗と照天夫婦は、ここで再び不思議な縁に結ばれていく。土車に乗った餓鬼阿弥（小栗）が、照天が働く青墓の遊女宿の前に止まったのである。

あらいたはしや照天の姫は　御茶の清水を上げに御ざあるが　この餓鬼阿弥を御覧じて　口説き事こそ哀れなれ「夫の小栗殿様の　あのやうな姿をなされてなりともよ　浮世に御ざあるものならば　かほど自らが辛苦を申とも　辛苦とは思ふまいものを」と立ち寄り　胸札を御覧ある　「この者を一引き引いたは千僧供養　二引き引い

たは万僧供養」と書いてある　さて一日の車道　夫の小栗の御為にも引きたやな　さて一日の車道　十人の殿原達の御為にも引きたやな　二日引いたる車道　必ず一日に戻ろうに　三日の暇の欲しさよな　よき御機嫌を守りてに　暇乞はばやと思し召し

照天はそれまで遊女となることを拒否し、亡き夫小栗へ貞節を貫いてきた。その苦難の日々は、自らの後世と夫のために念仏を唱えながら「もの憂き奉公を　三年が間なさるる」期間でもあった。そして小栗の三周忌にあたる年に、餓鬼阿弥施行の機会が巡ってくる。

三年という時間の長さには、夫婦の愛が変化するだけの重みがある。現実にも物語世界でも、愛する者と別れた女性が一人で過ごす限界は、心情的・経済的にも三年ととらえられていたのだろう。妻としてこのまま亡き夫へ貞節を尽くし通すのか、それとも別の道を選ぶのか。『伊勢物語』第二十四段には、都へ行った夫を三年待ったがとうとう他の男と新枕を交わそうという日に夫が戻り苦悩する妻の話があるが、三年目を夫婦恩愛の分岐点とする時間のレトリックは室町期の物語に色濃く残っている。(24)『をくり』でも、「築いて三年になる小栗塚が　四方に割れてのき」と、小栗が餓鬼身として生き返るまでに三年が経過していた。この年月はまた、照天が青墓の遊女宿で遊女となるのを拒み、下の水仕として辛苦を嘗めていた期間と一致する。亡き夫に貞節を貫き、念仏し続ける姿が聴衆の心に焼き付けられた上に、三年目という夫婦の分岐点と死者の追善供養の時間意識が重層していくことで、照天の小栗への愛がいっそう胸に響くことになろう。

生前の功徳がない小栗が成仏できるかどうかは、この世に残された妻照天の行い次第だ。小栗の非業の死から三年、照天も自らの流転の中で念仏こそ唱えていたものの、十分な供養はできないでいる。だから、小栗の魂は成仏できない。餓鬼道に転生した小栗の魂を視覚化した、餓鬼の姿のままでこの世を漂っているしかなかったのである。

餓鬼道に堕ちた者を助けるための千僧供養の必要性は、『熊野御本地』でも説かれている。非業の死を遂げた后の息子が「目蓮尊者母の餓鬼道へ堕ちさせ給ふを悲しみ、七月盂蘭盆経を誦し百味の飲食を手向け、千人の僧を供養し母の苦患を免れし事、いかがおぼし召され候ぞ。我出家し仏道修行なすならば、御母幽霊、成仏得脱」できるだろうと、目蓮尊者の母の餓鬼道転生を例にひいて、自らの母の魂の成仏を願ったのがそれである。『をくり』の照天もまた、「一引き引いたは千僧供養　二引き引いたは万僧供養」と、餓鬼道に転生した夫の苦患を救うために施行をする。照天の車引きは、夫小栗の三周忌の追善供養である。

承れば自らは　形とかたちがよいと聞くほどに　町や宿や関関で　徒名取られてかなはじと　また長殿に駆け戻り　古き烏帽子を申受け　さんてのかみに結び付け　丈と等せの黒髪をさつと乱ひて　面には油煙の墨をお塗りあり　さて召したる小袖をば　裾を肩へと召しなひて　笹の葉に幣をつけ　心は物に狂はねど　姿を狂気にもてないて「引けよ引けよ　子供ども　物に狂ふて見せうぞ」と　姫が涙は垂井の宿（中略）お急ぎあれば程もなく西近江に隠れなき　上り大津や関寺や　玉屋の門に車着く　照天この由御覧じて　あの餓鬼阿弥に添ひ馴れ申さうも　今夜ばかりと思し召し　別屋に宿をも取るまひの　この餓鬼阿弥が車のわだてを枕となされ　八声の鳥はなけれども　夜すがら泣ひて夜を明かす（中略）なにたる因果の御縁やら　蓬萊の山のお座敷で、夫の小栗に離れたも、この餓鬼阿弥と別るゝも　いづれ思ひは同じもの　あはれ身がな二つやれ　さて一つのその身は　君の長者に戻したや　さて一つのその身はの　この餓鬼阿弥が車も引いて取らせたや　心は二つ身は一つ　見送りたゝずんで御ざあるが　お急ぎあれば程もなく　君の長殿にお戻りあるは　諸事の哀れと聞こえける

「徒名取られてかなはじ」と自覚するがゆえに「心は物に狂はねど　姿を狂気にもてな」す美しい女と、餓鬼阿弥と呼ばれる醜い男。夫は自分への愛のために非業の死を遂げた。成仏はできなかったであろう夫のために照天は施行をする。その物狂いの姿でたくさんの人々を施行に巻き込みながら、照天は餓鬼阿弥を熊野へと導いていく。餓鬼阿弥との別れまでの照天の物狂いの姿は、聴衆の心に何を喚起するのだろう。聴衆自身の、愛する夫への思いだろう

か。

照天の嘆きや苦悩を自分自身のことのように感じるからこそ、聴衆の女性たちは物語を受け入れる。あたかも絵解きのように、愛する者が餓鬼道へ堕ちて苦しんでいる光景が見えるからこそ、念仏を唱えて愛する者を救おうと思う。そして照天の物狂いの姿に狂おしいまでの夫への思慕を感じるからこそ、自分も追善供養をして夫を救おうと思う。照天が餓鬼阿弥に添い伏して一夜を泣き明かす場面では、死者となった夫に寄り添い慟哭したいと願った聴衆の心が揺さぶられるであろう。「夫の小栗殿様の　あのやうな姿をなされてなりともよ　浮世に御ざあるものならば　かほど自らが辛苦を申とも　辛苦とは思ふまいものを」と、どんな姿でも生きていて欲しかった、そうすればどんな苦労にも耐えてみせるのにという照天の心の叫びは、聴衆のそれと同じものであったに違いない。

この巫女姿と見まごうばかりの衣装や、照天が一夜餓鬼阿弥に寄り添う姿が、しばしば古代の巫女のタマフリになぞらえられていることは、最初に述べたとおりである。しかし、他の物語の蘇生のイメージが輻輳する中近世に『をくり』を聞いている者は、照天の中に古代の巫女が死者を蘇生させる能力を見てはいまい。「笹の葉に幣をつけ」という狂気に陥った巫女姿は、「徒名取られてかなはじ」と浮名を避けるための真似事であると照天が自覚していることに、それは何よりもうかがえる。女性自身の霊力は中近世にはすでに失われ、むしろ女性は五障三従の穢れた存在とされる時代にあって、死者蘇生の呪術を行う霊能は男性の宗教者に取って代わられてしまった。もしかしたら、照天に巫女のイメージを重ねる読みが可能になるのは、神仏の霊験を導き出させて死んだ夫を蘇らせることが出来ればよいのに、と願う聴衆の女性自身の心が投影されているからかもしれない。叙述の曖昧さが、そのような読みを許すのだろう。しかしこの物語のクライマックスが聴衆に訴えようとしているのは、巫女のタマフリの力よりも、照天の死んだ夫への激しい愛である。

照天の目に映った餓鬼阿弥は、照天にとってあの世で苦を受けているであろう夫そのものだ。この同一視が「なにたる因果の御縁やら　蓬萊の山のお座敷で　夫の小栗に離れたも　この餓鬼阿弥と別るゝも　いづれ思ひは同じもの」という思いを募らせ、それが別れのつらさにつながっていく。土車を引く間、照天はずっと別の場所に夜の宿を取っていたが、最後の夜は「あの餓鬼阿弥に添ひ馴れ申さうも　今夜ばかり」と餓鬼阿弥に寄り添って泣き明かす。そして別れの間際に胸札に書き添えをする。

海道七か国に車引いたる人は多くとも　美濃の国青墓の宿　万屋の君の長殿の下水仕　常陸小萩といひし姫　さて　青墓の宿からの　上り大津や関寺まで　車を引いて参らする　熊野本宮湯の峯に御入りあり　病本復するならば　必ず下向には一夜の宿を参らすべし　返す返す

この胸札は、閻魔大王が時宗上人に小栗を熊野に送るように自筆の判を押した札である。そしてそこには、すでに時宗上人が「この者を一引き引いたは千僧供養　二引き引いたは万僧供養」と書き添えてある。照天はその隣にさらに書き添えをしたわけだ。その内容はといえば、青墓の常陸小萩が施行した旨を明らかにし、病が治ったら自分の元へ立ち寄って欲しいと強く望んだものである。一夜を泣き明かしたほどの餓鬼阿弥への執着、ひいては餓鬼阿弥を通じて見えた地獄にいるだろう亡夫への愛着の念が、胸札への書き添えという行為に結実したわけだ。

しかし照天の施行はそもそも何のためであったろう。自分への愛のために死んだ小栗への回向ではなかったか。死の間際に念仏の一つも唱えることもできず、非業の死を遂げざるを得なかった夫の迷える魂を成仏させることが、施行の目的だった。ここで考えなければならないのは、こうした死者への愛執や執着はもともと仏教の教義に対立するということである。そのことを、小栗の物語と関わりがある時宗の教えで考えてみよう。時宗開祖一遍の言葉に、次のような執着、つまり恩愛を戒める言葉が見える。(25)

六道の街には、まよはぬ処もなく、四生の扉には、やどらぬ栖もなし。生死転変をば、夢とやいはん現とはいはん。これを有といはんとすれば、雲とのぼり烟と消て、むなしき空に影をとどむる人なし。無といはんとすれば、又恩愛別離のなげき心の内にとどまりて、腸をたち魂をまどはさずといふことなし。彼芝蘭の契の袂に、屍をば愁歎の炎にこがせども、紅蓮・大紅蓮の氷は解ること有べからず。鴛鴦の衾の下に、眼をば慈悲の涙にうるほせども、焦熱・大焦熱の炎はしめることなかるべし。徒に歎き、徒にかなしみて、人も迷ひ我もまよはんよりは、はやく三界苦輪の里を出、程なく九品蓮台の都にまふずべし。

成仏できずに六道に迷う人間の存在が説かれ、続いて「恩愛別離のなげき」に惑わされるために生き死にを繰り返す転生が引き起こされるのだ、という。「鴛鴦の衾の下」の比翼連理の契りにどんなに涙を注いだとしても、地獄に堕ちることは避けられないだろう。無意味に嘆き悲しむことであの世へ赴いた愛する人も迷い、自分も迷う事態になるのだと愛執・執着を戒め、念仏を勧めている法語である。この法語は世阿弥作の『東岸居士』にもほぼ同じ形で引用されており、中世においては時宗の枠を越えた認識だったと考えられる。(26) 一遍はまた「生死本源の形は男女和合の一念、流浪三界の相は愛染妄境の迷情なり」とも述べている。生と死の転生の根元は男女の結びつきである恩愛によるもので、三界（欲界・色界・無色界）にさすらうのは男女が互いに愛着の念を起こして迷ってしまうからだ、ということの思想に従えば、『をくり』にみられる照天の恩愛の情は、小栗が「九品蓮台の都に」赴く成仏を妨げる以外の何物でもない。

だが照天は、餓鬼阿弥の姿を通して幻視する小栗に執着し、嘆き、死者への恩愛の情を隠さない。あまつさえ閻魔大王や時宗上人と並べて自らの執着するところを胸札に書き添えてさえいる。いやむしろ、こう言うべきかもしれない。死者の魂の行き先を決める霊的存在の閻魔大王と、時宗上人という宗教者の名前の隣に、夫の死を嘆く妻照天の名が書き添えられてはじめて、小栗の蘇生は完了したのだ、と。照天の夫への恩愛こそ死者小栗の魂を救った、と聴衆の女性たちが納得するのは、胸札の書き添えに象徴される照天の激しい執着すなわち恩愛が、宗教者の霊能を越えて小栗の魂を人間界に引き戻したと信じたことにあるとみるべきである。

物語における蘇生の構造は、宗教者よりも死者に近い者の力に大きく比重を移そうとしている。中近世という時代の変革期に人々は、人間の知を越えた霊力よりも、人間自身の持つ能力を信じるようになっていたことが『をくり』から読みとれるのである。

四　癒しとしての『をくり』

「いづれも別れは、劣らねども、まことにとりわき、悲しきは、夫妻恩愛の、別れにて、とどめたり」。『村松の物語』で夫の中将が吐いたこの言葉は、身を引き裂かれるような夫婦の別れの苦悩を痛切にあらわしている。別れが「死」という、人間にはどうにもならない定めによる時にその悲嘆はなおさらであり、夫に死なれた妻の苦しみは察して余りある。「夫婦は二世の契り」という。生まれ変わってもまた夫婦に、との願いをあらわすこの言葉は、『をくり』が形成されつつあった中近世の物語の常套句だ。またこの時代の物語には、一対一の夫婦関係とその永遠性が賛えられ続けている。(27)

愛する者との別れを乗り越えて、それでもなお女性は生きていかねばならない。夫の死に傷ついた心を癒してくれるのが、物語であった。中近世の物語は、説経にせよ絵巻や絵本にせよ類型化されている。繰り返し繰り返し、同じモチーフを持つ物語を聞くという行為の中で、悲嘆の感情は浄化されていく。そして、語り手の熊野比丘尼にあの世の様子を聞き、追善供養や念仏についての疑問をぶつけるその語らいの中に女性たちの癒しがあったとするのは、突飛な想像ではあるまい。そのコミュニケーションの媒介となる物語の一つが『をくり』であった。

もともと小栗譚を管理したとされる時宗にとっては、死者への恩愛という執着心は良い結果を生み出すはずのない、成仏を妨げる排除されるべき迷妄であった。しかし女性の語り手である熊野比丘尼が関与するに至って、物語は語り手と聞き手の女性の間のコミュニケーションを通じて『をくり』へと変貌していく。そして、夫婦の恩愛は仏教教義の否定的な見解を離れてむしろ肯定され、人間にしか持てない賛美されるべき力へと変貌している。『鎌倉大草紙』の遊女てる姫が『をくり』における妻照天の人物造形へと変容していくと同時に、「恩愛」の価値認識も逆転してしまった。亡き夫の追善供養を担うのは、主に残された妻である。夫の滅罪をし、成仏させなさいという仏教教義の建前とは別に、いつまでも死者に執着したいというのが、妻である女性の本音だろう。『をくり』の照天は、そのような聴衆の女性の願望の体現といえはしないだろうか。

照天の手を離れた餓鬼身の小栗は、熊野で完全に人間身としての蘇生を果たした。その後胸札の書き添えに導かれて、青墓の常陸小萩を訪ね、実はそれが別れた妻照天であったことを知る。照天の死んだ夫への恩愛が、夫を完全に復活させただけではなく、結局は自分自身も苦界から救い出した事実がそこにある。そして最後に、小栗は武士の神でもある「正八幡荒人神」に祝われた、と語り終えられる。照天の恩愛によって、小栗は人間界から餓鬼道へ、餓鬼道から人間界へと転生し、しまいには神となったのだ。また、照天は「契り結ぶの神」として愛を司る神と認められ、あがめられたという。妻照天の恩愛の力を高らかに歌い上げた、夫婦の物語にふさわしいハッピーエンドである。

小栗と照天の夫婦の恩愛を軸として念仏や追善供養が説かれていく、と『をくり』を読むならば、仏教の教義は完全に逸脱してしまった物語である。ここには、女性の嘆きや恩愛の力こそが、愛する夫の魂を救うと信じたい中近世の女性たちの意識が如実に表れている。物語は時代の精神を映して絶えず産まれる。物語の背景には、中世から近世への激動の時代にあって、人間を越えた力が人間の善悪に応じて働きかけてくるという中世的な観念の中に、人間にしか持てない力が状況を変え得ることを信じ始めた民衆の精神の変革を見て良いかもしれない。

聴衆の女性たちは餓鬼身の小栗に自らの亡夫の罪障を見、死者への恩愛をあらわにする照天に自らを重ねながらカタルシスを得て、癒されていった。そして物語の語り手と聞き手双方の、女性の力を信じたいという希求の究極の形が、死者を復活させる蘇生譚となり、それが『をぐり』として実を結んでいったのである。

注

（1）本稿では分析対象として、他の説経正本と比べても古い形態を残すとされる御物絵巻『をぐり』を用いる。本文は岩波新日本古典文学大系『古浄瑠璃　説経集』を使用した。
（2）折口信夫氏は民俗学的な視点から、餓鬼身という中途半端な姿は古来の魂魄観に起因し、他人の骸に小栗の魂が蘇ったとする（「餓鬼阿弥蘇生譚」「小栗外傳」〈全集二、一九二六年〉）。物語の筋立からの言及では、非業の死が可視化されたものとする西田耕三氏（『生涯という物語世界』世界思想社、一九九三年）や、小栗の「悪」の罪障の表れとする廣末保氏（「遊行的なるもの」〈『悪場所の発想』筑摩叢書、一九八八年〉）などがある。
（3）岩崎武夫氏「小栗判官――侵犯・懺悔・蘇生」（『さんせう太夫考』平凡社選書、一九七三年）、「死と再生の語り」（『仏教文学講座』七、勉誠社、一九九五年）。
（4）『群書類従』第十二所収。
（5）本稿では「時宗」は宗派名、「時衆」は個人または集団としての僧を指すものとして使用した（今井雅晴氏『一遍と中世の時衆』大蔵出版、二〇〇〇年、八五頁を参照）。
（6）拙稿「『鎌倉大草紙』から御物絵巻『をぐり』へ――小栗譚の発生と形成――」（『日本語と日本文学』二〇、一九九四年）。また小栗譚の発生時期については、太空上人の遊行寺再建の勧進との関連を説いた松尾剛次氏「説経節『小栗判官』成立考」（『境界と日本文学』国文学研究資料館、二〇〇一年）参照。
（7）萩原龍夫氏『巫女と仏教史』（吉川弘文館、一九八三年）・黒田日出夫氏「熊野勧心十界曼陀羅の世界」（体系仏教と日本人8『性と身分』春秋社、一九八九年）ほか。
（8）『日本霊異記』『今昔物語』『沙石集』など、枚挙にいとまがない。中世の地獄観の変容については川村邦光氏『地獄めぐり』（ちくま新書、二〇〇〇年）参照。
（9）本稿で参照した中近世の物語の本文については、特に注記のないものは『室町時代物語大成』所収のテキストを使用している。適宜ひらがなを漢字に直し、訓点を施した。

(10) 非業の死を遂げた者は御霊となり人々に祟ると考えられ、蘇りを恐れて屍をバラバラにするのが古代からの慣例である。それをそのまま土葬にするのは、近世に見られる御霊信仰の希薄化が『をぐり』でもすでに始まっていると解釈すべきだろう。
(11) 新潮日本古典集成『説経集』。
(12) 東洋文庫『説経節』。
(13) 「餓鬼」とは飢えた死霊のことである（馬淵和夫氏『奈良・平安ことば百話』東京美術、一九八八年）。『今昔物語』巻十六第三十二の「隠形男」も鬼に唾を吐きかけられて死霊になったと考えられるが、この説話では人間と死霊（餓鬼）は同じ空間にあってもコミュニケーションがとれない。『餓鬼草紙』にも同様の認識が読みとれる。この認識の延長線上に、『をぐり』が位置づけられよう。
(14) 大橋俊雄氏『時宗の成立と展開』第五章（吉川弘文館、一九七三年）ほか。
(15) 『満済准后日記』に実盛の霊を遊行上人が十念を授けて供養したとの聞き書きがある（今井雅晴氏『中世社会と時宗の研究』第三章、吉川弘文館、一九八五年）。本文は岩波古典文学大系『謡曲集　上』による。
(16) 今井雅晴氏「陣僧の系譜」（『中世社会と時宗の研究』一九八五年、吉川弘文館）。
(17) 『一遍聖絵』巻三。「白髪なる山伏」に姿を変えた熊野権現が一遍の前に現れて、人々に念仏を勧めるように示している。
(18) 丸山静氏『熊野考』（せりか書房、一九八九年）。
(19) 時宗上人が登場する中近世の物語は、謡曲『遊行柳』など数少ない。管見の限り、時宗上人が死者を蘇生させた中近世の物語は見あたらない。
(20) 岩波新日本古典文学大系『室町物語集　上』。
(21) 牧野和夫氏・高達奈緒美氏「血盆経の受容と展開」（『女と男の時空　中世』藤原書店、一九九六年）。
(22) 『牛王の姫』では、義経を逃がしたために姫が拷問を受ける。水責め蛇責め、幹で節を揉む等の拷問は、それぞれ寒地獄や血の池地獄、石女地獄など具体的な地獄のイメージと一致する。また『目蓮の草子』は、目蓮上人が地獄へ赴き母の苦しみを目にした後に蘇生する冥途訪問譚であり、中近世の物語の中で女性の罪障を語る際にしばしば引用されている。
(23) 『赤松五郎物語』『万寿の前』など、夫、親や子と死別後に比丘尼として後世を弔う例もある。これも語り手が物語に投影されているのであろう。

(24)　夫婦の契りや生き別れから三年目に、二人の契りの深さが試されるような事件が起こる物語は多い。夫婦のどちらかが死亡した場合にも、三周忌を迎えてなお独り身でいる必要はないとの社会的な通念があったのか。『岩屋の草子』では、中将が妻を亡くして「第三年も過ぎぬれば、かくて有べきにもあらねばとて、さる御方を迎え」とある。

(25)　『一遍上人語録』は宝暦年間に時宗第五十二代の一海上人編。本文は岩波日本思想体系『法然　一遍』による。一遍上人の教えを近世にまとめた法語だからこそ、『をくり』の時代の時宗の認識に近いと考えられる。

(26)　金井清光氏「一遍法語注解」(『時衆文芸と一遍法語』東京美術、一九八七年)。『東岸居士』は新潮日本古典集成『謡曲集中』所収。

(27)　高木豊氏「因果応報思想の受容と展開」(体系仏教と日本人『因果と輪廻』春秋社、一九八六年)、佐伯順子氏「御伽草子における男女関係」(『女と男の時空　中世』藤原書店、一九九六年)。

このような論文作成の機会を与えて下さった今井雅晴先生と、作成にあたって御指導下さった名波弘彰先生に深く感謝申し上げます。

〈キーワード〉女性　中近世　蘇生　小栗　時衆

執筆者一覧（執筆順）

今井雅晴　別掲。

阿部龍一　コロンビア大学大学院博士課程修了。
コロンビア大学宗教学部教授。

竹村牧男　東京大学大学院博士課程中途退学。
東洋大学文学部教授。

竹内晶子　コロンビア大学大学院博士課程・
東京大学大学院博士課程在学中。

清水邦彦　筑波大学大学院博士課程満期退学。
金沢大学文学部助教授。

ブライアン・小野坂・ルパート　プリンストン大学大学院
博士課程修了。
イリノイ大学助教授。

ロン・ロイ　ハワイ大学大学院博士課程在学中。
IES 講師。

苅米一志　筑波大学大学院博士課程満期退学。
筑波大学歴史・人類学系助手。

阿部能久　筑波大学大学院博士課程満期退学。
筑波大学歴史・人類学系助手。

若林晴子　プリンストン大学大学院博士課程修了。
東京大学史料編纂所 CEO 研究員。

小山聡子　筑波大学大学院博士課程在学中。

山田雄司　筑波大学大学院博士課程修了。
三重大学人文学部助教授。

岩井千恵　東北大学大学院修士課程修了。
宮城県立気仙沼西高校教諭。

大谷晃子　筑波大学大学院修士課程修了。
茨城県立伊奈高校教諭。

編者略歴

今井雅晴（いまい　まさはる）

1942年　東京都に生まれる。
1977年　東京教育大学大学院文学研究科博士課程修了。
　　　　茨城大学教授，プリンストン大学客員教授等を
　　　　経て，
現　在　筑波大学歴史・人類学系教授。文学博士。
著　書　『時宗成立史の研究』『中世社会と時宗の研究』
　　　　『捨聖　一遍』『鎌倉新仏教の研究』『親鸞と東国
　　　　門徒』（以上，吉川弘文館），『一遍——放浪する
　　　　時衆の祖——』（三省堂），『親鸞と本願寺一族』
　　　　（雄山閣出版），『茨城の禅宗』（筑波書林），『一
　　　　遍と中世の時衆』（大蔵出版）ほか。
現住所　水戸市双葉台1－21－3　〒311-4145

中世仏教の展開とその基盤

2002年7月30日　第1刷発行

編　　者　今　井　雅　晴
発 行 者　鈴　木　正　明
発 行 所　大蔵出版株式会社
　　　　　〒112-0015　東京都文京区目白台1-17-6
　　　　　TEL.03(5956)3291／FAX.03(5956)3292
印 刷 所　㈱興英文化社・㈱厚徳社
製 本 所　㈱関山製本社

ISBN4-8043-1055-X C3015　Printed in Japan